中国城市竞争力课题组
案例研究系列

中国城市竞争力课题组
案例研究系列 No.4

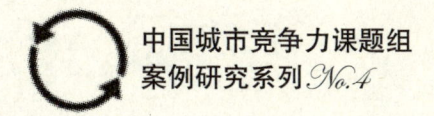

青岛城市国际竞争力报告

"拥湾环海"奋翼飞

Report on Qingdao's Global Urban Competitiveness

顾　问　夏　耕　裴长洪
著　者　倪鹏飞　张　跃
　　　　侯永平　于宏伟

社会科学文献出版社
SOCIAL SCIENCES ACADEMIC PRESS (CHINA)

《青岛城市国际竞争力报告》编委会

顾　　问　夏　耕　中共青岛市委副书记

　　　　　　　　　　青岛市人民政府市长

　　　　　　　　　　第29届奥运会帆船委员会主席

　　　　　　裴长洪　中国社会科学院财政与贸易经济

　　　　　　　　　　研究所所长

课题主持　倪鹏飞　中国社会科学院财贸所城市与房地产

　　　　　　　　　　经济研究室主任　研究员　博士

课题组成员

　　　　　　张　跃　中国社会科学院研究生院博士

　　　　　　刘彦平　中国社会科学院财贸所城市与房地产

　　　　　　　　　　经济研究室副研究员　博士

　　　　　　黄　进　北京邮电大学博士

　　　　　　　　　　中国社会科学院GUCP项目组成员

　　　　　　王　晖　中国人民大学博士

　　　　　　高　洁　中国社会科学院GUCP项目组成员

　　　　　　金　颖　中国社会科学院GUCP项目组成员

侯永平	中共青岛市委副秘书长
	市直机关工委书记
于宏伟	青岛市人民政府副秘书长　调研室主任
王宗洲	中共青岛市委市直机关工委副书记
张道相	青岛市人民政府调研室副主任
秦云鹏	中共青岛市委市直机关工委办公室副主任
吴洪文	青岛市人民政府调研室副处长

执　笔　倪鹏飞　张　跃　刘彦平　黄　进　王　晖　高　洁　金　颖

丛书总序

随着全球化和全球城市时代的到来，城市之间的国际竞争日益激烈，提升城市的国际竞争力，成为越来越多国家和地区的区域政策的中心。在中国，城市化、工业化、市场化、国际化和信息化同步加速推进，使城市变得更加重要，城市竞争十分激烈，中国城市竞争力研究成为重要的理论和现实问题。从 2003 年开始，中国城市竞争力课题组发表的年度《中国城市竞争力报告》备受关注。人们希望清楚城市的竞争力地位，理解城市竞争力的构成因素，掌握提升城市竞争力的有效对策。

但是，城市竞争力既是国际学术界的一个前沿性理论问题，也是各国城市亟待面对的现实问题。城市的复杂性，加上竞争力研究的滞后性，使得学术界和城市管理部门都难以从容应对这一富有挑战性的课题。显然解决这类问题不能急于求成，需要广泛尝试多种研究方法，将理论研究与实践结合起来进行长期、持续的努力。《中国城市竞争力报告》关于城市竞争力问题理论和实证研究的突出特点是同时使用计量、调查和案例研究的方法。事实上，我们最早的城市竞争力研究也是从案例开始的。因为城市竞争力研究既能够解决具体城市提升竞争力的实际问题，又能够从具体的案例中提炼出具有一般意义和指导意义的理论。

案例研究方法是一种从具体事实中抽象出一般结论的方法。案例研究的一般过程实际上就是归纳法、演绎法和比较法的具体运用。其中，归纳法和演绎法构成案例研究的一个完整过程，而比较法则是在案例研究中对不同案例进行比较分析的方法，是发掘思想并将其理论化的现实途径。案例研究不仅对发展理论有着极其重要的意义，研究所形成的科学成果也可以很好地指导实践。当然也必须清醒地认识案例研究的局限性。

近年来，中国城市竞争力研究课题组致力于从四个方面扩展和深化城市竞争力研究，即基础理论深化，向实际问题延伸，向全球范围扩展，向相关领域渗透。课题组除了发表有关城市竞争力的学术论文，以及全球和中国城市竞争力报告外，最重要的是在有关城市政府支持下，扎实开展有关城市竞争力的个案研究，并且将这些研究继续下去。从这些案例研究中，课题组正在逐步提炼出越来越清晰的理论框架。

目前部分案例研究成果已经形成比较完整的文本。这些成果凝结着课题组成员巨大的心血和汗水，也闪烁着课题组成员非凡的智慧。这些案例研究提炼的理论、研究使用的方法、研究的经验发现以及针对具体城市提出的政策建议，对学术部门、城市政府、相关决策部门具有一定的参考和借鉴价值。课题组决定将这些成果以"中国城市竞争力课题组案例研究系列"丛书形式出版，既希望能与读者分享学术创造的成果，更希望就这些初步的研究向读者求教。

最后，我要特别感谢中国社会科学院及其财政与贸易经济研究所领导和全体同事对中国城市竞争力研究给予的持之以恒的指导和支持。感谢各城市政府和有关决策部门对城市竞争力研究，尤其是对城市竞争力案例研究给予的鼎力支持，我们将不懈努力，将这些研究越做越好。

倪鹏飞
中国城市竞争力研究课题组
中国社会科学院财政与贸易经济研究所
2009 年 7 月 1 日

目 录

第一部分 青岛城市国际竞争力的比较

第一章 城市竞争力比较理论与指标 …………………………………… 3
一 青岛城市国际竞争力比较的背景 …………………………… 3
二 城市竞争力的概念模型 …………………………………… 6
三 城市竞争力指标体系 ……………………………………… 11
四 城市国际竞争力比较的方法 ……………………………… 14
五 基准城市的数据来源 ……………………………………… 16
六 基准城市的计量模型与分析方法 ………………………… 17

第二章 显示性竞争力比较：青岛的全球位置 ………………………… 18
一 青岛的综合国际竞争力：居全球500城市的第252位，
  跨入中间水平 ……………………………………………… 18
二 青岛各项显示性指标：全球排名及与基准城市比较 ……… 20
三 青岛显示性竞争力：与基准城市的分组比较 ……………… 26

第三章 解释性竞争力比较：青岛的优势与潜力 ……………………… 29
一 青岛城市分项竞争力综合分析 …………………………… 30
二 青岛城市分项竞争力的对标分析 ………………………… 32

第二部分　青岛国际化竞争力分析

第四章　城市国际化竞争力理论框架 ⋯⋯⋯⋯⋯⋯⋯⋯⋯⋯⋯ 65
 一　研究背景 ⋯⋯⋯⋯⋯⋯⋯⋯⋯⋯⋯⋯⋯⋯⋯⋯⋯⋯⋯⋯ 65
 二　青岛国际化竞争力分析框架与指标体系构建 ⋯⋯⋯⋯⋯⋯ 66

第五章　青岛国际化竞争力分析 ⋯⋯⋯⋯⋯⋯⋯⋯⋯⋯⋯⋯⋯⋯ 72
 一　对标城市选取 ⋯⋯⋯⋯⋯⋯⋯⋯⋯⋯⋯⋯⋯⋯⋯⋯⋯⋯ 72
 二　研究方法和数据采集 ⋯⋯⋯⋯⋯⋯⋯⋯⋯⋯⋯⋯⋯⋯⋯ 73
 三　研究创新 ⋯⋯⋯⋯⋯⋯⋯⋯⋯⋯⋯⋯⋯⋯⋯⋯⋯⋯⋯⋯ 74
 四　比较分析：青岛已进入国际化初步阶段 ⋯⋯⋯⋯⋯⋯⋯⋯ 74

第三部分　奥帆赛对青岛城市国际竞争力的影响

第六章　体育会展与城市发展：一般经验 ⋯⋯⋯⋯⋯⋯⋯⋯⋯⋯ 83
 一　体育与会展经济 ⋯⋯⋯⋯⋯⋯⋯⋯⋯⋯⋯⋯⋯⋯⋯⋯⋯ 83
 二　奥帆赛与青岛奥帆赛 ⋯⋯⋯⋯⋯⋯⋯⋯⋯⋯⋯⋯⋯⋯⋯ 85
 三　奥运会的成功案例 ⋯⋯⋯⋯⋯⋯⋯⋯⋯⋯⋯⋯⋯⋯⋯⋯ 87

第七章　奥帆赛对青岛城市国际竞争力的影响 ⋯⋯⋯⋯⋯⋯⋯⋯ 91
 一　奥帆赛大大提升青岛城市竞争力：使青岛迈入中国前 10 名，
   国际世界中间位置 ⋯⋯⋯⋯⋯⋯⋯⋯⋯⋯⋯⋯⋯⋯⋯⋯ 91
 二　奥帆赛对青岛城市价值体系产生了积极的影响 ⋯⋯⋯⋯⋯ 93
 三　奥帆赛进一步完善了青岛城市功能体系 ⋯⋯⋯⋯⋯⋯⋯⋯ 98
 四　奥帆赛对青岛城市产业体系调整有一定积极影响 ⋯⋯⋯⋯ 104
 五　奥帆赛显著改善了青岛城市要素环境 ⋯⋯⋯⋯⋯⋯⋯⋯⋯ 108

目 录

第八章 奥帆赛对青岛城市国际化竞争力的影响 ………………… 120
 一 奥帆赛对青岛国际化影响：使青岛迈入初步国际化 ………… 120
 二 奥帆赛使青岛市场国际化程度大幅提升，接近基本
  国际化标准 ……………………………………………………… 122
 三 奥帆赛使青岛主体国际化取得突破性进展，实现初步
  国际化水平 ……………………………………………………… 126
 四 奥帆赛对青岛环境国际化水平影响最为显著 ……………… 130

第四部分 青岛提升国际竞争力战略构想：
"拥湾环海"战略

第九章 青岛市"拥湾环海"战略综述 ……………………………… 137
 一 "拥湾环海"战略的基本含义 ………………………………… 137
 二 拥湾战略的基本内涵 ………………………………………… 139
 三 环海战略的基本内涵 ………………………………………… 141
 四 "拥湾环海"战略路径关系阐释 ……………………………… 145
 五 青岛市战略发展愿景 ………………………………………… 149
 六 青岛战略发展目标与时间规划：战略三部曲 ……………… 155
 七 青岛市"拥湾环海"战略实施的产业选择 ………………… 158

第十章 青岛城市产业发展分析 …………………………………… 161
 一 青岛城市产业发展的计量分析 ……………………………… 161
 二 青岛产业及功能潜在竞争力分析 …………………………… 174
 三 青岛市产业发展的战略选择："三大体系，十二大产业" … 175

第十一章 青岛"环湾保护、拥湾发展"
   ——拥湾战略的实施措施 ……………………………… 181
 一 拥湾战略的意义 ……………………………………………… 181
 二 拥湾战略的实施措施 ………………………………………… 184

第十二章　青岛市的"环海竞合、依海崛起"
　　——环海战略实施措施……………………………………… 189
　一　"环海战略"：六个核心意义 ………………………………… 189
　二　环海战略的发展原则…………………………………………… 193
　三　环海战略的可行性分析………………………………………… 195
　四　环海战略的具体措施…………………………………………… 208

第十三章　青岛市"拥湾环海战略"实施 ……………………… 213
　一　"拥湾环海战略"实施的管理工具：平衡计分卡…………… 214
　二　"拥湾环海战略"的实施办法………………………………… 216
　三　"拥湾环海战略"实施的步骤………………………………… 219

附件　数据的处理方法和竞争力计算方法……………………… 223
　　数据的处理方法………………………………………………… 223
　　竞争力计算方法………………………………………………… 235

第一部分

青岛城市国际竞争力的比较

第一章
城市竞争力比较理论与指标

一 青岛城市国际竞争力比较的背景

1. 全球的背景

全球化的竞争导致城市成为竞争主体。从 20 世纪 90 年代以来，科学技术日新月异，经济一体化突飞猛进，人类不仅开始了一个信息化、知识及科技全球化的时代，也开始了一个竞争全球化的时代。全球化的竞争不仅意味着竞争范围的国际化、竞争领域的全面化、竞争程度的激烈化，还意味着竞争主体的多层次化、竞争方式的复杂化。在全球化的竞争新时代，国家、地区、城市、企业、个人及各种正式和非正式的组织，正以多种复杂的方式进行着全球资源、市场、生存空间和发展机会的竞争和较量。

城市空间的格局改变给城市竞争带来机遇和挑战。科技信息化和经济全球化正在深刻地改变着全球经济、科技和社会活动时空概念和决策安排。随着世界城市体系的形成、扩大和调整，城市在国际经济中的地位更加重要，城市全球化竞争趋势明显加强，各级城市竞争日趋激烈。经济活动出现了"集中聚集"和"分散聚集"两种趋势。原有的城市空间格局被改变，所有城市都同时面临着机遇与威胁。提升竞争力成为各国部长、市长、海内外企业家和社会公众普遍关注的热点。世界各国、各地区都正积极致力于检查、培育和提高其城市竞争力，一些国家的机构和学者也都在致力于本国城市竞争力的研究。

中国各城市陷入全方位的竞争之中。在全球城市中间，参与经济全球化和国际分工，与世界城市网络体系初步联结，中国许多城市已经感受到了国际城市竞争的压力。在亚洲城市之间，尤其是在从首尔到新加坡的太平洋西岸，城市普遍实施跨国定位，在争夺产业、技术、资金、贸易等方面展开了激烈的角逐。在国内区域间形成了三大城市群，尤其是长江三角洲经济圈和珠江三角洲经济圈在吸引国际产业和国际资本上的直接竞争十分激烈。在不同区域的城市之间，竞争也日趋白热化。

2. 青岛的背景

青岛位于山东半岛南端、黄海之滨，依山傍海，风光秀丽，气候宜人，区位优越，是中国著名的旅游胜地，是中国沿黄流域和环太平洋西岸重要的国际贸易口岸和海上运输枢纽。

改革开放以来，青岛的发展日新月异，城市竞争力迅速提升。2007年经济总量达到3786.52亿元，是1978年的98.53倍；人均生产总值达到4.5万元（突破6000美元），是1978年的70倍；2007年，全市财政总收入突破1000亿元，是1978年（11.95亿元）的83.7倍。与此同时，经济发展的能耗、水耗、二氧化硫排放量和化学需氧量排放量近年来持续下降。青岛的城市竞争力跃居内地城市第8位。

在国际化方面，作为全国首批14个对外开放城市之一，青岛大力发展外向型经济，不断拓展对外开放的深度和广度。青岛港发展成为我国对外贸易第二大港，吞吐量跃居世界十强。旅游总收入突破400亿元，占经济总量的比重达到10.6%。争取设立了保税区、出口加工区等7个国家级园区。外贸进出口总额达到436.1亿美元，其中出口额267.8亿美元，是1978年全市外贸收购额的106倍。累计合同利用外资近500亿美元，实际利用外资280亿美元。世界500强公司有80家在青岛投资建厂163家。

进入21世纪，作为2008年北京奥运会伙伴城市，青岛按照"绿色奥运、科技奥运、人文奥运"的理念，努力打造中国"帆船之都"。2006年、2007年成功举办了两次青岛国际帆船赛，特别是2008年举办的奥帆赛使青岛城市发展上了新的台阶。

近年来，青岛取得了诸多荣誉：中国国际友好城市工作贡献奖；青岛政务网：中国政府地市级网站绩效评估第一名；全国人防工作先进城市；全国无障设施建设示范城市；畅通工程模范管理城市；全国有线数字电视示范城市；全国"三绿"工程样板城市；首届内地城市投资环境排名首位（2005年）；中国最具经济活力城市（2004年11月）；企业家最满意城市（2004年11月）；中国人居环境范例奖（2004年12月）；中国最佳商务城市（2005年8月）；首批全国文明城市（2005年10月）；中国最美城区（2005年10月）；中国品牌之都（2005年11月）；公众最向往的中国城市（2005年12月）；中国最具风情城市（2006年1月）；跨国公司眼中最具投资价值的中国城市（2006年8月）；福布斯中国最佳商业城市（2006年9月）；金牌投资城市（2006年11月）；中国十大节庆城市（2006年11月）；中国制造业十大最具竞争力城市（2006年12月）；全国最受农民工欢迎城市（2007年2月）；感动世界的中国品牌城市（2007年9月）；首届中国最安全城市（2007年9月）；中国最美丽的城市（2007年9月）；世界最美海湾（2007年10月）；中国十大最快乐城市、中国十大最具幸福感城市（2007年11月）。

但是，青岛也面临一些新的挑战。全球化和中国对外开放，也为后发展城市创造了条件，后来者奋起直追，使青岛面临许多外部压力。与此同时，还必须清醒地认识到，青岛是发展中的城市，城市的发展目标与城市地位、发展需求以及资源环境的矛盾还比较突出，经济增长方式还没有根本转变，经济结构还有待优化，自主创新能力还不强，城乡发展还不够平衡；城市建设和管理的任务还十分艰巨，影响发展的体制机制问题亟待解决；等等。

总之，青岛在改革开放30年中，是城市竞争的胜利者，辉煌成就奠定国际城市竞争力提升基础，为参与全球竞争创造了条件。但作为东部著名沿海城市，无论是为满足国家要求、自身发展需要，还是为应对面临的外部挑战，青岛都必须提高国际竞争力。为此，青岛要在全球坐标体系下，对其当前及未来的综合竞争力进行全面分析，对青岛国际化水平进行定量的评估和准确定位，认真总结奥帆赛对青岛城市综合竞争力和国际化水平提高的影响。并在总结经验和启示，深入对自身进行全面研究和分析其竞争优劣势的基础上，制定正确的目标方向、战略建议和实现路径，这对实现新一轮跨越的青岛来说十分迫切和必要。

本章下面介绍了城市竞争力比较的理论基础和指标体系，为第二章和第三章分析的进行作了理论上的准备，阐述了城市竞争力对标和分析的基点。

二 城市竞争力的概念模型

1. 城市竞争力的决定机制

考察全球经济社会发展和空间布局发现：不同的城市发展水平即创造价值的水平不同；不同城市其功能不相同；不同城市产业体系十分不同。与此同时，不同城市的产业要素和环境也有很大的区别。其中，发展水平高的城市功能和产业层次高，产业层次高的城市，产业要素环境质量高。将这些对照联系起来，我们发现城市竞争力的决定机制：在全球一体化的背景下，城市间的运营因素系统相互区别，不断流动，动态变化；城市间功能体系层次有别、分工合作，不断转移、升级和变化；城市之间在相互竞争的背景下，环境决定产业，产业决定功能，功能决定价值，价值影响环境。

（1）环境决定产业。

城市企业群运营因素系统是城市竞争力的基础，城市通过吸引外来因素，维持当地因素，培育城市功能结构体系以及由此衍生的城市功能体系，并同它们一起决定城市价值体系。城市企业运营因素及条件包括人力资源状况、科技创新、基础设施条件、制度文化环境等多方面。

（2）产业决定功能。

城市产业体系即企业群组合是城市竞争力的主体，它受运行因素的影响，也是运行因素的一部分，一个城市有什么样的产业体系，决定这个城市就有什么相应的功能。它通过强化或削弱当地产业、吸引或排斥外地产业创造和决定城市价值，也反过来影响城市运营因素。

（3）功能决定价值。

城市功能是城市在全球、国家或区域发展中所担负的角色和所发挥的作用。城市产业结构高级化程度、城市功能重要程度及其辐射范围，决定城市创造价值结构和水平。

(4) 价值影响环境。

城市价值体系是城市竞争力的表现，被城市企业运行因素和功能体系决定，反过来强化或削弱当地因素、吸引或排斥外地因素，影响运行条件和功能体系（见图1-1）。

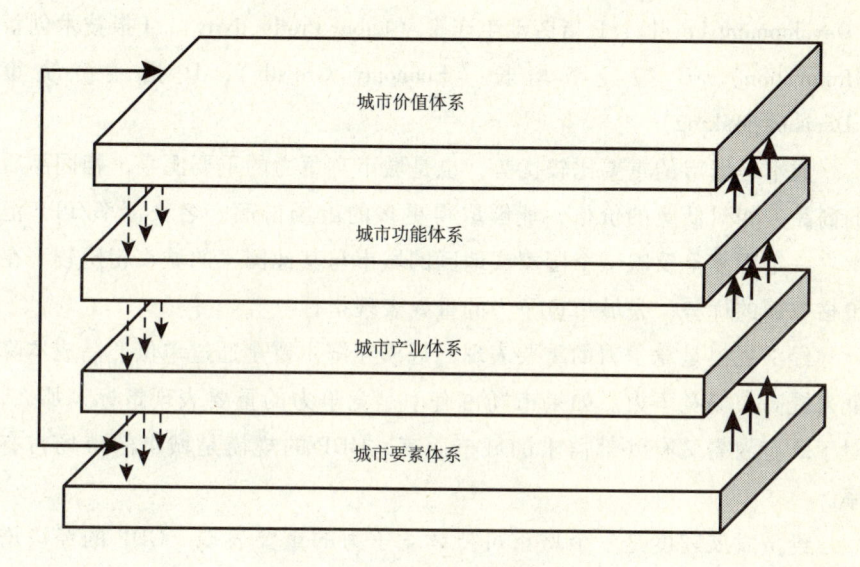

图1-1 城市竞争力的互动机制

事实上，在全球化背景下，每一个城市都是在与全球其他城市进行要素环境、产业和城市功能的竞争和合作中，要素环境系统、产业体系、价值体系三者相互作用，形成一个城市与全球城市相比较的城市竞争力的。

2. 城市竞争力的分析框架

全球城市竞争力就是一个城市与全球其他城市相比较，由城市企业运行因素与产业体系组合形成的吸引、转化资源，控制、占领市场，多快好省地创造财富，为城市居民提供福利的能力。城市竞争力可以从表现和解释两个方面来理解和把握。

(1) 城市竞争力的显示框架。

根据城市竞争力的定义可知，城市竞争力是城市更多、更快、更好、更省、可持续地创造财富的能力，从显示或产出的角度来测度全球城市竞争力，有如下框架：

$$UC2 = F(C,S,L,A,E,P,G,I,D)$$

UC2 是城市竞争力的产出或表现。

其中 C 指成本优势（Cost），S 指市场份额（Market Share），E 指就业（Employment），A 指经济聚集（Aggregation），L 指发展水平（Development Level），P 指劳动生产率（Labor Productivity），I 指技术创新（Innovation），G 指经济增长（Economy Growth），D 指经济决策（Decision-Making）。

成本是城市的重要比较优势，也是城市竞争力的重要源泉，相同品质的商品，相对低廉的价格，能够取得更多的市场份额。名义汇率/PPP 汇率在一定程度上反映一个国家或地区的城市与其他国家的城市相比较，在价格方面的优势，是城市竞争力的重要表现指标。

经济规模是竞争力的重要表现，规模经济主要是通过单位产品成本降低来提高市场竞争力。如果市场占有率是竞争力的重要表现指标，那么，对于既有内需又有外部需求的城市而言，GDP 的规模是城市的市场占有率。

经济发展速度是一个城市可持续竞争力的重要表现。GDP 的经济增长尤其是长期经济增长率是城市发展速度的重要指标。

经济发展水平是城市竞争和发展的基础，人均 GDP 是一个城市或区域发展水平的重要表现指标，也是市民收入水平的一个重要表现。

经济效率是城市竞争与发展的决定性因素，从一定意义上说，竞争力就是生产效率。劳动生产率是反映生产效率的关键指标，反映单位劳动投入所创造的价值或财富。

就业状况是一个城市在全球竞争中，其宏观发展和竞争绩效的一个重要表现，也是市民福利的重要体现，因此是城市竞争力的重要表现指标。

经济聚集是通过产品交易成本的降低来提高竞争力，聚集效应还能产生知识外溢、品牌效应、外部经济性等经济效果。地均 GDP 是反映生产要素聚集而产生的产出聚集的一个重要指标，也是一个重要的效率指标，反映单位土地面积上所创造和聚集的财富数量。

科技创新是城市竞争力的核心，科技创新成果是城市竞争力的重要表现，专利申请数是城市竞争力的重要表现指标，由于科技成果转化具有扩散效应，这里使用总量指标，而没有使用人均指标。

经济决策反映一个城市对全球经济包括要素和市场等方面的控制程度，这种控制能力也是城市竞争力的集中体现，跨国公司分布或落户指数是衡量经济控制能力的较好指标。

（2）城市竞争力解释框架。

根据以上分析，将城市的企业运行因素系统及其产业体系进行合理组合，形成以下城市竞争力的概念框架，这是城市竞争力的解释框架（见图1-2）。

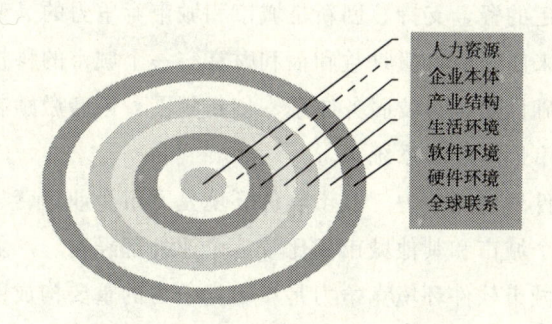

图1-2 全球城市竞争力解释框架

UC1 = F (E, T, I, L, H, S, G)。其中：UC1是指城市竞争力投入或构成，E是指企业素质，T指人力资本，I指产业结构，L指生活环境，H指商务软件环境，S指商务硬件环境，G指全球联系程度。

第一，企业本体竞争力。企业城市的财富和价值是由企业创造的，企业创造财富决定于城市为其提供的环境条件，也决定于企业内在的基本素质。企业本体竞争力是指与其他城市相比较，一个城市企业内在素质方面所具有的优势或能力。企业素质或本体竞争力总体上包括企业文化、企业制度、企业管理、企业运营、企业品牌和企业绩效等六个方面。

第二，产业结构竞争力。产业结构竞争力指同其他城市相比较，本市产业整体发展水平的高低，发展专业化的程度。一个城市的产业主要包括制造业和服务业，其中，金融业与高科技产业在城市发展中占有重要地位。报告关于产业结构主要考察城市的制造业、服务业、金融业和高科技产业状况。

第三，人力资源竞争力。城市以人为中心和主体，城市创造财富的主体也是人，人力资源竞争力在城市竞争力中具有核心作用，决定着城市的发展和城市现代化水平。城市人力资源主要包括城市劳动力状况和人才状况，包括居民健康水平、文化素质、劳动力状况和人才状况四个方面。

第四，硬件环境竞争力。硬件环境竞争力主要指城市的基础要素、金融市场、科技创新基础设施和科技创新成果、市场规模对城市发展的支撑能力。城市的基础要素是城市存在与发展的基础，发达的金融市场为城市的发展提供稳定的资金支持。创新是城市和城市竞争力的灵魂，只有创新才能给城市带来超额的价值收益和福利财富。一个城市的科技资源的利用程度、科技基础设施、科技服务体系、创新氛围、创新激励制度、环境优美度构成了城市创新环境系统。

第五，软件环境竞争力。城市软件环境是城市企业运营、产业发展的环境，是指一个城市和其他城市相比较，企业外部经营、产业外部发展环境的竞争力。城市软件环境竞争力是城市竞争力的重要构成部分。城市软件环境总体上也可从市场环境、社会管理环境与公共政策环境方面来进行衡量。

第六，生活环境竞争力。城市生活质量对城市竞争力的贡献，是通过吸引和培养人才实现的。高质量的生活环境有利于吸引和培养高素质的人才，也有利于城市人才最大化发挥作用。生活环境竞争力总体上还可分为自然环境、居住环境、购物餐饮环境、休闲娱乐环境和治安环境。

第七，全球联系竞争力。在全球化的背景下，城市日益成为全球竞争的主体参与全球竞争之中，世界城市网络逐渐形成，城市经济、社会、文化的发展与国际经济、社会、文化发展相联系并逐渐融合，成为一体化国际发展体系的有机组成部分。而世界城市又依靠其强大的经济辐射和扩散能力推动着经济全球化的进一步发展。全球联系指标衡量城市参与全球竞争的程度及其在全球城市中的地位，包括城市区位条件、交通联系、居民联系、信息联系和企业联系。

理论上，$UC_1 = UC_2$，但是由于统计数据等方面的原因，现实中两者不完全相等。

三 城市竞争力指标体系

根据以上分析框架，开发两套城市竞争力的指标体系，即城市竞争力的显示性指标和解释性指标，它们分别从不同的角度反映和评估城市竞争力表现和影响因素。

1. 城市竞争力的显示性指标体系

根据以上城市竞争力的定义，城市竞争力的显示性指标体系及解释如表1-1所示，共9个指标。

表1-1 城市竞争力显示性指标体系

指标名称	指标显示的含义
GDP规模	城市产品和服务的市场占有率
人均GDP	城市发展水平及居民福利水平
地均GDP	经济的聚集程度
GDP增长率	经济发展的速度
劳动生产率	经济发展的效率
就业率	重要宏观经济绩效和居民福利水平
名义汇率/PPP汇率比例	商品和服务的价格优势
国际认可的专利申请数	科技创新的能力
跨国公司分布指数	经济的决策和控制能力

2. 城市竞争力的解释性指标体系

根据以上城市竞争力决定机制的分析，城市竞争力的解释性指标体系如表1-2所示。指标分7大类3个级共152个指标。

表1-2 城市竞争力解释性指标体系

指标名称	指标名称
Z1 企业本体	Z1.2.2 管理层持股激励
Z1.1 企业文化	Z1.3 企业管理
Z1.1.1 社会责任	Z1.3.1 外部监督
Z1.1.2 经营理念	Z1.3.2 财务管理
Z1.2 企业制度	Z1.3.3 发展战略
Z1.2.1 最大股东比例	Z1.4 企业运营

续表 1-2

指标名称	指标名称
Z1.4.1 研发投入比例	Z3.4 人才状况
Z1.4.2 生产制造技术水平	Z3.4.1 每千人从事管理工作的人员数
Z1.4.3 分支机构分布	Z3.4.2 每千人从事高科技产业从业人员数
Z1.5 品牌	Z3.5 教育水平
Z1.5.1 企业知名度	Z3.5.1 大学数量
Z1.5.2 产品知名度	Z3.5.2 著名大学分布
Z1.6 企业绩效	Z3.6 人力成本
Z1.6.1 股东回报率	Z3.6.1 雇员收入
Z1.6.2 利润增长率	Z3.6.2 生活成本
Z2 产业结构	**Z4 硬件环境**
Z2.1 制造业	Z4.1 基础要素
Z2.1.1 服务业比例	Z4.1.1 人均土地面积
Z2.1.2 制造业跨国公司的总部数量	Z4.1.2 人均淡水量
Z2.2 服务业	Z4.1.3 供电质量
Z2.2.1 生产性服务业比例	Z4.1.4 水价格
Z2.2.2 贸易、零售业跨国公司数量	Z4.1.5 电价格
Z2.2.3 管理会计法律跨国公司数量	Z4.1.6 办公室租金
Z2.2.4 广告媒体跨国公司数量	Z4.2 金融市场
Z2.3 金融业	Z4.2.1 资本市场
Z2.3.1 金融服务业比例	Z4.2.2 贷款获得
Z2.3.2 金融业跨国公司的总部分布	Z4.2.3 有效汇率
Z2.3.3 金融业跨国公司的分部分布	Z4.2.4 实际利率差
Z2.4 高科技产业	Z4.3 科技创新
Z2.4.1 软件服务业跨国公司的总部	Z4.3.1 国际认可的专利数量
Z2.4.2 高科技跨国公司的总部	Z4.3.2 国际论文发表数量
Z2.4.3 产业推动力量	Z4.3.3 著名实验室和科研中心数
Z3 人力资源	Z4.3.4 国家技术设施
Z3.1 健康水平	Z4.4 市场规模
Z3.1.1 人口的平均预期寿命	Z4.4.1 城市人口
Z3.1.2 每千名新生婴儿死亡数	Z4.4.2 城市人均收入
Z3.2 文化素质	Z4.4.3 区域人均 GDP
Z3.2.1 成人识字率	Z4.4.4 区域人口
Z3.2.2 本科及以上学历人口数量占人口比重	**Z5 软件环境**
Z3.3 劳动力状况	Z5.1 市场制度
Z3.3.1 劳动力人数	Z5.1.1 地方自主化程度
Z3.3.2 劳动力占人口比重	Z5.1.2 经济自由化程度

续表 1-2

指标名称	指标名称
Z5.1.3 产权保护程度	Z6.4.3 酒店价格
Z5.2 市场监管	Z6.5 住房
Z5.2.1 开办企业	Z6.5.1 人均拥有住宅数
Z5.2.2 申请执照	Z6.5.2 房价收入比
Z5.2.3 注销企业	Z6.5.3 住宿
Z5.3 社会管理	Z6.6 文化休闲
Z5.3.1 日常管理	Z6.6.1 文化娱乐
Z5.3.2 应急管理	Z6.6.2 世界遗产
Z5.4 公共服务	Z6.7 社会治安
Z5.4.1 办事效率	Z6.7.1 犯罪率
Z5.4.2 市民满意度	Z6.7.2 恐怖主义导致的企业成本
Z5.5 战略导向	**Z7 全球联系**
Z5.5.1 发展经验	Z7.1 区位条件
Z5.5.2 发展战略	Z7.1.1 区位便利度
Z5.6 税赋负担	Z7.1.2 距世界城市的距离
Z5.6.1 缴税次数	Z7.2 陆路
Z5.6.2 缴税时间	Z7.2.1 铁路线数
Z5.6.3 缴税比例	Z7.2.2 公路线数
Z5.6.4 腐败成本	Z7.3 海运
Z5.6.5 加权平均关税率	Z7.3.1 货物吞吐量
Z6 生活环境	Z7.3.2 泊位吃水深度
Z6.1 自然环境	Z7.4 航空
Z6.1.1 自然景观	Z7.4.1 年起降架次
Z6.1.2 气候环境	Z7.4.2 机场客运量
Z6.2 环境质量	Z7.4.3 机场货运量
Z6.2.1 二氧化硫排放量	Z7.5 信息联系
Z6.2.2 废水处理率	Z7.5.1 企业网站反馈
Z6.2.3 颗粒物	Z7.5.2 政府网站反馈
Z6.3 购物环境	Z7.6 居民联系
Z6.3.1 购物	Z7.6.1 外国出生市民比例
Z6.3.2 物价指数	Z7.6.2 外国游客占市民比例
Z6.4 餐饮饭店	Z7.7 企业联系
Z6.4.1 餐饮	Z7.7.1 跨国公司总部数
Z6.4.2 国际酒店集团	Z7.7.2 跨国公司分部数

四 城市国际竞争力比较的方法

1. 广泛比较与样本选择

(1) 广泛比较目标。

广泛比较目的是比较青岛在全球范围内或者说在全球城市体系中,其城市及其竞争力及其各项表现指标处在什么位置。本次报告在全球界范围内选择500个不同区域、不同发展水平的城市作样本,对其竞争力进行一般测度。

(2) 样本选择方法。

首先,对6大洲的各个国家和地区的城市进行粗略的研究,以主要城市作为候选对象,对样本进行初步筛选。

其次,以500个城市为总样本量,参考国家或地区人口的数量和人均收入水平,确定每个具体国家或地区样本城市数。

再次,根据从大到小、从好到差、从高到低的原则,以国家为单元,大致确定具体国家或地区的具体样本城市。

最后,考虑城市统计数据的可得性、准确性、标准性,对各个国家的样本城市进行调整,选择数据相对可得、标准和准确的城市作样本。

根据以上步骤选择的500个城市,从空间分布上看,涉及6大洲130个国家和地区,具体包括181个亚洲城市、143个欧洲城市、100个北美洲城市、36个非洲城市、28个南美洲城市、12个大洋洲城市。按照发展阶段,采用人均GDP的标准(根据2005年官方汇率)将这500个城市分为四组。人均GDP在40000美元以上的城市共91个,人均GDP在30000~39999美元之间的城市共72个,人均GDP在10000~29999美元之间的城市共74个,人均GDP在10000美元以下的城市共263个。这500个样本基本代表了当今世界不同地域和不同发展水平的城市状况,500个具体样本城市可参见 Global Urban Competitiveness Index Ranking(www.gucp.org)。

2. 重点比较与样本选择

(1) 重点比较的目标。

重点比较目的是将青岛与在全球、国家和区域事务中起着重要作用的城市进行比较，发现其所处的位置及其优劣势。在全球500个城市一般测度的基础上，报告根据以下原则选择青岛与149个在国际、国家和区域事务中起重要作用的重点城市进行竞争力比较分析。

（2）样本选择原则。

城市具有一定的国际影响力，在世界上具有较高的知名度，人才、资本、技术国际流动最为频繁的地区。

城市居所在国或所在区域的经济、政治、文化中心地位；国内外商务活动、信息交流、知识创新最为活跃。

城市经济和社会发展模式具有一定的典型性和代表性。

城市具有特殊的个性和研究价值。

城市的数据丰富、详细、可得，对该城市研究的成果较多。

这150个样本涉及6大洲47个国家和地区，是主要集中在北美、欧洲、亚洲、大洋洲的重点城市，以及拉美和非洲的一些核心城市。这些样本城市资源禀赋、发展水平不同，全面评估这些重点样本城市的优势劣势，可为相关城市政府和企业提供基础数据和决策参考资料。150个具体样本城市可参见《全球城市竞争力报告（2007～2008）》。

3. 基准比较与样本选择

（1）基准比较的目标。

基准比较研究，其基本思想是通过规范且连续的比较分析，帮助研究主体寻找、确认、跟踪、学习并超越自己的竞争目标。本部分采用对标分析法对青岛的城市竞争力进行分析，在比较中帮助青岛找到差距和优势，帮助青岛城市更好地科学定位和找准进一步提升竞争力的关键点。

（2）基准城市的确定原则。

样本选取主要以与青岛的经济社会发展水平、地理位置、产业结构特征、社会治安、环境发展与治理以及城市发展阶段具有相关和相似性的城市，我们确定了相应的城市选取原则。

• 学习模仿。选择过去成功的、有发展经验的城市，通过对标研究可以直接消化、吸收其发展经验。

• 直接竞争。选择直接竞争的对手，通过分析它们的优劣势、经验和战略，制定竞争策略。

• 战略合作。选择若干全方位合作城市，这是根据青岛自身实际条件和未来提升国际竞争力的需要，立足国际视野而提出的，以便青岛迅速提升国际竞争力。

• 数据可得。选择的城市一般数据资料充分，这是研究分析准确和有价值的保证。

（3）选取样本。

根据选取原则，我们确定了15个对标城市，分别为东京、旧金山、北京、上海、首尔、西雅图、温哥华、日内瓦、大连、成都、东莞、沈阳、宁波、武汉和西安。既有国内两大直辖市北京和上海，也有沈阳、宁波等副省级城市。

（4）基准城市的分类。

在以上选择的基础上，根据定性分析和初步的定量比较，为了未来深入地比较分析，报告将基准城市分为三类，即青岛的：

①竞争对手：大连、成都、东莞、沈阳、宁波、武汉和西安。也选取了一个具有典型外向型经济特征的城市——东莞。

②学习对象：旧金山、东京、西雅图、温哥华和日内瓦。其中，西雅图以其高科技而众所周知，拥有2200家计算机公司，拥有微软、波音等众多高科技公司；温哥华以其适宜的人居环境而令人神往，多次被评为全球最适宜居住的城市之一；日内瓦以其会展业而闻名于世，同时也是世界各国际机构云集的国际化城市。

③合作伙伴：北京、上海、首尔。首尔、北京和上海三个城市是青岛的重点合作对象。从区位上来看，青岛位于这三个城市的中心，从青岛到这三个国际大都市都仅仅需要一个小时的航程；从城市价值角度来看，这三个城市无论从人均GDP角度还是从劳动生产率角度，都远远优于青岛，是青岛学习的对象。从城市各项竞争力角度来看，青岛不足的方面正是首尔、北京和上海的优势，是可以互补的，青岛应当联合和借鉴三大城市的优势，从而提高其城市竞争力。

五　基准城市的数据来源

青岛国际城市竞争力研究的实用性强，很可能影响到青岛城市未来发展的政策决策和战略实施，因此对数据数量和质量都有很高的要求。确定对标城市后，课题组开始收集数据，发现了三方面的问题：一是指标体系所要求的数据非常广泛和细致，收集所需时间较长；二是各个国家官方统计的口径、标准、分类都不尽相同，有些国家的统计数据甚至大相径庭，这就降低了城市数据的可用性；三是语言文化的差异，很多国家城市层面上详细资料只有本地语言的版本，而且一些国际上认为很重要的数据，很多城市甚至没有统计。

针对以上情况，课题组组织了大量的人员，放弃手头工作，提早就进入了收集数据的工作，从官方统计出版物、官方网络、学术研究成果等多渠道搜集数据。针对各国数据的口径与标准差异，我们首先研究了联合国统计分布（UNSD）、世界银行发展指数（World Bank, World Development Indicators）、经合组织（OECD）数据库等国际机构的统计项目与标准，再结合各国的实际情况，确立了统计上合适的、可比性强、覆盖面最广的数据统计标准，然后将此标准应用于数据收集和数据处理两个环节中，最终形成了覆盖面最广的数据统计标准。[①]

六 基准城市的计量模型与分析方法

青岛城市竞争力数据的处理方法和竞争力计算方法，参见附件。

[①] 资料来源：其一，青岛数据直接取自 2003~2007 年的《青岛统计年鉴》、《中国城市经济年鉴》、《中国统计年鉴》、《中国城市建设统计年鉴》、《都市及区域发展统计汇编》以及国家有关部委的专业年鉴及有关城市的统计年鉴。香港的数据大多从香港统计年鉴上获得，一部分从官方统计网上获得；其二，国外城市的数据主要是取自其官方统计机构出版的年度统计报告和统计年鉴、国际性统计机构、国际性研究机构和公司的主题报告和调查数据。更详细数据来源见附件。

第二章
显示性竞争力比较：青岛的全球位置

比较青岛城市竞争力的最根本目的是制定城市竞争力的战略，提升青岛城市竞争力。因此，这个比较首先需要了解青岛在全球城市体系中的位置，更需要的是了解与基准城市相比较，即与学习对象、竞争对手和合作伙伴相比较，青岛的位置。为此，以下分析将以与基准城市的比较为主线，同时在比较中显示，青岛与基准城市在有关指标方面的绝对数值和这些城市在全球500个城市综合竞争力指标的排名。这样既了解青岛及基准城市之间的各方面的地位，同时也知道青岛及基准城市在全球城市体系中的总体位置。

一 青岛的综合国际竞争力：居全球500城市的第252位，跨入中间水平

利用全球500个城市的名义美元汇率/PPP美元汇率、GDP、人均GDP、GDP5年的增长率、地均GDP、就业率、劳动生产率、专利、跨国公司分布等指标可以计量包括青岛及其基准城市在内的全球500个城市竞争力（见表2-1）。

表2-1显示：在全球500个城市竞争力的排名中，青岛排名第252位，已迈入全球城市竞争力的中间水平的位置。图2-1显示，在选择的基准城市中东京竞争力最强，居全球500个城市的第3位，西安最弱，居500个城市第330位。

― 第二章　显示性竞争力比较：青岛的全球位置 ―

表 2-1　青岛与基准城市在全球 500 个城市竞争力位置

城市	名义美元汇率/PPP 美元汇率		GDP		人均 GDP		GDP 5 年的增长率(2001~2005 年)		地均 GDP	
	比例	排名	十亿美元	排名	美元/人	排名	%	排名	千美元/平方公里	排名
东　京	0.8	448	584.9532	1	46509.76	39	0.001175	480	267458.6	15
旧金山	0.943396	368	39.2	63	52905.12	15	0.0133	428	326156.5	6
首　尔	1.333333	293	176.6	8	17150.18	196	0.025531	359	291700.6	11
西雅图	0.943396	362	28.73	96	49886.55	23	0.0145	415	132696.9	63
上　海	4.347826	59	110.74	12	6849.07	265	0.119047	74	16924.21	276
温哥华	1.06383	319	19.59	157	33882.46	133	0.024208	372	170798.4	37
北　京	4.347826	59	82.71	23	6309.51	277	0.116805	79	6785.89	358
日内瓦	0.617284	498	11.6	232	62676.92	1	0.009753	448	633715.1	2
大　连	4.347826	59	19.55	158	6109.4	280	0.152908	25	8094.15	336
成　都	4.347826	59	18.55	163	3501.84	355	0.140295	47	8526	331
青　岛	4.347826	59	18	168	5759.36	288	0.123077	70	12756.23	298
东　莞	4.347826	59	26.67	111	4840.26	303	0.192492	4	10819.18	308
沈　阳	4.347826	59	22.22	133	4287.27	321	0.146764	34	6356.48	374
宁　波	4.347826	59	16.93	179	5888.59	283	0.140695	46	6612.29	365
武　汉	4.347826	59	27.36	102	3309.47	363	0.132545	55	3220.91	429
西　安	4.347826	59	14.02	208	2490.83	385	0.133992	52	3914.06	412

城市	就业率		劳动生产率		专利		跨国公司分布		竞争力	
	%	排名	美元	排名	项	排名	得分	排名	指数	排名
东　京	95.69	122	84426.9	69	89445	1	332	5	0.790169	3
旧金山	93.3	244	100022.2	35	8905	17	183	38	0.642095	9
首　尔	95.21	143	36113.6	206	16651	6	252	18	0.616719	12
西雅图	93.6	227	92691.41	51	4412	35	97	83	0.507735	37
上　海	93.81	221	15119.33	268	3357	47	295	8	0.492362	41
温哥华	95.9	99	63431.72	145	2941	58	96	84	0.48754	47
北　京	97.92	14	11698.64	291	3012	56	311	7	0.457567	66
日内瓦	92.6	280	79347.71	89	106	259	129	60	0.455911	68
大　连	92.85	267	12949.58	279	154	231	35	232	0.259832	231
成　都	96.24	82	7270.06	363	239	209	72	116	0.254666	234
青　岛	93.61	226	13098.97	278	122	247	29	268	0.240426	252
东　莞	97.76	17	8502.2	343	136	240	11	385	0.240194	253
沈　阳	90	376	11594.86	294	128	243	33	242	0.237027	257
宁　波	93.34	241	12014.08	289	64	286	18	334	0.22444	266
武　汉	92.45	289	8346.96	346	202	216	29	265	0.217524	277
西　安	92.85	268	6157.5	381	98	264	22	315	0.188193	330

通过对表 2-1 详细列举了所选城市的 10 项指标原始数值及其排名比较，以及综合竞争力指数与排名比较的综合分析，我们乐观地发现：青岛在增长率、价格优势、经济规模等指标处在全球城市的前列；跨国公司、专利申请数、就业率已迈入中游，而且居于中国城市的前列；而人均收入、地均 GDP、劳动生产率虽处于接近中间的水平，但在中国城市中居于前列。青岛在 10 项指标中最好的排名第 59 位，最弱的排名也在第 298 位的中等水平上，这表明青岛竞争力的各项绩效协调。如果青岛继续发挥其成本和增长优势，同时保持其总体发展水平的中国领先地位，青岛未来的潜在竞争力强大。

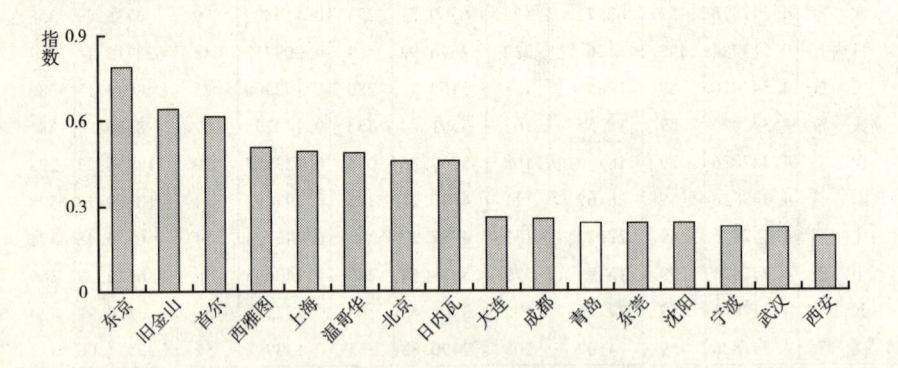

图 2-1 青岛对比的基准城市国际竞争力比较

二 青岛各项显示性指标：全球排名及与基准城市比较[*]

1. 青岛的经济规模：已居于全球 500 个城市的上游，排第 168 位

作为一个发展中国家的沿海城市，青岛 GDP 已达 180 亿美元，居于全球 500 个城市的第 168 位，处在上游水平。但是，与位居第一的日本东京差距还是比较大的，在选择的基准城市中，处于后列，但高于日内瓦、宁波、西安等城市（见图 2-2）。

---

[*] 青岛与基准城市在全球 500 个城市竞争力的排名情况已在本文开头论述了，故在此节中只论述 9 项指标情况。

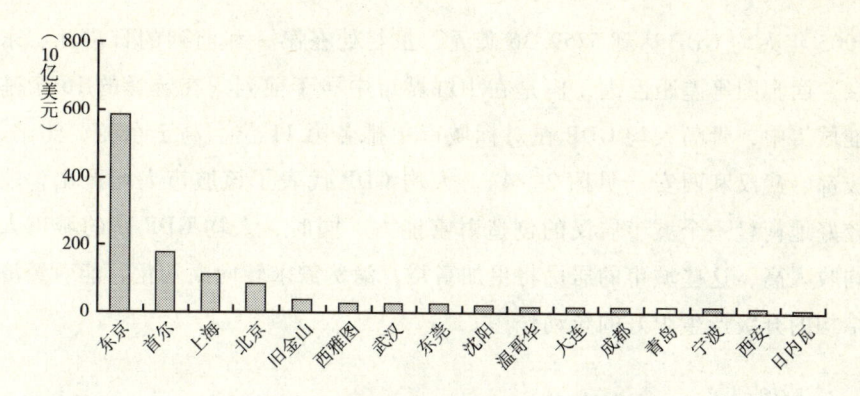

第二章 显示性竞争力比较：青岛的全球位置

图 2-2 青岛与基准城市的经济规模比较

虽然目前青岛与这些基准城市还有较大差距，但是青岛有信心近期赶超第三阵容，中期追赶第二阵容，远期向第一阵容靠拢，信心来源于多年来青岛高速的 GDP 增长率。

2. 青岛的经济增长率：跻身全球 500 个城市的第 70 位，处在世界前列

从图 2-3 可以看出，2001~2005 年青岛的 GDP 5 年平均增长率表现可以用惊艳来形容。这期间青岛的 GDP 5 年平均增长率为 12.3%，远高于东京、日内瓦、首尔、西雅图、温哥华和旧金山等城市，若能保持如此高速的增长率，青岛定能向这些基准城市靠拢并赶超。

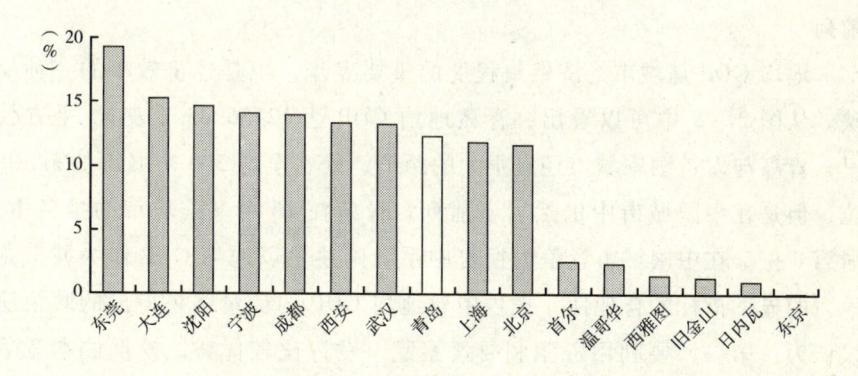

图 2-3 青岛与基准城市的经济增长率比较

3. 青岛的人均 GDP 居全球 500 个城市第 288 位，但处在中国城市的前列

人均 GDP 是城市综合发展水平的集中反映，从表 2-1 可以看出，

2005年人均GDP达到5759.36美元,虽与处在第一和前列的日内瓦、东京、西雅图等差距巨大,但是在中国城市中居于前列。在选择的16个基准城市中,青岛人均GDP在对标城市中排名第11位,高于东莞、沈阳、成都、武汉和西安(见图2-4)。人均GDP代表了该城市人均产出,能较好地衡量一个城市居民的创造财富能力。同时,人均GDP高的城市人均收入高,这些城市的居民将更加富裕,消费需求转向高端化,能对经济结构的升级产生很好的拉动作用。

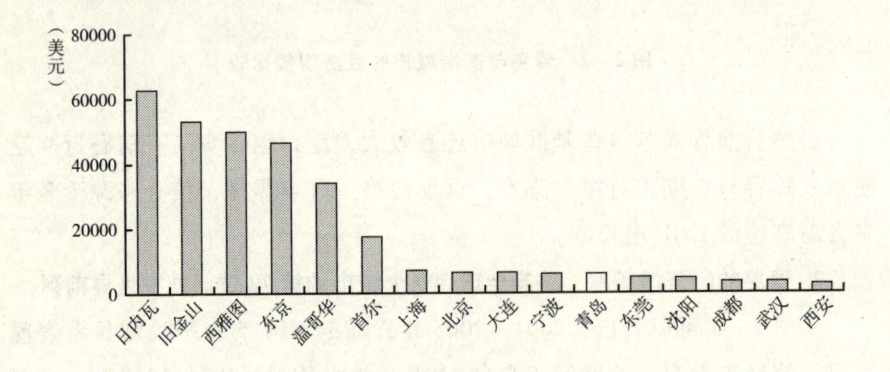

图2-4 青岛与国际基准城市的人均GDP比较

4. 青岛的地均GDP居全球500个城市的第298位,但居中国城市的前列

地均GDP是城市经济聚集程度的重要表现,也是经济效率的一种反映。从图2-5中可以看出,青岛地均GDP达12756.23千美元/平方公里,青岛与发达国家城市还有很大的距离,处在全球500个城市的第298位,但是在中国城市中仍然居于前列。青岛在16个基准城市的排名中,居第8位。在中国城市竞争力报告中系统阐述了以地均GDP作为城市竞争力的显示指标的合理性。报告中对地均GDP的计量结果得出的政策建议认为:第一,要利用资源和要素禀赋,发挥比较优势,挖掘成本竞争力;第二,主要致力于知识创造、技术创新、加强管理,最大限度地减少X无效率;第三,积极推动集聚,充分利用外部经济,通过提高生产率尤其是全要素生产率来提升竞争力。这三方面恰恰也是其他基准城市在过去发展历程中所注重的,理论和实践都为青岛提升国际综合竞争力指明了方向。

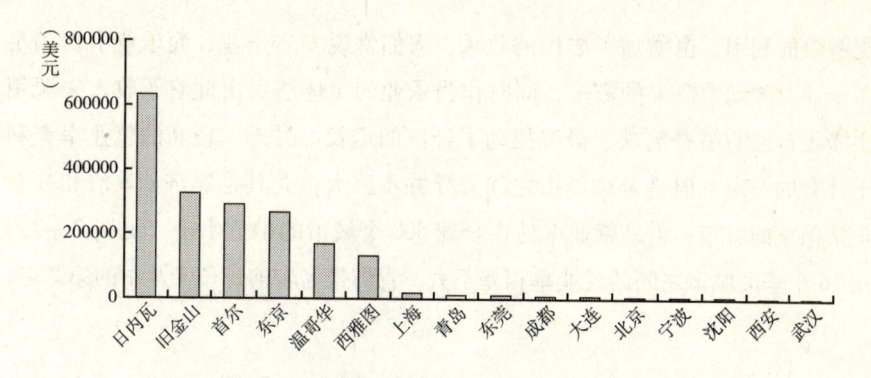

——— 第二章 显示性竞争力比较：青岛的全球位置 ———

图 2-5 青岛与国际基准城市的地均 GDP 比较

5. 青岛的价格优势：居全球 500 个城市的第 59 位，具有明显的优势

价格优势指的是名义美元汇率/PPP 美元汇率的指数值，这是一个国家比较的指标，也就是说同一国家的城市数值是相同的。图 2-6 很清楚地反映了青岛和其他中国城市的优势地位。而发达国家城市在成本上处于明显的劣势，如日内瓦处在第 498 位。受益于人民币的低估和中国对金融资本流动的管制，过去青岛一直有着较大的价格优势，这对青岛的出口十分有利。但是我们也应该看到，目前人民币正面临较大的升值压力，随着汇率制度的深化改革和金融领域管制的放开，这方面的价格优势也将逐渐消失，这就要求青岛在产业的发展过程中要着力于产业结构的高级化，生产高附加值、高技术的产品来出口。

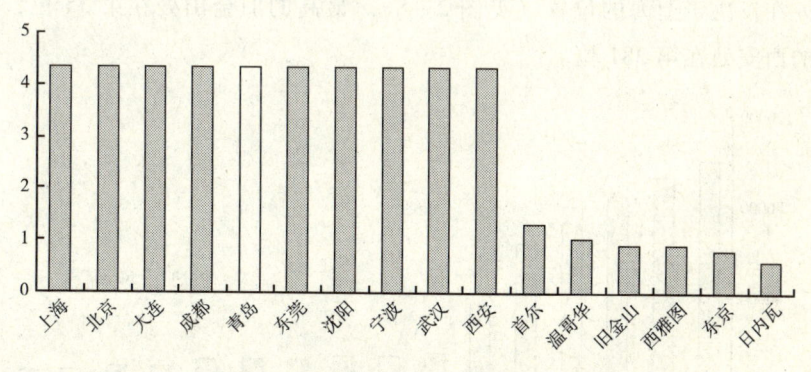

图 2-6 青岛与国际基准城市的价格优势比较（指数）

6. 青岛的就业率居全球 500 个城市的第 226 位，发展态势较好

就业率虽然是个重要的指标，相对较高的就业率表明劳动力资源得到了更有效的利用，也增加了居民的收入。人们常说安居乐业，而乐业不仅满足了企业对劳动力要素的需求，同时作为乐业的主体居民由此有了收入来源用于满足自己的消费需求，最终拉动了经济的增长。另外，较高的就业率有利于社会的安定。但是全球城市之间差异并不巨大，尤其是经济、政治和社会正常国家的城市，青岛就业率处在全球 500 个城市的中上水平（见图 2-7）。在 16 个基准城市之间的就业率相差不大，青岛排名较前，位于其中的第 8 名。

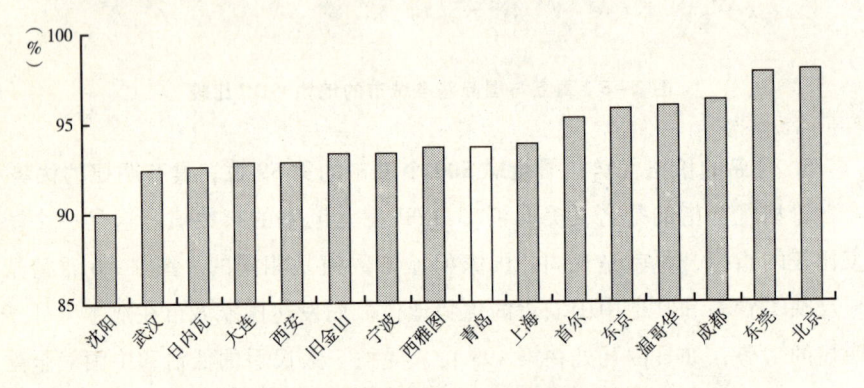

图 2-7　青岛与国际基准城市的就业率比较

7. 青岛的劳动生产率居全球 500 个城市的第 278 位，居中国领先水平

劳动生产率就是生产效率，是城市竞争力的核心要素，青岛劳动生产率处在第 278 位，居中等水平，但在选择的基准城市中排名第 8 位，在中国处在仅次于上海的位置（见图 2-8）。最高的旧金山处在第 35 位，最差的西安处在第 381 位。

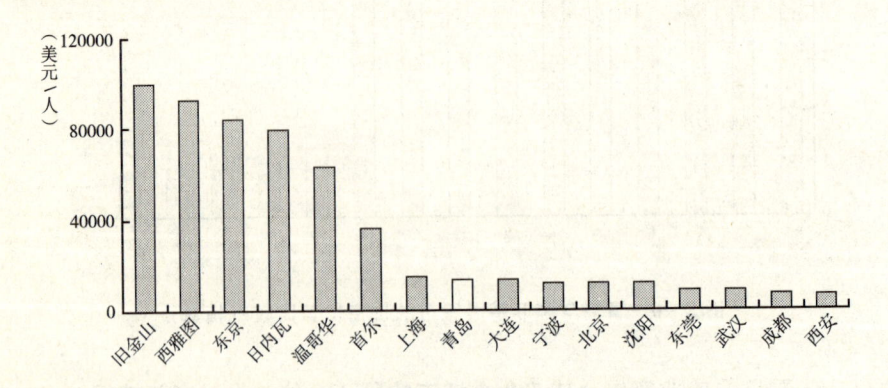

图 2-8　青岛与国际基准城市的劳动生产率比较

第二章 显示性竞争力比较:青岛的全球位置

8. 青岛的科技创新能力居全球 500 个城市的第 247 位,处于中间位置

专利申请数是科技创新的重要衡量指标,在这项指标的比较中青岛最近 3 年达到 122 项,居全球 500 个城市的第 247 位,在基准城市中,东京居第 1 位,最差的宁波处在第 286 位(见图 2-9)。进入知识经济时代,科学知识在经济的发展中占据越来越重要的地位,提高自主创新能力也上升为国家战略,因此青岛在这方面要下大力气,提升自身科研实力。

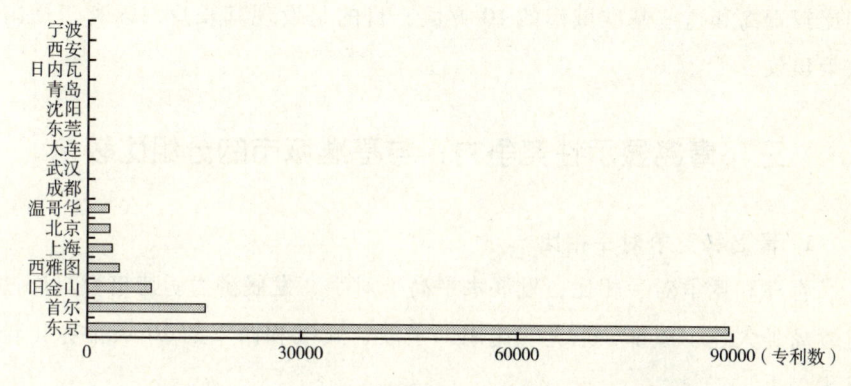

图 2-9 青岛与国际基准城市的专利申请数比较

9. 青岛的跨国公司分布指数居全球 500 个城市的第 268 位,居于中等水平

跨国公司分布指数是城市经济地位和城市经济控制能力的集中体现,图 2-10 显示:青岛的跨国公司分布指数居全球 500 个城市的第 268 位,得分 29 分,在 16 个基准城市中排名第 13 位。其中最好的城市为东京排名第 5 位,得分 332 分,最差的城市排名也在第 385 位。跨国公司往往在

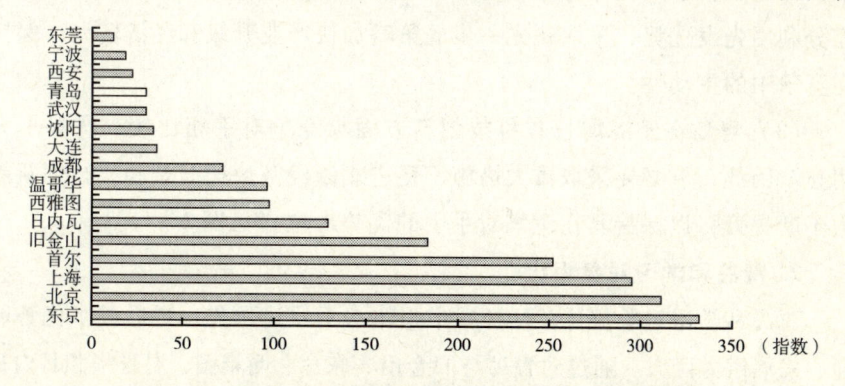

图 2-10 青岛与国际基准城市的跨国公司分布指数比较

某个行业有着重要影响力,能带来先进的管理经验和高技术人才,甚至带动产业链上其他企业的迅速发展。但跨国公司选址不仅要考虑该城市的自身经济实力,更要考察该城市的辐射能力。加强外部联系、吸引更多的跨国公司与提升自身经济实力并重,是青岛提升可持续竞争力的必由之路。

以上是从总体上分析青岛在全球500个城市中,以及和基准城市相比较其竞争位置。下面分别从青岛与竞争对手、合作伙伴和学习对象三组分别比较青岛和这些基准城市的10方面,目的是发现其长短,以利于提出政策建议。

三 青岛显示性竞争力:与基准城市的分组比较

1. 青岛和竞争对手相比

青岛和竞争对手相比,发展水平高于对手,发展潜力亟待培育。通过对青岛、大连、成都、东莞、沈阳、宁波、武汉和西安的10项指标比较发现如下。

(1)青岛与这些城市具有很强的同类性和相似性。和全球城市相比较,它们都在就业、增长率和成本方面有明显的优势,而在GDP、人均GDP、地均GDP和劳动生产率、专利申请数和跨国公司分布等方面处于劣势。因此,要选择一些关键的方面实施重点主攻和差异化发展战略,形成青岛独特的核心竞争力。

(2)青岛在发展水平即人均GDP、地均GDP、劳动生产率等方面高于其他竞争对手,表明青岛处在比竞争对手更高的层次上。因此,青岛要充分利用先发优势,采取领先一步的策略加快产业升级和经济转型,保持在竞争中的主动性。

(3)青岛在经济增长和科技创新方面与竞争对手相比较,优势不太明显。因此,有必要采取重大措施,促进刺激经济快速增长和科技创新能力不断提升,以保持其在竞争对手中的优势地位(见图2-11)。

2. 青岛和学习对象相比

青岛和学习对象相比,标杆城市整体水平遥遥领先,青岛成本优势明显、发展潜力巨大。通过对青岛与旧金山、东京、西雅图、温哥华和日内瓦的10项指标比较发现,这些标杆城市发展水平高,发展成本高,发展速度慢。

第二章 显示性竞争力比较：青岛的全球位置

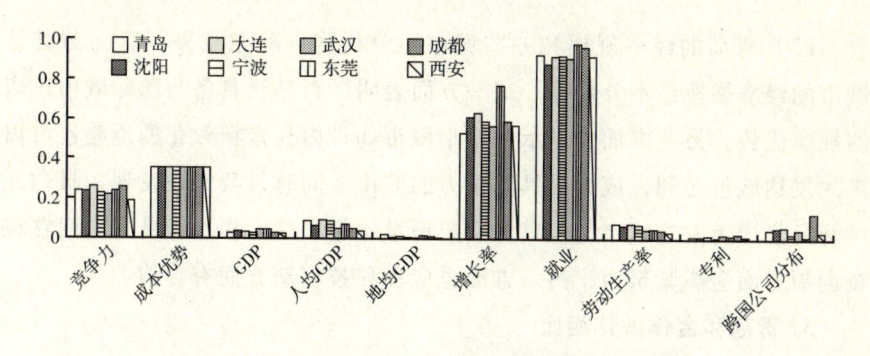

图 2-11 青岛与竞争对手的显示性竞争力的比较

（1）从静态看，青岛的整体发展水平与标杆城市还有较大的差距。在人均 GDP、地均 GDP、劳动生产率和跨国公司分布等方面，东京、旧金山、西雅图、温哥华和日内瓦远远高于青岛。但是这些城市与青岛具有很强的相似性，青岛的今天就是这些城市的昨天，青岛应以这些城市为追赶目标，应该加强向这些城市学习社会经济发展的经验，制订长远计划，分步实施追赶。

（2）青岛的发展速度和价格成本优势明显。从图 2-12 中也可以看出，2001~2005 年青岛的 GDP 增长率远高于日内瓦、旧金山、东京、西雅图和温哥华等城市。但是从动态看，青岛城市竞争力提高的空间和速度都很大。与此同时，青岛的成本优势也远高于这些城市。因此，青岛应充分利用和继续发挥成本优势，逐步改善自身要素环境和竞争能力，保持较高的增长率，逐步缩小同这些城市的差距。

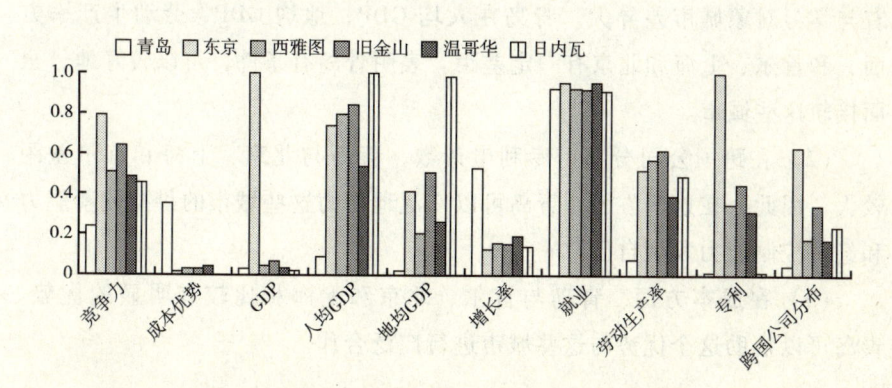

图 2-12 青岛与学习城市的显示性竞争力比较

(3) 青岛的经济规模和一些城市不分优劣。除东京外，青岛与其他城市的经济规模已不分伯仲。这一方面表明，青岛已具备与国际城市比肩的规模优势，另一方面也显示，中小城市如日内瓦走精致化的道路也可以进入发达城市之列，成为最具竞争力的城市。同时，我们还发现，日内瓦尽管已经成为发达城市，但其专利申请量，也不是太多。青岛一方面在科技创新方面应抓紧努力，另一方面也应在科技创新方面有自信。

3. 青岛和合作伙伴相比

青岛和合作伙伴相比，发展水平有层次差异，竞争力表现互补性较强（见图 2-13）。

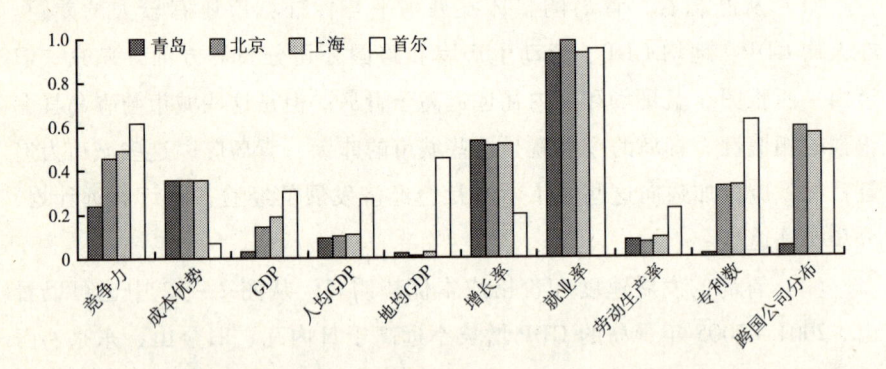

图 2-13 青岛与合作对象目标城市价值状况比较

青岛与北京、上海、首尔比较发现：

(1) 在总体发展水平，青岛低于首尔、上海和北京。但这个差异没有与学习对象城市差异大。青岛在人均 GDP、地均 GDP、劳动生产率方面，和首尔、上海和北京有一定差距。表明青岛有条件，可以较好地、全面接轨这些城市。

(2) 在跨国公司分布、专利申请数，青岛与北京、上海和首尔差距较大。因此，在这些方面，青岛可以广泛地借力这些城市的科技创新能力和经济控制能力发展自己。

(3) 在成本方面，青岛与首尔、北京和上海相比较有明显的优势。青岛可以借助这个优势与这些城市进行广泛合作。

第三章
解释性竞争力比较：
青岛的优势与潜力

比较青岛城市竞争力的最根本目的是制定城市竞争力的战略，提升青岛城市竞争力。因此，这个比较不仅需要了解青岛在全球城市体系中的位置，更需要比较青岛与全球重要城市的优劣势。尤其需要了解与基准城市相比较，即与学习对象、竞争对手和合作伙伴相比较，青岛的优势、劣势是什么，以便青岛知道在哪些方面，需要更好地学习标杆城市；在哪些方面，与合作伙伴互相利用，展开合作；在哪些方面，与竞争对手，扬长避短，有效竞争。为此，以下分析，将以与基准城市的比较为主线，同时在比较中显示，青岛与基准城市在有关指标方面的绝对数值和这些城市在全球150个城市分项竞争力各指标的排名。这样既了解青岛及基准城市之间的各方面相比较的优劣势，同时也知道青岛及基准城市在全球城市体系中的优劣势状况。

解释城市竞争力指标体系由7项一级指标、40项二级指标、105项三级指标构成。我们从全球500个城市中选择了典型的150个城市，收集了150个城市的各项数据并对庞大的数据库进行处理、排名和分析，得出了150个城市的竞争力排名。在对青岛和对标城市的城市竞争力进行分析时，列举了这16个城市的竞争力在150个城市中的排名（见表3-1），通过各项竞争力的排名来分析青岛城市竞争力的水平，找出青岛与对标城市的优势与差距，为青岛制定发展战略奠定基础。

表 3-1 对标城市各项竞争力全球 150 个城市排名

城 市	企业本体竞争力	产业结构竞争力	人力资源竞争力	硬件环境竞争力	软件环境竞争力	生活环境竞争力	全球联系竞争力
东 京	12	1	2	1	55	89	8
旧金山	4	25	54	4	5	68	30
首 尔	21	16	9	42	56	112	62
西雅图	1	35	38	10	9	100	23
上 海	89	29	36	48	87	48	14
温哥华	76	50	65	85	48	101	25
北 京	114	22	16	57	100	76	69
日内瓦	28	41	39	63	8	12	71
大 连	142	136	117	135	114	84	128
成 都	137	128	106	129	117	54	144
青 岛	141	141	128	139	97	92	68
东 莞	130	138	143	123	116	139	98
沈 阳	104	137	126	133	133	144	141
宁 波	128	146	129	120	120	114	79
武 汉	108	133	79	110	135	62	132
西 安	149	135	116	144	138	107	139

一 青岛城市分项竞争力综合分析

1. 青岛分项竞争力有强有弱，软件、生活环境和全球联系亮点闪现

表 3-2 显示了 16 个城市各项竞争力在全球 150 个城市中的排名。在 16 个城市中：企业本体竞争力最强的是西雅图，全球排名第 1 位；产业结构竞争力和硬件环境竞争力最强的是东京，全球排名第 1 位；人力资源竞争力最强的是东京，全球排名第 2 位；软件环境竞争力最强的是旧金山，全球排名第 5 位；生活环境竞争力最强的是日内瓦，全球排名第 12 位；全球联系竞争力最强的是东京，全球排名第 8 位（各项指标的具体层级关系和内容见附件）。

分析青岛城市各项竞争力在全球 150 个城市中的排名，其中，企业本体竞争力和产业结构竞争力排名与对标城市有很大的差距。但是在软件环境竞争力、生活竞争力以及全球联系竞争力三方面表现较为突出，三项竞

第三章 解释性竞争力比较：青岛的优势与潜力

表 3-2 对标城市企业本体竞争力

城 市	Z1 企业本体竞争力 得分	排名	Z1.1 企业文化 得分	排名	Z1.2 企业制度 得分	排名	Z1.3 企业管理 得分	排名	Z1.4 企业运营 得分	排名	Z1.5 品 牌 得分	排名
西雅图	1	1	1	1	1	1	0.93	21	0.83	12	1	1
旧金山	0.94	4	1	1	0.95	8	1	1	0.75	26	1	1
东 京	0.91	12	0.9	14	0.9	23	0.97	12	0.89	6	0.9	12
首 尔	0.89	21	0.8	32	0.8	57	1	1	0.65	57	0.9	12
日内瓦	0.88	28	0.8	32	0.95	8	0.9	48	0.7	37	0.7	51
温哥华	0.72	76	0.7	68	0.7	78	0.9	48	0.55	77	0.4	104
上 海	0.68	89	0.65	89	0.5	127	0.63	118	0.51	89	0.8	30
沈 阳	0.62	104	0.5	126	0.6	110	0.63	118	0.52	82	0.5	86
武 汉	0.6	108	0.5	126	0.65	101	0.6	106	0.31	133	0.3	123
北 京	0.59	114	0.55	110	0.6	111	0.67	106	0.41	110	0.4	104
宁 波	0.54	128	0.55	110	0.55	121	0.53	143	0.3	137	0.2	135
东 莞	0.53	130	0.65	85	0.5	127	0.57	136	0.31	131	0.3	123
成 都	0.49	137	0.6	102	0.65	101	0.6	124	0.26	145	0.2	135
青 岛	0.48	141	0.65	89	0.6	111	0.6	124	0.38	114	0.3	123
大 连	0.48	142	0.55	110	0.65	101	0.57	136	0.28	141	0.4	104
西 安	0.36	149	0.4	144	0.3	145	0.57	136	0.34	125	0.2	135

资料来源：《全球城市竞争力报告 2007~2008》。

争力排名均在前 100 名，尤其是全球联系竞争力排名第 68 位，在对标城市中仅次于首尔之后，有非常出色的表现。

在与 7 个竞争对手城市的分项竞争力比较上，青岛在软件环境竞争力、生活环境竞争力以及全球联系竞争力方面有着绝对的优势，软件环境竞争力和全球联系竞争力排名都高于 7 个竞争对手。但是在产业结构竞争力和硬件环境竞争力方面，青岛排名靠后，这说明青岛应当加大产业结构调整以及硬件环境建设力度，努力赶超这 7 个竞争对手。

2. 青岛要弥补短处，又快又好全面提升竞争力

进一步观察，综合竞争力排名靠前的城市，其各分项竞争力较为均衡，没有明显的"短板"。而像青岛、成都、武汉等城市，虽然某项竞争力排名进入了前 70 位，但综合实力有所欠缺，难以实现竞争力的质的提升。由此可见，城市竞争力的提升，在企业本体竞争力、产业结构竞争力、人力资源竞争力、硬件环境竞争力、软件环境竞争力、生活环境竞争力和全球联系竞争力这 7 个方面都不能偏废,而应在均衡发展的基础上利用差异化比较优势,实现城市竞争力的整体提升。本报告将详细地从以上 7 个方面分析青岛城市竞争力的现状。

二 青岛城市分项竞争力的对标分析

本文通过分项竞争力对标分析,从而分析青岛整体的状况。在这里,每分项竞争力对标分析,都分为三部分。第一部分是全部对标城市分析,第二部分是全面学习或模仿对标城市,第三部分是竞争对手城市。至于对标的合作对象,将在本报告的战略分析中进行论证,结合青岛未来的战略进行分析。

1. 企业本体竞争力

(1) 全部对标城市分析:青岛企业品牌经济显著,但离做大做强任重道远。

经过几十年的发展历程,一批拥有众多著名品牌和驰名商标的大型企业已经在青岛形成。2007 年资产规模在 100 亿元及以上的企业集团达到 5 家,分别是海尔集团公司、海信集团、青岛港集团、青岛啤酒集团和青岛钢铁控股集团有限责任公司。它们对青岛的综合城市竞争力,尤其是企业本体竞争力的贡献是很大的。值得注意的是,虽然青岛拥有一大批非常优秀的企业,但从全球视角来看,青岛还没有进入福布斯 2000 强的企业,青岛企业的竞争力还有待于进一步的提高。

图 3-1 显示的是 16 个城市标准化之后的企业本体竞争力得分。根据得分我们可将这 16 个城市划分成三个梯队:第一梯队的是西雅图、旧金山、东京、首尔、日内瓦,得分在 0.8~1,这些城市的企业拥有世界最为领先的企业制度和规范高效的企业管理,是一批富有竞争力的跨国公司;第二梯队的包括温哥华、上海、沈阳、武汉、北京、宁波、东莞,得分在 0.5~0.8,这些城市的企业虽然没有第一梯队的企业大而强,但是充满活力,是一股不可忽视的力量;第三梯队的有成都、青岛、大连、西安,得分在 0.3~0.5,这些城市拥有少数实力较强的企业,但是城市企业的整体实力有待于进一步提升(用来分析的样本企业名录见附件)。

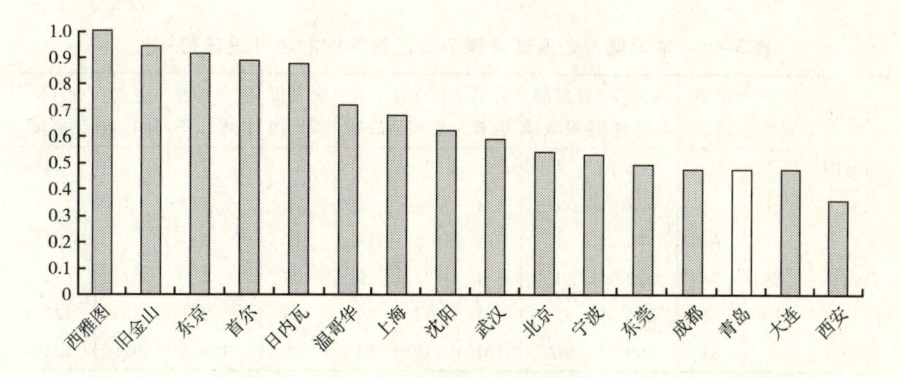

第三章 解释性竞争力比较：青岛的优势与潜力

图3-1 企业本体竞争力

在16个对标城市中，西雅图的企业本体竞争力最好，在全球150个城市中也是第1名。分析企业本体竞争力的二级指标，西雅图的企业文化、企业制度以及品牌的排名均为第一，为其企业本体竞争力排名第一奠定了基础。青岛的企业本体竞争力位居150个城市中的第141位，其中，企业文化排名第89位，是青岛企业本体竞争力中排名最好的一项二级指标。而企业管理排名第124位，应当大力提高青岛企业的管理水平，标准和规范城市企业管理，提高管理人员的素质，从而提升企业的整体运行效率。

（2）学习城市分析：西雅图企业各方面表现尤其优异，青岛研发投入比例成绩突出。

表3-3显示了青岛以及青岛所要学习城市的企业本体竞争力三级指标，西雅图的多数三级指标均排名第1位。西雅图企业拥有世界最为领先的企业制度，是青岛企业学习的榜样。企业管理规范高效，企业研发投入比例高，生产制造水平先进，在完全市场化的激烈竞争之中脱颖而出，造就了一批富有竞争力的跨国公司。这些跨国公司代表城市参与国际竞争，在全球范围内配置资源，对全球经济具有某种控制力。企业本体竞争力的提升直接带动城市整体竞争力的提升，提高城市在国际上的地位。

青岛的各项三级指标中，研发投入比例成绩突出。这说明，青岛的企业重视自身的发展，加大企业的研发投入。旧金山和东京这两个城市的各个分项竞争力表现也非常突出，企业本体竞争力也不例外。在150个城市中，旧金山的企业本体竞争力排名第4位，东京第12位，两个城市的企业

表3-3 学习城市企业本体竞争力三级指标排名（关键指标）

城市	社会责任	经营理念	最大股东比例	管理层持股激励	外部监督	财务管理	发展战略	研发投入比例	生产制造技术水平	企业知名度	产品知名度
西雅图	1	1	1	1	1	72	1	27	1	1	1
旧金山	1	1	22	1	1	1	1	28	1	1	1
东京	1	34	45	1	1	1	19	12	1	1	31
日内瓦	38	34	22	1	1	72	19	108	1	62	31
温哥华	129	1	115	28	1	72	19	110	1	62	121
青岛	77	64	99	96	101	119	93	45	118	92	121

本体竞争力二级指标排名也均在30名以前，更有多项三级指标排名第一，是青岛学习的对象。因此，应当以旧金山等为学习城市，向西雅图的一批知名企业学习，优化最大股东比例，激励管理层持股，加强外部监督和财务管理，制定有远见的发展战略，提高生产制造技术水平，提升企业和产品的知名度，从而科学有效地发展城市企业。

(3) 竞争对手城市对标：青岛企业理念、战略及研发等表现突出。

比较青岛和7个竞争对手的企业本体竞争力，沈阳的企业本体竞争力在这8个城市中排第1位，青岛排第6位，比成都稍弱，强于大连和西安（见表3-4）。在这8个城市的企业本体竞争力三级指标中，青岛的经营理念、发展战略、研发投入比例、分支机构分布这四项有着明显的优势，尤其是研发投入比例，在150个城市中排名第45位，可见青岛对研发投入的重视。

表3-4 竞争对手城市企业本体竞争力三级指标排名（关键指标）

城市	社会责任	经营理念	最大股东比例	管理层持股激励	外部监督	发展战略	研发投入比例	分支机构分布	企业知名度	产品知名度
沈阳	77	136	126	61	83	123	24	69	122	31
武汉	77	136	77	96	83	93	97	116	92	121
宁波	77	111	115	96	101	142	127	116	122	121
东莞	38	111	126	96	139	123	39	130	92	121
成都	77	93	77	96	101	93	58	144	122	121
青岛	77	64	99	96	101	93	45	104	92	121
大连	114	93	77	96	101	123	80	130	62	121
西安	129	136	126	145	101	123	114	130	122	121

第三章 解释性竞争力比较：青岛的优势与潜力

（4）合作对象对标：青岛企业社会责任和经营理念指标表现良好，其他指标需要进一步改善。

首尔的企业本体竞争力位居150个城市中的第21位，在16个对标城市中排名第4位，仅次于西雅图、旧金山和东京。其中首尔的企业管理分项排名居于150个城市的首位，管理层持股激励、外部监督、发展战略排名第1位，值得青岛学习借鉴。上海在150个城市中排名第89位，其中企业知名度排名第1位，是上海企业本体竞争力中排名最为突出的三级指标（见表3-5）。北京在150个城市中排名第114位，北京的二级指标企业绩效竞争力排名表现较为突出，位于150个城市中的第48名，其中利润增长率排名第21位。

表3-5 合作对象城市企业本体竞争力三级指标排名（关键指标）

城市	社会责任	经营理念	最大股东比例	管理层持股激励	外部监督	发展战略	研发投入比例	生产制造技术水平	分支机构分布	企业知名度	产品知名度
首尔	38	34	99	1	1	1	129	1	41	1	31
上海	60	93	145	61	83	123	58	91	69	1	61
北京	77	111	99	96	101	48	114	46	130	92	91
青岛	77	64	99	96	101	93	118	104	92	121

青岛的企业本体竞争力排名虽然和北京、上海相差不大，但是和首尔差距不小。青岛应利用自身的区位优势，继续大力引进韩资，在企业文化、制度、管理、运营、品牌和绩效等方面，要全方位向首尔学习，提升青岛企业本体竞争力。在企业管理、运营、绩效等方面，上海和北京也值得青岛颇多借鉴。只有这样，青岛的企业在研发、制造、营销和管理等各个环节的水平才能得到提高，从而提升了整体国际竞争力。

2. 产业结构竞争力

（1）全部对标城市分析：青岛集群经济彰显实力，产业结构有待升级。

青岛经过近五年的快速发展，多个主导产业规模不断壮大，形成了规模较大的家电产业、汽车机车产业、造船产业、电子信息产业等集群，形成集群优势，对经济发展的贡献日益突出，辐射能力逐渐增强。同时青岛产业结构不断升级，城市功能不断转型，为城市的竞争力奠定了坚实基础。

产业结构的调整和环节的提升最终决定着城市功能和地位的提升，决定城市所在的价值链位置和竞争力的高低,推动产业升级是各城市发展的永恒主题。一个城市的产业主要包括工业和服务业,工业中包括建筑业和制造业,其中建筑业的高低反映城市建设的质量和效率水平;制造业反映城市物资产品的生产能力,是城市财富创造的一个重要源泉。青岛的工业尤其是制造业相当发达,基础雄厚,市场竞争力较强。青岛产业结构竞争力较弱,是由于服务业比较落后。

从表3-6可以分析得出,在16个对标城市中,东京的产业结构竞争力最好,在全球150个城市中也位居第一。分析企业本体竞争力的二级指标,东京制造业、服务业、高科技产业的排名均为第一,为其产业结构竞争力排名第一奠定了基础。青岛的产业结构竞争力位居150个城市中的第141位,其中,高科技产业排名第103位,是青岛产业结构竞争力中排名最好的一项二级指标,而服务业和制造业的排名较为落后,应当大力发展青岛的服务业并提升制造业水平。青岛的产业整体发展水平、发展的专业化程度与东京以及其他竞争力较强的城市存在着一定的距离。

表3-6 对标城市产业结构竞争力

城市	Z2 产业结构竞争力 得分	排名	Z2.1 制造业 得分	排名	Z2.2 服务业 得分	排名	Z2.3 金融业 得分	排名	Z2.4 高科技产业 得分	排名
东 京	1	1	1	1	1	1	0.97	4	1	1
首 尔	0.65	16	0.7	53	0.72	15	0.48	29	0.7	8
北 京	0.64	22	0.75	33	0.7	17	0.55	21	0.55	48
旧金山	0.63	25	0.7	52	0.63	36	0.56	18	0.59	34
上 海	0.61	29	0.64	89	0.68	25	0.51	26	0.59	40
西雅图	0.6	35	0.76	26	0.6	47	0.36	53	0.65	14
日内瓦	0.59	41	0.69	54	0.56	64	0.56	20	0.53	50
温哥华	0.55	50	0.75	35	0.51	86	0.3	70	0.61	26
成 都	0.38	128	0.49	134	0.35	127	0.22	110	0.46	103
武 汉	0.36	133	0.51	127	0.31	138	0.17	133	0.46	103
西 安	0.36	135	0.5	133	0.32	135	0.16	139	0.46	103
大 连	0.36	136	0.46	139	0.32	132	0.19	123	0.46	103
沈 阳	0.36	137	0.53	120	0.31	139	0.2	116	0.39	131
东 莞	0.36	138	0.54	117	0.25	148	0.23	100	0.39	131
青 岛	0.35	141	0.42	144	0.32	133	0.17	135	0.46	103
宁 波	0.32	146	0.45	141	0.26	146	0.18	128	0.39	131

数据来源:《全球城市竞争力报告2007~2008》。

第三章 解释性竞争力比较：青岛的优势与潜力

图 3-2 显示的是 16 个城市标准化之后的产业结构竞争力得分。根据柱状图显示我们很容易将这 16 个城市划分成三个等级：第一等级的是东京，得分为 1，可见在产业结构竞争力方面，东京具有绝对优势，引领着全球产业结构的调整与升级。第二等级的包括首尔、北京、旧金山、上海、西雅图、日内瓦、温哥华，得分在 0.5～0.7 之间，这些城市在产业结构竞争力方面的优势不太明显，相差不大。

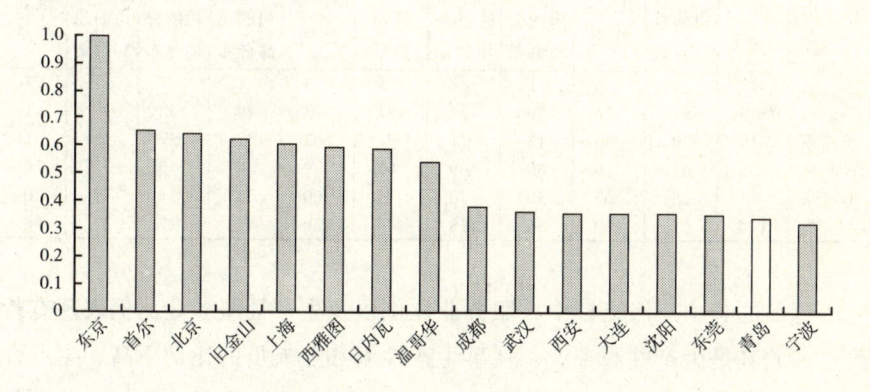

图 3-2 产业结构竞争力

第三等级的有成都、武汉、西安、大连、沈阳、东莞、青岛、宁波，得分在 0.3～0.4 之间，这些城市产业结构存在着一定的不合理，需要进一步加快产业结构调整，提升产业环节。

（2）学习对标城市分析：青岛制造业要向中高端迈进，现代服务业要加快发展。

由于全球城市产业结构的复杂性及数据的缺失，在对城市产业结构竞争力进行衡量时，我们采用了各行业著名跨国公司在城市的分布情况作为三级指标，来描述城市产业结构。

表 3-7 显示了东京的多数三级指标均排名第 1 位，包括制造业跨国公司的总部数量，贸易、零售业跨国公司数量，金融业跨国公司的总部分布，高科技跨国公司的总部数量以及产业推动力量，东京拥有合理的产业结构，引领着全球产业结构的调整与升级，是青岛学习的榜样。旧金山和西雅图产业推动力量的优势十分明显，排名第 1 位。日内瓦的服务业比例排名第 8 位，金融服务业比例排名第 9 位，可见日内瓦的金融业、服务业非常发达。温哥华的高科技跨国公司的总部数量在 150 个城市中

排名第9位，是温哥华产业结构竞争力三级指标中表现最为突出的一项。

表3-7 学习城市产业结构竞争力150个城市排名

单位：名

城　市	服务业比例	制造业跨国公司的总部数量	生产性服务业比例	贸易、零售业跨国公司数量	管理会计法律跨国公司数量	广告媒体跨国公司数量	金融服务业比例	金融业跨国公司的总部分布	金融业跨国公司的分部分布	高科技跨国公司的总部数量	产业推动力量
东　京	73	1	6	1	7	5	3	1	7	1	1
旧金山	5	61	32	50	34	41	13	49	32	37	1
西雅图	19	39	46	13	71	72	62	32	57	15	1
日内瓦	8	61	29	50	69	66	9	49	40	37	20
温哥华	64	25	63	50	76	75	60	73	51	9	20
青　岛	144	61	139	50	118	114	126	73	127	37	98

青岛的各项三级指标中，服务业比例以及生产性服务业比例表现有待改进，尤其是生产性服务业，从事生产性服务业人员的比例不高，生产性服务业产值不高。因此，青岛应当向东京学习，大力发展第三产业特别是生产性服务业。

我们经过长期的研究发现，城市产业集群是影响城市综合竞争力的关键因素之一。城市是否形成了产业集群、产业集群的集聚效果及其所属产业类别，都直接影响城市产业结构的构成，从而影响到城市综合竞争力的提升。东京、旧金山、西雅图、日内瓦、温哥华这5个城市都形成了一定规模的产业集群，促进了产业结构竞争力的提升。而青岛在现阶段应当扩大产业集群的规模，这也是青岛提升产业结构竞争力的有效途径。

而在制造业内部，也有一个由低级制造业向中级制造业和高科技制造业转移的过程，在东京、旧金山、西雅图等发展水平更高的城市，有些甚至已经完全向中级和高级制造业转移，以西雅图最为显著。青岛与这些城市相比，很多制造业还处在低级阶段，中级制造业和高科技制造业有了一定的发展，但都处于价值链的低端，缺乏研发自主权，营销和服务不力，需要向高科技制造业转移，实现产业升级。

（3）竞争对手城市对标：青岛产业结构亟须调整，发展现代服务业迫在眉睫。

比较青岛和7个竞争对手的产业结构竞争力，成都的产业结构竞争力

———— 第三章 解释性竞争力比较：青岛的优势与潜力 ————

在这8个城市中排第1位，青岛排第7位。在这8个城市的产业结构竞争力三级指标中，青岛没有明显的优势（见表3-8）。这是因为青岛的服务业整体水平不高，如在生产性服务业领域，信息传输、计算机软件业和金融保险均不发达，对城市创造财富的影响度小。总之，青岛提升其产业本体竞争力的手段只能是而且必须是发展服务业，提高第三产业水平。

表3-8 竞争对手城市产业结构竞争力排名（关键指标）

单位：名

城 市	服务业比例	生产性服务业比例	管理会计法律跨国公司数量	广告媒体跨国公司数量	金融服务业比例	金融业跨国公司的分部分布	产业推动力量
成 都	132	130	116	103	118	61	98
武 汉	125	128	125	126	144	101	98
西 安	131	117	125	126	127	132	98
大 连	139	137	107	126	93	106	98
沈 阳	117	124	133	126	102	79	130
东 莞	112	142	143	126	48	140	130
青 岛	144	139	118	114	126	127	98
宁 波	141	138	143	126	90	132	130

资料来源：《全球城市竞争力报告2007~2008》。

由以上分析可见，与对标城市相比，青岛在产业结构上还没有达到国际大都市的发展要求，制造业发展水平不够高，很多还停留在中级甚至低级加工制造业的层次，在产业价值链中，包括高科技产业在内的制造业均处于环节的中低端，与生产、生活相配套的服务业没有得到充分的发展。

（4）合作城市对标：青岛和三大城市在现代服务业合作有着广阔前景。

通过考察首尔、北京、上海的产业体系不难看出，其产业主要集中在高科技制造业和服务业，分配性、生产性、消费性和社会性等四大服务业发展相对均衡，基本都在10%以上，各类服务业全面发展，产业结构趋于合理，是城市经济稳步发展，人民生活达到较高水平的标志（见表3-9）。首尔、北京、上海的产业结构竞争力均在全球150个城市中的前30名。从三级指标中可以看出，首尔的软件服务业、金融业、制造业表现突出；北京的管理、会计、法律跨国公司数量、广告媒体跨国公司数量有明显的优势；上海的金融业跨国公司的分部分布排名第4位。

表3-9 合作对象城市产业结构竞争力排名（关键指标）

城 市	服务业比例	制造业跨国公司的总部数量	生产性服务业比例	管理会计法律跨国公司数量	广告媒体跨国公司数量	金融服务业比例	金融业跨国公司的总部分布	金融业跨国公司的分部分布	高科技跨国公司的总部数量	产业推动力量
首 尔	115	10	35	28	12	78	49	9	15	20
北 京	102	10	66	6	7	120	7	10	9	98
上 海	113	25	83	9	9	104	49	4	15	20
青 岛	144	61	139	118	114	126	73	127	37	98

青岛和北京、上海、首尔的产业结构竞争力相差较远，但是，我们也从中发现了极大的机遇。这说明青岛和三个城市的产业空间合作性非常广泛，极大有利于青岛和三大城市展开合作，为青岛开展产业合作和迎接三大城市产业转移开辟了广阔前景。

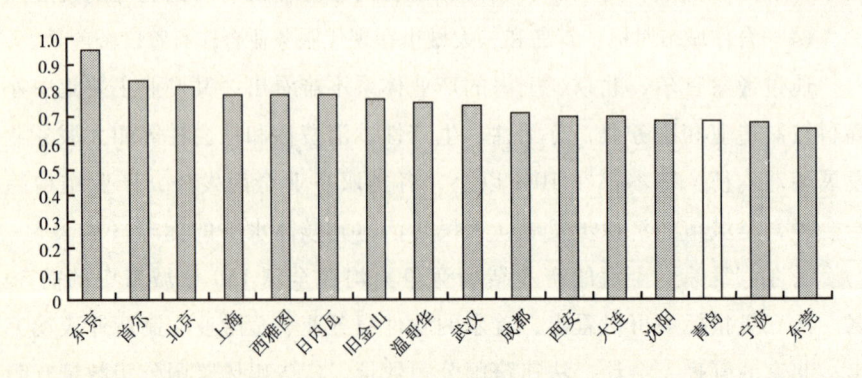

3. 人力资源竞争力

（1）全部对标城市分析：青岛高端人才较为缺乏，人力成本指标具有优势。

人力资源竞争力要素是支撑城市竞争力长期提升和成长的重要基础，在城市竞争力中具有核心作用，决定着城市的发展和城市现代化水平。

图3-3显示的是16个城市标准化之后的人力资源竞争力得分，根据柱状图显示东京的人力资源竞争力得分最高，其次是首尔和北京。除东京之外的15个城市，其人力资源竞争力的得分差距不大，多数都分布在0.6~0.8之间。在16个城市中，青岛排名第14位，略优于宁波和东莞。

图3-3 人力资源竞争力

第三章 解释性竞争力比较：青岛的优势与潜力

青岛市人力资源发展存在的问题有：一是人才结构不尽合理，高层次人才短缺，高新技术人才不足；二是科研队伍整体素质不高，和大部分省会城市相比，全市高校数量明显偏少；三是科技人员人均可支配的研发经费仍然偏低，虽然科技投入占GDP的比重比同类城市稍高，但是人均可支配的研发经费仍无法与北京等地的水平相比。

在16个对标城市中，东京的人力资源竞争力最好，在全球150个城市中排第2名（见表3-10）。在全球150个城市中，人力资源竞争力最强的是巴黎，巴黎的教育水平排名第一。研究表明，城市教育水平的高低直接影响到城市居民的文化素质与能力，从而影响到劳动力的文化素质及人才的培养水平，因此，巴黎高质量的教育水平为其人力资源竞争力排名第一奠定了基础。青岛的人力资源竞争力位居150个城市中的第128位，其中，人力成本排名第30位，是青岛企业人力资源竞争力中排名最好的一项二级指标，而人才状况排名第139位，应当大力改善青岛的人才状况，提高教育水平，加大教育投入，从而提升青岛的人力资源竞争力。

表3-10 对标城市人力资源竞争力

城 市	Z3 人力资源 得分	排名	Z3.1 健康水平 得分	排名	Z3.2 文化素质 得分	排名	Z3.3 劳动力状况 得分	排名	Z3.4 人才状况 得分	排名	Z3.5 教育水平 得分	排名	Z3.6 人力成本 得分	排名
巴 黎	1	1	0.97	17	0.86	11	0.57	28	0.96	3	1	1	0.4	139
东 京	0.95	2	0.98	10	0.8	26	0.94	3	0.6	16	0.9	2	0.2	149
首 尔	0.84	9	0.95	29	0.71	63	0.73	8	0.47	39	0.7	7	0.4	141
北 京	0.81	16	0.95	35	0.61	107	0.77	6	0.09	129	0.8	5	0.7	51
上 海	0.79	36	0.96	23	0.62	102	0.71	11	0.08	137	0.6	11	0.7	45
西雅图	0.78	38	0.93	65	0.9	5	0.45	71	0.43	62	0.5	55	0.6	106
日内瓦	0.78	39	0.97	18	0.87	9	0.64	18	0.35	103	0.5	61	0.4	138
旧金山	0.77	54	0.93	60	0.88	6	0.45	70	0.5	49	0.6	24	0.4	144
温哥华	0.75	65	0.99	6	0.71	63	0.44	85	0.41	85	0.4	100	0.7	72
武 汉	0.74	79	0.92	70	0.62	104	0.46	63	0.05	148	0.6	18	0.9	13
成 都	0.71	106	0.91	87	0.56	132	0.46	65	0.05	146	0.6	30	0.9	9
西 安	0.7	116	0.89	102	0.59	121	0.44	81	0.05	143	0.6	26	0.8	22
大 连	0.7	117	0.91	85	0.62	101	0.46	64	0.07	141	0.4	91	0.8	17
沈 阳	0.68	126	0.86	124	0.6	112	0.45	69	0.04	150	0.4	96	0.9	10
青 岛	0.68	128	0.93	58	0.59	122	0.43	88	0.07	139	0.4	103	0.8	30
宁 波	0.68	129	0.88	109	0.61	110	0.45	72	0.05	126	0.5	135	0.9	18
东 莞	0.65	143	0.86	121	0.55	136	0.45	68	0.09	134	0.3	150	0.8	26

(2) 学习城市分析：青岛要学习东京等城市，在人才培育、吸引上下工夫，筑巢引凤。

表3-11显示了东京人力资源竞争力的多数三级指标均排在前20名，其中著名大学分布排名第1位，劳动力人数、大学数量以及每千人从事高科技产业人数这三项都有出色的表现。东京等竞争力超群的大都市，都聚集了区域内最好的教育资源，基础教育设施完善，是许多世界著名高校和科研机构、研究院所的所在地，这些城市无一例外都重视教育，提升城市的教育水平，是青岛学习的榜样。西雅图、日内瓦、旧金山的大学以上学历比重的排名均在150个城市的前10名，日内瓦的劳动力占人口比重排名第1位。

表3-11 学习城市人力资源竞争力排名

城　市	人口的平均预期寿命	每千名新生婴儿死亡数	成人识字率	大学以上学历比重	劳动力人数	劳动力占人口比重	每千人从事管理工作的人数	每千人从事高科技产业人数	大学数量	著名大学分布	雇员收入	生活成本
东　京	18	15	17	26	2	21	102	4	2	1	138	147
西雅图	53	68	12	5	113	31	98	30	63	46	139	37
日内瓦	55	8	109	147	1	98	56	66	46	98	138
旧金山	47	68	63	9	96	37	62	54	54	16	145	105
温哥华	14	11	17	64	115	44	16	115	85	81	70	87
青　岛	75	54	120	116	71	82	139	135	50	136	17	84

资料来源：《全球城市竞争力报告2007~2008》。

(3) 竞争城市分析：青岛人才健康水平良好，需要在高校建设、职业教育和引进人才方面加强发展。

比较青岛和7个竞争对手的人力资源竞争力，武汉的人力资源竞争力在这8个城市中排第一，青岛排第6位，比沈阳稍弱，强于宁波和东莞。在这8个城市的人力资源竞争力三级指标中，青岛的每千名新生婴儿死亡数、人口平均预期寿命有着明显的优势，可见青岛居民的健康水平良好（见表3-12）；青岛的每千名人从事管理工作的人数虽然排名第139位，但优于武汉、成都、西安、大连和沈阳这5个城市；每千名人从事高科技产业的人数在8个城市中更是排名第二。

———— 第三章 解释性竞争力比较：青岛的优势与潜力 ————

表 3-12 竞争对手城市人力资源竞争力排名

城市	人口的平均预期寿命	每千名新生婴儿死亡数	成人识字率	大学以上学历的比重	劳动力人数	劳动力占人口比重	每千人从事管理工作的人数	每千人从事高科技产业人数	大学数量	著名大学分布	雇员收入	生活成本
武汉	81	62	85	110	39	113	144	139	16	22	11	42
成都	128	51	91	143	59	67	143	149	27	46	9	30
西安	114	96	104	119	50	110	144	130	20	46	6	68
大连	33	103	90	101	69	52	139	145	66	81	10	56
沈阳	105	126	124	105	56	81	144	147	41	136	5	31
青岛	75	54	120	116	71	82	139	135	50	136	17	84
宁波	113	99	96	111	90	45	122	136	88	136	23	56
东莞	109	125	102	144	141	17	122	150	141	136	30	63

综观全球人才本体竞争力排名靠前的城市，无不是高校和科研院所林立，并具有人才观念开放度高，知识更新速度快等特征。而青岛现有的人力资源主要来自高等院校培养出来的一批专业人才以及规模较大、实力较为雄厚的企业长期以来所培养的一批技术过硬的产业工人，人才库中的信息等高科技人才比例不高，外来人才比例不高。青岛提升城市竞争力的有效途径必然是加大教育投入力度，加快知识和技术的积累，制定合理的人才培养规划，注重人才观念水平的提升，大力吸引外来人才，这样才能扩大人才规模，进一步提升其人才本体竞争力，从而加强其整体的城市综合竞争力。

（4）合作对象分析：青岛大学数量指标表现优异，生活成本指标具有优势。

青岛的各项三级指标中，雇员收入排名第 17 位，著名大学分布以及每千人从事管理工作的人数等指标需要改进。尤其是缺乏科技人才和高级管理人才等尖端人才。但青岛也有自己的比较优势，即具备了较好的人力资源发展的基础，人力资源开发的潜力比较强，雇佣成本和雇佣难度都较低。由于近几年保持较快的经济增长速度，劳动力总体素质得到提升，劳动力充足且劳动力成本较低。

青岛的人力资源竞争力与首尔（150 个城市中排名第 9 位，16 个城市中排名第 2 位）、北京（150 个城市中排名第 16 位，16 个城市中排名第 3

位）和上海（150个城市中排名第36位，16个城市中排名第4位）相比，明显处于劣势。在150个城市中，首尔、北京和上海的著名大学分布排名分别为第6位、第9位和第16位，而青岛的著名大学分布排名第136位（见表3-13）。青岛的生活成本排名第84位，而首尔、北京和上海的生活成本排名分别为第149位、第126位和第119位。首尔、北京和上海拥有优质的劳动力和高质量的人才，青岛拥有较低的生活成本，青岛应当重视开展和北京、上海、首尔的合作，吸引三大城市高端人才、加大教育投入、发展职业教育、改良教育模式、倡导终身教育等政策措施，只有这样才能尽快扩大人才规模，提升城市教育水平，提高人力资源竞争力。

表3-13 合作对象目标城市人力资源竞争力排名

城市	人口的平均预期寿命	每千名新生婴儿死亡数	成人识字率	大学以上学历的比重	劳动力人数	劳动力占人口比重	每千人从事管理工作的人数	每千人从事高科技产业人数	大学数量	著名大学分布	雇员收入	生活成本
首尔	52	28	17	64	9	88	102	12	18	6	53	149
北京	32	43	105	108	10	41	130	125	5	9	21	126
上海	21	33	105	100	11	74	130	140	10	16	29	119
青岛	75	54	120	116	71	82	139	135	50	136	17	84

4. 硬件环境竞争力

（1）全部对标城市分析：青岛基础设施较好、科技创新能力比较薄弱。

城市的基础要素是城市存在与发展的基础，发达的金融市场是城市建设、企业发展所需资金的融资场所。科技创新是城市和城市竞争力的灵魂，是价值收益和福利财富的源泉。

图3-4显示的是16个城市标准化之后的硬件环境竞争力得分，根据柱状图显示我们很容易将这16个城市划分成三个等级。

第一等级的是东京、旧金山、西雅图，得分在0.8～1之间，硬件环境竞争力在150个城市中位列前10名。

第二等级的包括首尔、上海、北京、日内瓦、温哥华，得分在0.6～0.8之间，这些城市在硬件环境竞争力方面的优势不明显，在150个城市中处于第40名到第90名之间。

第三等级的有武汉、宁波、东莞、成都、沈阳、大连、青岛、西安，

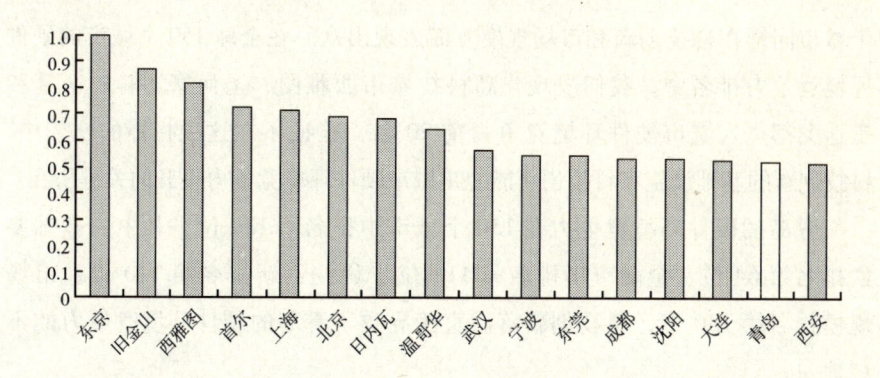

——— 第三章 解释性竞争力比较：青岛的优势与潜力 ———

图 3-4 硬件环境竞争力

得分在 0.4~0.6 之间，这些城市硬件环境竞争力薄弱，需要进一步增强科技创新能力，提升硬件环境竞争力。

表 3-14 是对标城市硬件环境竞争力得分，表中可以看出，东京硬件环境最好，在 150 个城市中排名第 1 位。二级指标中，东京的科技创新和市场规模排名第 1 位，其次旧金山排名第 4 位，西雅图排名第 10 位，两

表 3-14 对标城市硬件环境竞争力

城 市	Z4 硬件环境竞争力 得分	排名	Z4.1 基础要素 得分	排名	Z4.2 金融市场 得分	排名	Z4.3 科技创新 得分	排名	Z4.4 市场规模 得分	排名
东 京	1	1	0.65	128	0.76	4	1	1	1	1
旧金山	0.87	4	0.74	101	0.67	18	0.86	6	0.72	4
西雅图	0.81	10	0.84	45	0.67	18	0.64	27	0.62	14
首 尔	0.73	42	0.79	77	0.48	102	0.61	35	0.6	16
上 海	0.71	48	0.79	75	0.43	115	0.56	54	0.66	11
北 京	0.69	57	0.74	99	0.43	118	0.61	36	0.58	21
日内瓦	0.68	63	0.62	135	0.57	67	0.55	58	0.58	19
温哥华	0.64	85	0.72	107	0.53	75	0.58	49	0.36	92
武 汉	0.56	110	0.9	10	0.43	118	0.39	115	0.21	133
宁 波	0.55	120	0.94	3	0.43	118	0.32	143	0.18	138
东 莞	0.54	123	0.93	7	0.43	118	0.32	142	0.18	139
成 都	0.53	129	0.85	43	0.43	118	0.35	129	0.2	134
沈 阳	0.53	133	0.8	68	0.43	118	0.34	136	0.24	122
大 连	0.53	135	0.8	71	0.43	118	0.33	137	0.23	124
青 岛	0.52	139	0.81	64	0.43	118	0.33	140	0.22	130
西 安	0.51	144	0.82	59	0.43	118	0.34	135	0.17	140

个城市同样在科技创新和市场规模方面表现出众。在全球150个城市的硬件环境竞争力排名中,我们发现,高科技城市西雅图、圣何塞、赫尔辛基和圣迭戈都进入城市硬件环境竞争力前20名,验证了在这项指标的比较中,科技创新的基础设施和科技创新能力是城市硬件环境竞争力提升的关键所在。

青岛的硬件环境竞争力在150个城市中排名第139位,其中,基础要素排名第64位、金融市场排名第118位、科技创新排名第140位、市场规模排名第130位,科技创新落后直接导致了青岛的硬件环境竞争力的不利地位。

(2)学习城市分析:青岛国际认可专利等指标有距离,水电价格具备竞争力。

表3-15显示了青岛以及青岛学习城市的硬件环境竞争力三级指标排名。东京硬件环境竞争力的三级指标排名落差较大,国际认可专利数、国际论文数量、著名科研中心数等反映科技创新能力的指标排名均靠前。西雅图在金融市场和科技创新方面有出色的表现,西雅图正是由于在科技创新领域的突出表现,凭借科技创新对企业本体以及产业结构的带动作用才跻身前10名,是通过科技创新提升城市综合竞争力的典范。

表3-15 学习城市硬件环境竞争力排名

城 市	人均土地面积	人均淡水量	供电质量	水价格	电价格	办公室租金	贷款获得	有效汇率	实际利率差	国际认可专利	国际论文数量	著名科研中心数	国家技术设施	城市人口	城市人均收入	区域人均GDP	区域人口
东 京	143	23	1	87	106	149	56	6	4	1	2	13	68	7	8	76	1
旧金山	115	137	44	48	101	85	10	46	33	14	4	24	14	105	1	1	63
西雅图	77	72	44	56	28	71	10	46	33	26	34	24	14	121	9	5	76
日内瓦	134	75	16	118	149	124	78	86	27	130	37	31	6	149	6	11	138
温哥华	112	50	35	141	31	98	10	130	97	45	54	31	58	119	76	66	109
青 岛	59	89	118	10	38	36	126	17	70	124	113	81	124	48	133	99	87

与东京、旧金山、西雅图等城市相比,青岛的科技创新能力有待提升,国家技术设施、国际论文数量、国际认可的专利数、城市人均收入等指标要继续努力。在科技创新方面的投入产出比偏低,如何在促使企业增加研发投入的同时增强科技的转化能力,是青岛提升科技竞争力的关键所在。

第三章 解释性竞争力比较：青岛的优势与潜力

同时，金融体系是个国家体系。目前，中国存在金融体系不完善、金融市场深化不够、金融支持力度不高等问题，青岛贷款获得这项指标排名第126位，落后于旧金山、西雅图和温哥华，影响青岛的城市硬件环境竞争力。未来中国必须营造一个现代化的金融生态环境，为经济持续、快速、健康发展提供强大的金融支持。

（3）竞争城市分析：青岛硬件环境较弱，科技创新和市场规模成为制约"短板"。

比较青岛和7个竞争对手的硬件环境竞争力，武汉的硬件环境竞争力在这8个城市中排第1位，青岛排第7位（见表3-16）。在这8个城市的硬件环境竞争力三级指标中，青岛的水价格等有较明显的优势；青岛的办公室租金在8个城市中排名第7位，国际认可专利数量和国际论文数量均排名第6位，是青岛在与竞争对手比较中的硬件环境竞争力薄弱项。在与国内的竞争对手城市进行比较时，青岛的基础要素没有绝对的优势，科技创新和市场规模使得青岛的硬件环境竞争不过对标城市。

表3-16 竞争对手目标城市硬件环境竞争力排名（关键指标）

城市	人均土地面积	人均淡水量	水价格	电价格	办公室租金	国际认可专利	国际论文数量	国家技术设施	城市人口	城市人均收入	区域人均GDP	区域人口
武汉	8	52	8	42	25	119	36	124	30	140	129	60
宁波	6	31	17	43	46	137	127	124	90	125	98	140
东莞	10	18	11	60	25	120	146	124	68	118	111	120
成都	60	49	6	21	20	109	95	124	33	139	126	65
沈阳	41	117	20	18	25	122	99	124	28	143	119	52
大连	27	109	36	32	32	117	106	124	47	137	93	84
青岛	59	89	10	38	36	124	113	124	48	133	99	87
西安	20	121	22	16	16	132	84	124	37	145	137	68

资料来源：《全球城市竞争力报告2007~2008》。

（4）合作对象对标分析：青岛基础要素突出，要大力吸引科技人才。

青岛的硬件环境在全球150个重要城市中排名第139位，是比较靠后的，首尔、上海、北京在150个城市中依次处于42名、48名、57名的位置。其中科技创新环境竞争力，青岛排名第140位，首尔是4个城市中排名最高的，位于第35名；而市场规模竞争力排名，青岛排名第130位，上海表现突出，排名第 11 位。青岛在基础要素上表现不俗，排名第 64 位，高于其他三大城市（见表 3-17）。

表 3-17 合作对象目标城市硬件环境竞争力排名（关键指标）

城市	人均土地面积	人均淡水量	水价格	电价格	办公室租金	国际认可专利	国际论文数量	著名科研中心数	城市人口	城市人均收入	区域人均GDP	区域人口
首尔	140	41	26	106	116	6	45	81	11	96	117	5
上海	79	40	5	62	112	36	12	81	2	123	75	8
北京	30	140	42	26	88	44	13	24	4	126	88	13
青岛	59	89	10	38	36	124	113	81	48	133	99	87

资料来源：《全球城市竞争力报告 2007~2008》。

首尔、北京和上海拥有较高的科技创新能力和良好的市场规模，城市科技资源丰富、大学、科研院所众多，基础研究投入大，科研成果产出多，一方面为城市商业发展提供了技术条件，另一方面对城市以外的高素质生产要素和高新企业产生巨大吸引力。而青岛拥有较好的基础要素，人均土地面积、电价格、水价格、办公室租金有非常明显的优势，形成了与首尔、北京、上海三大城市的优势互补，青岛的基础要素竞争力的突出表现，为青岛和其他城市开展合作提供了必要的条件和便利。

青岛应当重视开展和北京、上海、首尔的合作，借助三大城市的科技力量和市场规模发展自我，加强科技研发的交流合作、共享规模，依靠基础要素来吸引三大城市的科技人才。而科技人才是科技创新的核心，科技创新人才的规模、质量决定了城市科技创新的水平，只有提高科技创新的水平才能尽快提高硬件环境竞争力。

5. 软件环境竞争力

（1）全部对标城市分析：青岛战略导向成绩突出、公共服务水平有待加强。

城市软件环境是城市企业运营、产业发展的环境，主要包括市场环境、社会管理环境与公共政策环境等几方面。

图 3-5 显示的是 16 个城市标准化之后的软件环境竞争力得分，根据柱状图显示我们很容易将这 16 个城市划分成四个等级。

第一等级的是旧金山、日内瓦、西雅图，得分在 0.9~1 之间，软件环境竞争力有着绝对优势，在 150 个城市中位列前 10 名。

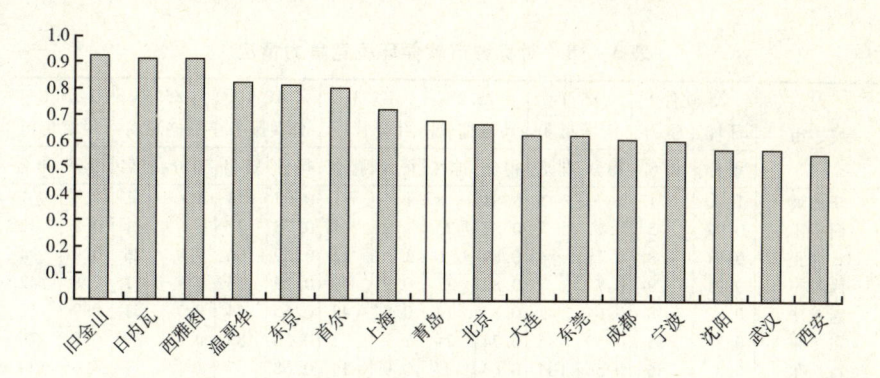

―――――― 第三章 解释性竞争力比较：青岛的优势与潜力 ――――――

图 3-5 软件环境竞争力关键指标

第二等级的包括温哥华、东京、首尔，得分在 0.8~0.9 之间，这些城市在软件环境竞争力方面也有一定的优势，在 150 个城市中处于第 40 名到第 60 名之间。

第三等级的有上海、青岛、北京，得分在 0.65~0.8 之间，在 150 个城市中处于第 80 名到第 100 名之间。

第四等级的有大连、东莞、成都、宁波、沈阳、武汉、西安，得分在 0.5~0.65 之间，这些城市软件环境竞争力薄弱，有待于进一步增强。

在 16 个对标城市中，旧金山的软件环境竞争力最好，在全球 150 个城市中排名第 5 位（见表 3-18）。在全球 150 个城市中，软件环境竞争力最强的是新加坡，新加坡的市场制度、社会管理、战略导向、税赋排名第一。研究发现，在构成城市软件环境竞争力的各项指标中，城市战略导向对城市综合竞争力的贡献最高，因此，新加坡正确的战略导向为其软件环境竞争力排名第一奠定了基础。青岛的软件环境竞争力位居 150 个城市中的第 97 位，其中，战略导向排名第 39 位，社会管理排名第 42 位，这两项指标的突出表现提升了青岛的软件环境竞争力。而公共服务排名第 134 位，应当进一步提高青岛的公共服务水平，从而继续提升青岛的软件环境竞争力。

（2）学习城市分析：青岛发展战略等指标表现良好，中国城市办事效率需进一步提升，青岛政府办事效率在中国是领先的。

表 3-19 显示旧金山软件环境竞争力的多数三级指标均排在前 20 名，其中日常管理、应急管理、办事效率、发展经验、发展战略排名第一。日内瓦的日常管理、应急管理、发展战略也排名第一，在缴税时间和地方自

表 3-18 对标城市软件环境竞争力情况

城市	Z5 软件环境竞争力 得分	排名	Z5.1 市场制度 得分	排名	Z5.2 市场监管 得分	排名	Z5.3 社会管理 得分	排名	Z5.4 公共服务 得分	排名	Z5.5 战略导向 得分	排名	Z5.6 税赋负担 得分	排名
新加坡	1	1	1	1	0.88	8	1	1	0.63	48	1	1	1	1
旧金山	0.92	5	0.7	7	0.82	23	1	1	0.78	27	1	1	0.8	42
日内瓦	0.91	8	0.78	4	0.89	6	1	1	0.59	56	0.9	26	0.9	24
西雅图	0.91	9	0.7	7	0.82	23	0.9	19	0.79	16	1	1	0.8	42
温哥华	0.82	48	0.64	43	0.87	14	0.8	42	0.65	44	0.7	53	0.9	12
东 京	0.81	55	0.59	85	0.74	74	1	1	0.54	83	0.8	39	0.8	79
首 尔	0.8	56	0.56	104	0.63	97	0.9	19	0.68	37	1	1	0.6	134
上 海	0.72	87	0.59	62	0.49	120	0.8	42	0.44	124	1	1	0.6	111
青 岛	0.68	97	0.59	62	0.49	120	0.8	42	0.43	134	0.8	39	0.6	111
北 京	0.67	100	0.59	62	0.49	120	0.7	70	0.46	119	0.8	39	0.6	111
大 连	0.63	114	0.59	62	0.49	120	0.7	70	0.44	130	0.6	94	0.6	111
东 莞	0.62	116	0.59	62	0.49	120	0.6	106	0.42	140	0.7	53	0.6	111
成 都	0.61	117	0.59	62	0.49	120	0.6	106	0.44	123	0.6	94	0.6	111
宁 波	0.6	120	0.59	62	0.49	120	0.5	124	0.44	142	0.7	53	0.6	111
沈 阳	0.57	133	0.59	62	0.49	120	0.5	124	0.44	127	0.5	120	0.6	111
武 汉	0.57	135	0.59	62	0.49	120	0.5	124	0.44	131	0.5	120	0.6	111
西 安	0.56	138	0.59	62	0.49	120	0.5	124	0.45	121	0.4	142	0.6	111

主化度方面也表现突出，日内瓦政府出色的发展战略使其以会展业而闻名于世，同时也是世界各国际机构云集、国际组织最多的城市。分析软件环境竞争力的城市排名发现，排名在前面的城市主要得益于其经济自由度程度高，产权保护力度较大，市场规范，竞争有序，而且政府行政高效，管理能力强。

表 3-19 学习目标城市软件环境竞争力情况

城市	地方自主化度	经济自由化程度	产权保护程度	开办企业	申请执照	注销企业	日常管理	应急管理	办事效率	市民满意度	发展经验	发展战略	缴税次数	缴税时间	缴税比例	腐败成本	加权平均关税率
旧金山	37	7	12	22	26	68	1	1	1	28	1	1	54	59	43	54	17
日内瓦	5	41	98	61	65	8	1	1	70	47	34	1	126	3	6	13	12
西雅图	37	7	12	22	26	24	1	1	17	1	1	1	54	59	43	54	17
温哥华	7	50	111	4	15	56	58	1	35	60	69	33	42	17	36	29	5
东 京	90	76	54	70	70	109	1	1	82	84	34	33	98	98	96	40	79
青 岛（整个中国的数据）	14	122	75	116	126	30	24	49	122	110	34	33	8	123	121	121	109

第三章　解释性竞争力比较：青岛的优势与潜力

青岛在发展经验、发展战略方面同样表现出色，但与旧金山、日内瓦、西雅图这样的对标城市相比仍有一定的差距。要成为有特色的国际化城市，青岛必须认真学习和借鉴其他城市的成功经验，提高政府的行政管理能力，发挥政府的战略导向作用，引导市场大力发展高科技产业、会展业，从而直接地提高城市综合竞争力。

需要指出的是，表3-19的数据关于青岛部分是世界银行公布的国家数据，也就是在这些方面，世行调查显示，青岛的表现在中国城市中，名列前茅。

（3）竞争城市分析：青岛软件环境竞争力名列第一。

比较青岛和7个竞争对手的软件环境竞争力，青岛的软件环境竞争力在这8个城市中排第一，三级指标排名都领先于7个竞争对手（见表3-20）。在这8个城市的软件环境竞争力三级指标中，青岛的日常管理、应急管理、发展经验、发展战略有明显的优势。这与青岛奥帆赛的举办有着紧密的联系，奥帆赛的成功举办使青岛政府的各项管理能力有了质的提高，同时对青岛的发展经验和发展战略有了更有利的影响。

表3-20　竞争对手目标城市软件环境竞争力情况（关键指标）

城　市	注销企业	日常管理	应急管理	市民满意度	发展经验	发展战略
青　岛	30	24	49	110	34	33
大　连	30	58	49	95	69	76
东　莞	30	58	106	139	34	76
成　都	30	58	106	81	69	76
宁　波	30	122	106	143	34	76
沈　阳	30	122	106	88	124	76
武　汉	30	122	106	102	124	76
西　安	30	122	106	67	124	132

在市场制度、社会管理和战略导向这三项指标的比较中，青岛得分均位于前列，其中，青岛政府发挥了十分重要的作用。政府是城市发展的主要推手，其城市管理和经营能力的强弱决定着一个城市的发展前途。一个善于城市管理和经营的高效政府在政务开放与办事便捷、战略导向、日常管理和应急管理效率等方面都应有不俗的表现。科学、超前的战略导向能大大降低城市未来发展的成本，是城市管理能力的重要体现。青岛在

"战略导向"上的得分较高,有非常出色的表现,在150个城市中排名33位,因而,未来青岛应继续加强战略导向的指引作用,不断提升城市战略导向的科学性、远见性。

(4) 合作对象对标分析:青岛软件环境高于北京、低于上海和首尔,在日常管理等方面要向首尔学习。

青岛的软件环境竞争力在全球150个重要城市里,排名第97位,水平处于中下等,高于北京,低于上海和首尔(见表3-21)。在市场制度、市场监管、社会管理、公共服务、税赋负担等方面,青岛和北京、上海相差不大。尤为重要的是,青岛需要向首尔、上海学习战略导向方面的能力,向首尔学习公共服务水平的提高。

表3-21 合作对象目标城市软件环境竞争力情况

城 市	日常管理	应急管理	市民满意度	发展经验	发展战略	缴税次数	缴税时间	缴税比例	腐败成本
首 尔	1	49	38	1	1	140	53	10	115
上 海	24	49	83	1	1	8	123	121	121
青 岛	24	49	110	34	33	8	123	121	121
北 京	58	49	63	34	33	8	123	121	121

说明:有关部分使用的是国家数据,所以,青岛与上海、北京相同。

从软件环境分析来看,青岛在市场制度、监管、管理等方面,和北京、上海相差不大,具备了软件环境对接的条件。而在市场制度上,青岛甚至高于首尔,这也为和首尔合作提供了便利的制度条件。因此,可以看出,青岛和三市的合作有着广阔的合作软环境基础。

6. 生活环境竞争力

(1) 全部对标城市分析:青岛城市宜居环境较好,要构建国际文化休闲的胜地。

城市生活质量对城市竞争力的贡献,是通过吸引和培养人才实现的。高质量的生活环境有利于吸引和培养高素质的人才,也有利于城市人才最大地发挥作用。

图3-6显示的是16个城市标准化之后的生活环境竞争力得分,根据柱状图显示我们很容易将这16个城市划分成三个等级。

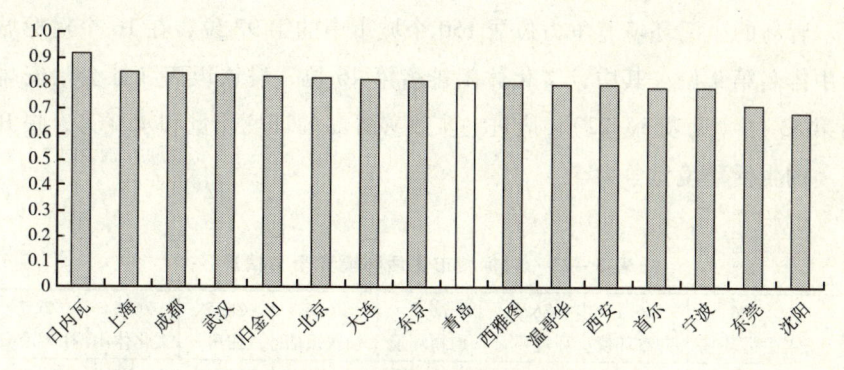

第三章 解释性竞争力比较：青岛的优势与潜力

图 3-6 生活环境竞争力情况

资料来源：《全球城市竞争力报告 2007~2008》。

第一等级的是日内瓦，得分 0.91，生活环境竞争力在 150 个城市中位列第 12 名。

第二等级的包括上海、成都、武汉、旧金山、北京、大连、东京、青岛、西雅图、温哥华、西安、首尔、宁波，得分在 0.79~0.84 之间，这些城市在生活环境竞争力方面的优势不明显，差距不大，在 150 个城市中处于第 40 名到第 120 名之间。

第三等级的有东莞和沈阳，得分分别为 0.71 和 0.68，这两个城市生活环境竞争力薄弱，有待进一步增强。

从 16 个城市的生活环境竞争力排名中不难看出，生活环境较好的城市往往都是文化古城或艺术之都，是有着较深厚的人文艺术传统和优美自然环境的城市，更加注重于对生活环境的改善和追求，如巴黎、日内瓦、北京等。

在 16 个对标城市中，日内瓦的生活环境竞争力最好，在全球 150 个城市中排名第 12 位。在全球 150 个城市中，生活环境竞争力最强的是巴黎，巴黎的餐饮饭店、文化休闲排名第 1 位，环境质量排名第 5 位。研究发现，在构成城市生活环境竞争力的各项指标中，环境质量对城市综合竞争力的贡献最高，环境质量是城市生活环境的首要因素，也是影响城市竞争力的关键因素，环境质量的好坏作用于生活环境，间接影响企业对人才、资金和技术等城市发展要素的吸引力。加强环境保护、改善环境质量是提升城市竞争力的基础。因此，巴黎良好的环境质量为其生活环境竞争力排名第一奠定了基础。

青岛的生活环境竞争力位居150个城市中的第92位，在16个对标城市中排名第9位。其中，文化休闲排名第46位，餐饮饭店和社会治安排名第53位（见表3-22），应进一步改善青岛的环境质量和承载力，提升青岛的生活环境竞争力。

表3-22 对标城市生活环境竞争力情况

城市	Z6 生活环境 得分	排名	Z6.1 自然环境 得分	排名	Z6.2 环境质量 得分	排名	Z6.3 购物环境 得分	排名	Z6.4 餐饮饭店 得分	排名	Z6.5 住房 得分	排名	Z6.6 文化休闲 得分	排名	Z6.7 社会治安 得分	排名
巴黎	1	1	0.72	80	0.99	5	0.98	5	1	1	0.8	20	1	1	0.7	120
日内瓦	0.91	12	0.83	44	0.97	22	0.81	35	0.68	132	0.9	13	0.8	4	0.7	115
上海	0.84	48	0.84	40	0.69	120	0.79	50	0.98	4	0.7	97	0.4	106	0.8	48
成都	0.84	54	0.87	20	0.64	126	0.83	27	0.82	77	0.7	53	0.4	73	0.8	56
武汉	0.83	62	0.89	14	0.58	135	0.82	31	0.84	67	0.7	71	0.5	53	0.8	62
旧金山	0.83	68	0.77	63	0.99	2	0.76	65	0.73	116	0.7	103	0.5	64	0.7	92
北京	0.82	76	0.74	76	0.58	136	0.77	54	0.9	24	0.6	129	0.6	14	0.9	40
大连	0.81	84	0.69	90	0.73	115	0.77	54	0.9	28	0.7	92	0.4	93	0.8	47
东京	0.81	89	0.77	62	0.91	87	0.75	91	0.74	108	0.7	76	0.3	139	0.7	68
青岛	0.8	92	0.75	67	0.6	130	0.77	54	0.85	53	0.7	86	0.5	46	0.8	53
西雅图	0.8	100	0.68	93	0.98	17	0.73	86	0.71	122	0.8	25	0.4	106	0.7	126
温哥华	0.8	101	0.52	139	0.98	7	0.79	49	0.81	85	0.7	56	0.4	82	0.7	113
西安	0.79	107	0.78	61	0.45	145	0.83	27	0.98	6	0.6	113	0.4	112	0.7	60
首尔	0.79	112	0.67	95	0.66	124	0.75	74	0.74	109	0.7	91	0.5	53	0.9	21
宁波	0.79	114	0.88	18	0.39	147	0.77	54	0.91	23	0.7	94	0.4	112	0.8	52
东莞	0.71	139	0.74	75	0.37	148	0.75	54	0.75	107	0.6	120	0.3	145	0.8	49
沈阳	0.68	144	0.55	135	0.54	140	0.77	54	0.67	134	0.7	106	0.2	150	0.8	57

资料来源：《全球城市竞争力报告2007~2008》。

（2）学习城市分析：青岛保护环境的能力需要加强，休闲娱乐功能优势明显。

表3-23显示了青岛以及青岛所要全面学习和模仿城市的生活环境竞争力三级指标。日内瓦、旧金山、西雅图和温哥华的废水处理率排名均为第1位，而青岛排名第94位，低于东京，需要进一步改善，为"拥湾战略"实施奠定可持续发展的基础。这些城市的高废水处理率等方面都是值得青岛学习效仿的。

第三章 解释性竞争力比较：青岛的优势与潜力

表3-23 学习城市生活环境竞争力排名（关键指标）

城市	自然景观	气候环境	废水处理率	颗粒物	购物	物价指数	餐饮	国际酒店	酒店价格	人均住宅数	房价收入比	住宿	文化娱乐	世界遗产	犯罪率	恐怖主义导致企业成本
日内瓦	3	80	1	54	4	114	101	60	123	13	32	14	102	3	131	22
旧金山	43	74	1	34	76	32	37	14	146	28	140	31	77	39	69	110
东京	99	47	61	102	51	114	136	72	49	106	50	64	134	68	60	71
青岛	36	84	94	114	63	32	60	122	31	119	68	40	24	68	39	86
西雅图	55	104	1	35	96	32	91	24	140	31	70	40	89	68	112	110
温哥华	75	141	1	20	83	21	48	50	108	49	81	87	62	68	128	44

在这些三级指标中，青岛也有自己的优势：青岛的酒店价格、文化娱乐、犯罪率的排名都领先于这5个国际大都市；文化娱乐、物价指数、自然景观、犯罪率和住宿的排名在全球150个城市中排名都在前40名，大大提高了青岛生活环境竞争力的排名。

（3）竞争城市分析：青岛生活环境较好，和竞争城市相比废水处理指标上居于前列。

比较青岛和7个竞争对手的生活环境竞争力，成都的生活环境竞争力在这8个城市中排第1位，青岛排第4位（见表3-24）。在这8个城市的生活环境竞争力三级指标中，青岛的废水处理率、房价收入比、文化娱乐有较明显的优势；青岛的人均住宅数在8个城市中排名第6位，酒店价格排名第8位，是青岛在与竞争对手比较中的生活环境竞争力薄弱项。但近两年来，青岛不断加强环境治理工作，空气中颗粒物减少，环境质量有了一定的改善。

表3-24 竞争对手目标城市生活环境竞争力排名

城市	自然景观	气候环境	废水处理率	颗粒物	购物	物价指数	餐饮	国际酒店	酒店价格	人均住宅数	房价收入比	住宿	文化娱乐	世界遗产	犯罪率
成都	25	41	105	137	18	32	91	122	23	95	72	17	106	27	43
武汉	43	19	145	133	23	32	105	115	2	105	80	24	31	68	48
大连	36	107	124	108	63	32	48	142	3	109	85	58	77	68	30
青岛	36	84	94	114	63	32	60	122	31	119	68	40	24	68	39
西安	43	73	112	142	18	32	129	129	15	92	40	112	39	46
宁波	43	21	135	138	63	32	37	108	11	118	100	24	96	68	38
东莞	138	30	143	140	63	32	127	115	30	126	108	58	142	68	34
沈阳	99	128	131	144	63	32	150	129	1	116	81	64	150	39	44

资料来源：《全球城市竞争力报告2007~2008》。

在与国内的竞争对手城市进行比较时，青岛的酒店价格排名相对靠后，反而在废水处理率上有绝对的优势，出现了与国际大城市比较时相反的结论。这反映了青岛发展中出现的问题正是发展中国家城市正普遍面临的难题，发展中国家的城市拥有各种廉价的资源，因此在住宿、酒店价格等方面有优势，但是在颗粒物、废水处理率等指标上，发达国家的城市拥有非常大的优势。青岛要想在生活竞争力上打败国内的竞争对手城市，就要向发达国家学习，提高废水处理率，改善环境质量，吸引更多的人才、资金和技术，提升城市的综合竞争力。

（4）合作对象对标分析：青岛的生活环境竞争力具有优势，为会展、休闲提供了条件。

青岛的生活环境竞争力在全球150个重要城市里，排名第92位，高于首尔，低于北京和上海。青岛的自然环境、购物环境、餐饮饭店、住房、文化休闲、社会治安这几个方面，水平比较平衡，除了住房外，都处在50名左右（见表3-25）。即使是住房，也好于其他3个城市。这为青岛大力发展休闲和会展产业提供了基础，为青岛做好北京、上海和首尔的休闲度假胜地提供了有利条件。

表3-25 合作对象目标城市生活环境竞争力排名

城市	自然景观	气候环境	废水处理率	颗粒物	购物	物价指数	餐饮	国际酒店	酒店价格	人均住宅数	房价收入比	住宿	文化娱乐	世界遗产	犯罪率
上海	84	23	129	129	51	32	37	40	23	72	114	64	89	68	32
北京	55	78	130	139	63	32	83	60	13	73	139	64	62	10	11
青岛	36	84	94	114	63	32	60	122	31	119	68	40	24	68	39
首尔	95	91	51	121	63	104	127	87	46	97	81	64	96	27	55

资料来源：《全球城市竞争力报告 2007~2008》。

7. 全球联系竞争力

（1）全部对标城市分析：青岛海运能力突出、航空建设有待加强。

在全球化的背景下，城市日益成为全球竞争的主体，参与全球竞争之中，而世界城市又依靠其强大的经济辐射和扩散能力推动着经济全球化的进一步发展。全球联系指标衡量城市参与全球竞争的程度及其在全球城市

第三章 解释性竞争力比较：青岛的优势与潜力

中的地位，是一个城市国际化程度的重要体现。

图 3-7 显示的是 16 个城市标准化之后的全球联系竞争力得分，根据柱状图显示我们很容易将这 16 个城市划分成三个等级。

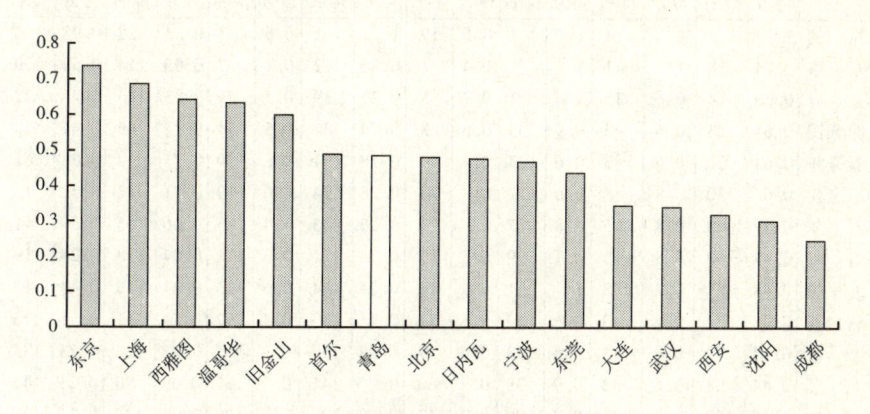

图 3-7 全球联系竞争力

资料来源：《全球城市竞争力报告 2007~2008》。

第一等级的是东京、上海、西雅图、温哥华、旧金山，得分为 0.6~0.8，全球联系竞争力在 150 个城市中位列前 30 名。

第二等级的包括首尔、青岛、北京、日内瓦、宁波、东莞，得分在 0.4~0.5 之间，这些城市在全球联系竞争力方面的差距不大，在 150 个城市中处于第 60 名到第 100 名之间。

第三等级的有大连、武汉、西安、沈阳、成都，得分在 0.2~0.4 之间，这些城市的全球联系竞争力较为薄弱，有待进一步增强。

在 16 个对标城市中，东京的全球联系竞争力最好，在全球 150 个城市中排名第 8 位（见表 3-26）。在全球 150 个城市中，全球联系竞争力最强的是纽约，纽约的区位条件、陆路、航空排名第 1 位，企业联系排名第 2 位。研究发现，在构成全球联系竞争力的各项指标中，城市企业联系是影响城市全球联系竞争力的最重要因素之一。城市企业联系用样本跨国公司在城市的总部数量与分部数量来表现，实际上反映了城市在全球竞争中所处的位置及其对全球经济的影响能力。培育和促进城市企业国际化，吸引国际跨国公司总部与分部入驻，是城市提升全球联系竞争力的关键所在。

表 3-26 对标城市全球联系竞争力情况

城 市	Z7 全球联系 得分	排名	Z7.1 区位条件 得分	排名	Z7.2 陆路 得分	排名	Z7.3 海运 得分	排名	Z7.4 航空 得分	排名	Z7.5 信息联系 得分	排名	Z7.6 居民联系 得分	排名	Z7.7 企业联系 得分	排名
纽 约	1	1	1	1	1	1	0.5	19	1	1	0.6	11	0.33	28	0.98	2
东 京	0.74	8	1	1	1	1	0.4	31	0.35	12	0.7	7	0.05	114	0.54	9
上 海	0.69	14	0.8	15	1	1	0.7	5	0.22	39	0.5	29	0.03	125	0.46	22
西雅图	0.64	23	0.6	43	0.9	38	0.6	8	0.24	36	0.5	34	0.17	66	0.41	37
温哥华	0.64	25	0.6	43	0.6	123	0.4	20	0.18	51	0.6	20	0.71	4	0.33	61
旧金山	0.6	30	0.8	15	0.6	123	0	74	0.28	24	0.6	19	0.51	12	0.52	13
首 尔	0.49	62	0.8	15	0.8	67	0	74	0.25	35	0	83	0.06	105	0.39	41
青 岛	0.48	68	0.8	15	0.7	99	0.5	15	0.03	122	0.3	111	0.04	118	0.24	119
北 京	0.48	69	0.2	128	1	1	0	74	0.25	34	0.3	34	0.03	129	0.48	19
日内瓦	0.48	71	0.6	43	0.6	123	0	74	0.1	83	0.4	62	0.54	11	0.31	75
宁 波	0.47	79	0.8	15	0.6	123	0.6	9	0.02	134	0.3	117	0.03	124	0.23	135
东 莞	0.44	98	0.6	43	0.9	38	0.3	60	0	141	0.3	137	0.09	90	0.23	142
大 连	0.35	128	0.3	123	0.7	99	0.03	47	0.03	123	0.3	128	0.02	132	0.24	125
武 汉	0.34	132	0.4	102	0.9	38	0	74	0.04	118	0.3	119	0.01	143	0.23	128
西 安	0.32	139	0.3	123	0.9	38	0	74	0.05	107	0.2	141	0.02	136	0.23	139
沈 阳	0.3	141	0.2	128	0.9	38	0	74	0.03	125	0.3	133	0	145	0.23	129
成 都	0.29	144	0.1	149	0.9	38	0	74	0.08	92	0.3	125	0.01	141	0.24	117

资料来源：《全球城市竞争力报告 2007~2008》。

青岛的全球联系竞争力位居 150 个城市中的第 68 位，在 16 个对标城市中排名第 7 位，是青岛排名最好的分项竞争力。其中，区位条件和海运排名第 15 位，这两项指标为提高青岛生活环境竞争力排名作出了巨大贡献。而航空排名第 122 位，企业联系排名第 119 位，继续提升青岛的全球联系竞争力需从这两方面入手。

（2）学习城市分析：青岛区位便利度和公路路线指标表现优异，要加快迈向国际化步伐。

表 3-27 显示了东京全球联系竞争力的多数三级指标均排在前 20 名，其中区位便利度、距世界城市的距离、铁路线数、公路线数排名第 1 位，跨国公司总部数量位居第 3 名，机场客运量排名第 4 位。东京交通十分便捷，多元化程度非常高，信息化基础设施完善，是世界许多著名跨国公司的总部所在地。与东京相比，青岛在区位便利度和公路线数这两个指标上同样也表现出色，但是在铁路线数、年起降架次、企业网站反馈以及跨国公司分部这些指标上，与东京相比存在着一定差距。

第三章 解释性竞争力比较：青岛的优势与潜力

表 3-27 学习城市全球联系竞争力排名

城 市	区位便利度	距世界城市的距离	铁路线数	公路线数	货物吞吐量	泊位吃水深度	年起降架次	机场客运量	机场货运量	企业网站反馈	政府网站反馈	外国出生市民比例	外国游客占市民比例	跨国公司总部	跨国公司分部
东 京	1	1	1	1	19	50	51	4	38	9	17	100	89	3	28
西雅图	1	105	47	1	31	2	35	59	11	100	16	59	76	21	34
温哥华	1	105	121	91	35	9	41	52	76	17	35	7	3	40	58
旧金山	1	51	121	91	74	74	32	16	31	86	7	9	19	21	13
青 岛	1	51	121	1	11	16	117	123	102	115	70	99	102	40	119
日内瓦	83	1	121	91	74	74	74	117	47	64	6	16	40	74

资料来源：《全球城市竞争力报告 2007~2008》。

分析发现，温哥华的外国游客占市民比例和外国出生市民比例这两项指标排名分别为第 3 位和第 7 位，这与温哥华的国际化程度是分不开的。青岛的外籍人员比例高，拥有同样的优势，但是与温哥华这样的国际大都市相比有相当大的差距，需要发扬优势，学习温哥华吸引更多的外国旅客旅游居住。

青岛要加快国际化程度、成为有特色的国际化城市，必须认真学习和借鉴东京和温哥华的成功经验，强化优势、弥补劣势，加快机场建设，吸引更多的跨国公司总部和分部落户。

（3）竞争城市分析：青岛全球联系度名列前茅，铁路线路有待提高。

比较青岛和 7 个竞争对手的全球联系竞争力，青岛的全球联系竞争力排第 1 位（见表 3-28）。在这 8 个城市的全球联系竞争力三级指标中，青岛的区位便利度、距世界城市的距离、公路线数、货物吞吐量、政府网站反馈、外国出生市民比例有明显的优势；青岛的机场客运量在 8 个城市中排名第 5 位，铁路线数排名第 8 位，是青岛在与竞争对手比较中的全球联系竞争力薄弱项。但近几年来，为了奥帆赛的成功举办，青岛加大对基础设施的投入，机场和铁路的建设已经迈上了一个新的台阶。

值得注意的是，由于港口在区位条件上的优势，青岛年出港货运量指标统计数据较高，与周边大都市如北京、首尔等往来密切，具备了非常好的全球联系条件，在对外联系和交往中居于有利地位，这使青岛能领先 7 个竞争对手城市。但是，青岛的航空建设落后，年起降架次、年客运量以

表 3-28　竞争对手目标城市全球联系竞争力排名

城市	区位便利度	距世界城市的距离	铁路线数	公路线数	货物吞吐量	泊位吃水深度	年起降架次	机场客运量	机场货运量	企业网站反馈	政府网站反馈	外国出生市民比例	外国游客占市民比例	跨国公司分部
青岛	1	51	121	1	11	16	117	123	102	115	70	99	102	119
宁波	1	51	121	91	14	4	131	133	121	97	130	141	88	135
东莞	1	105	47	1	61	50	141	141	141	130	138	139	52	142
大连	49	135	47	127	25	61	122	124	100	120	132	144	114	125
武汉	83	51	47	1	74	74	121	101	103	107	124	140	135	128
西安	138	51	47	1	74	74	114	90	93	137	141	142	121	139
沈阳	83	105	1	91	74	74	125	122	106	123	134	135	141	129
成都	138	135	47	1	74	74	85	89	82	116	123	147	132	117

及年货运量落后于成都，机场设施和对内基础设施方面仍然不完备，如信息技术基础设施并没有达到国际化城市的要求，跨国公司数量不多，应当加大建设力度。

青岛全球联系度表现不俗，说明近几年国际化程度有着显著提高。青岛参与全球竞争的程度及其在全球城市中的地位是不断上升的，城市区位条件得到改善、交通联系更加顺畅、企业联系更加紧密。

（4）合作城市对标分析：青岛全球联系度水平较高，区位条件良好。

青岛的全球联系度在全球 150 个重要城市里，排名第 68 位，水平处于中等，和北京、首尔持平，低于上海。上海的全球联系程度远远地高于其他 3 个城市，全球联系竞争力在 150 个城市中排名第 14 位。上海等国际大都市的全球联系竞争力指标值都很高，信息化发展水平良好，跨国公司总部、分部数量多，外国游客占市民比例大，在提高城市发展水平方面发挥着重要的作用，是提升全球联系竞争力的重要途径，值得青岛学习借鉴。

青岛区位条件良好，排名第 15 位，海运排名第 15 位。从这些数据来看，青岛全球联系度表现不俗，说明近几年国际化程度有着显著提高（见表 3-29）。区位条件良好的表现，再次证明了青岛实现"环海战略"构想的区位优势。但是青岛的航空、信息联系、居民联系和企业联系等指标，是青岛以后要加强的地方。

第三章 解释性竞争力比较：青岛的优势与潜力

表 3-29 合作对象城市全球联系竞争力排名

城市	区位便利度	距世界城市的距离	铁路线数	公路线数	货物吞吐量	泊位吃水深度	年起降架次	机场客运量	机场货运量	企业网站反馈	政府网站反馈	外国出生市民比例	外国游客占市民比例	跨国公司总部	跨国公司分部
上海	1	51	1	1	3	58	33	40	42	30	40	123	99	40	14
首尔	1	51	90	1	74	74	40	23	40	61	102	103	75	21	40
青岛	1	51	121	1	11	16	117	123	102	115	70	99	102	40	119
北京	83	105	1	1	74	74	39	22	56	31	11	119	106	11	27

通过上述对青岛竞争力全面细致的分析，可以得出结论，青岛的城市框架结构、城市综合功能、基础设施水平乃至整个城市面貌，都发生了前所未有的变化。青岛的软件环境、生活环境和全球联系在全球城市中已经具备了相当强的竞争力。到今天，一个现代化国际城市的框架日益成形，一个"经济繁荣、特色鲜明、功能完善、充满活力"的沿海发达城市以其兴旺发达的景象，雄起于半岛之端。

第二部分

青岛国际化竞争力分析

第四章
城市国际化竞争力理论框架

一 研究背景

1. 全球视角：国际化是城市争取广阔发展空间的战略选择

信息化与经济全球化的发展，跨越国界的物流、人流、资本流和信息流的加速运动，推动着全球产业分工深化和经济结构调整，形成了全球规模的经济系统。在这一背景下，世界城市迅速崛起，世界城市网络逐渐形成，城市经济、社会、文化的发展与国际经济、社会、文化发展的相联系并逐渐融合，成为一体化国际发展体系的有机组成部分。而世界城市又依靠其强大的经济辐射和扩散能力推动着经济全球化的进一步发展。21世纪，全球化的势头有增无减，全球化正向广度和深度推进，在这种背景下，作为一国参与国际竞争的基本地域单元，城市正日益参与到全球分工与竞争之中，城市的发展水平代表了国家或区域的综合实力和竞争力。城市之间竞争的日趋激烈，使得国际化成为城市尤其是国家或区域中心城市争取更大发展空间的战略选择。

2. 青岛视角：国际化水平日新月异，迈入国际化初级阶段

在全球经济一体化和中国加入 WTO 的大背景下，加快融入全球化、全面推进城市国际化，是青岛未来发展的必然趋势。

青岛的对外开放已经完成了从"单向吸纳"到"双向吞吐"的转变，进入了国际化初级阶段。青岛在吸引外资的同时，海尔、海信等一批优势企业走出国门，开始在海外投资建厂。据不完全统计，青岛在境外建立的企业（机构）已达 80 多个，投资项目覆盖 38 个国家和地区。今后几年，青岛计划在境外投资建厂（销售公司、研发机构等）100 家以上。这种变化实际上体现出青岛经济正从"外向型"向更高层次的"开放型"转变，是青岛在通往国际化道路上的突破性的进展。企业走出国门，率先国际化是青岛城市国际化的特色，也是青岛城市国际化的先导。

二 青岛国际化竞争力分析框架与指标体系构建

1. 城市国际化竞争力的概念框架

如前所述，城市国际化竞争力是指城市参与全球资源配置的程度和能力，反映的是城市在国际竞争中的地位。同时，城市作为一个基本的地域单元，本身也是全球市场国际化的承载体。根据这一内涵，结合城市国际化的实际特征，课题组拟从城市内向国际化和城市外向国际化两方面来设计指标。简单而言，城市内向国际化指的是在全球化趋势下，全球市场与环境变化对该城市施加的影响，外向国际化则是指该城市在参与全球竞争中，自身的资源禀赋与参与国际分工，资源配置的能力对全球的影响，体现在城市人流、资金流、物流、服务流及信息流内外的流动上。在横向设置上考虑城市外向国际化与城市内向国际化的基础上，在指标设计的纵向层面上，结合已有的研究成果，课题组从三个方面来设置城市国际化竞争力指标体系，分别为城市市场国际化竞争力，城市主体国际化竞争力与城市环境国际化竞争力。城市主体是城市国际化的主导者和参与者，城市主体充分国际化后，才能更好地推动城市市场国际化的进程。城市设施、制度与文化环境则是城市主体参与国际竞争，城市市场国际化的载体。

综上所述，城市国际化竞争力的解释框架可以从两方面来表现。

（1）城市国际化竞争力第一解释框架：从国际化内向与外向特征分成两类，即内向国际化竞争力系统和外向国际化竞争力系统，而其中内向国际化和外向国际化又由一些具体的分力组成。当然，这些分力又是兼容和交叉的。

城市国际化竞争力（UIC）= F（内向国际化竞争力，外向国际化竞争力）。

——————第四章　城市国际化竞争力理论框架——————

（2）城市国际化竞争力第二解释框架：

城市国际化竞争力（UIC）= F（城市市场国际化竞争力，城市主体国际化竞争力，城市环境国际化竞争力）= F（资本国际化竞争力，贸易国际化竞争力，企业国际化竞争力，居民国际化竞争力，政府国际化竞争力，设施国际化竞争力，制度国际化竞争力，文化国际化竞争力）。

其中，城市市场国际化竞争力指的是城市作为一个主体，在全球市场上进行交易并获得相关利益的能力。从参与市场竞争的要素考虑，选择二级指标资金与贸易国际化来对其进行衡量，结合外向国际化与内向国际化这两个层面，设计了 Z1.1.1 对外投资项目金额占 GDP 比重；Z1.1.2 实际吸收外资金额占 GDP 比重；Z1.2.1 外贸出口额占 GDP 比重；Z1.2.2 外贸进口额占 GDP 比重四项三级指标。

城市主体国际化竞争力是指城市企业、居民与政府参与全球事务的程度。这三个主体同时也是城市一切活动的主体。企业作为城市参与全球竞争，实现资源配置的重要载体，其在全球城市网络中的分布，直接影响到城市控制和支配全球资源的能力。所以，利用 Z2.1.1 跨国公司总部（区域总部）数量与 Z2.1.2 跨国公司分部数量这两项跨国公司全球分布的指标，能够恰当地度量出城市是否发挥出区域信息中心的作用；居民是城市生活的主体，居民的国际化主要反映在居民国别结构与对外交往联系方面，因此，通过设置 Z2.2.1 外籍人员比例与 Z2.2.2 外国游客占市民比例这两项三级指标，能够准确地衡量城市居民融入国际化的程度；政府主体国际化竞争力指的是政府领导城市在全球经济、文化与社会事务交往中的能力，本指标体系通过选择 Z2.3.1 友好城市个数与 Z2.3.2 政府网站虚拟联系度来反映。

城市环境国际化竞争力是指城市在参与全球竞争过程中，城市设施对内对外的承载能力、制度与文化方面的大环境与国际接轨的状况。城市设施又包括一般基础设施与信息化基础设施，分别用 Z3.1.1 机场航线数、Z3.1.2 互联网用户数、Z3.1.3 移动电话用户数与 Z3.1.4 固定电话用户数四项指标来衡量。Z3.2.1 经济自由度指数与 Z3.3.1 文化多元化指数则分别度量城市制度与文化方面与国际制度与文化发展趋势的差异。

2. 城市国际化竞争力和城市国际化程度的关系

城市国际化竞争力是城市竞争力的一个方面，衡量的是一个城市与其他城市相比较,在市场开放,主体参与,环境联系等方面参与世界的相对能力,主要表现在一个城市在经济、社会等方面与外部世界的相互影响力。城市国际化程度是城市在市场开放,主体参与,环境联系等方面参与世界的程度,也是一个城市在经济社会方面与外部世界相互影响的程度。

(1) 城市国际化竞争力和城市国际化程度反映的是同一个城市主体的内容,是刻画该城市特征的两种形式。

(2) 城市国际化竞争力是一个相对比较概念,有相对大小之分;国际化程度是一个分阶段概念,根据经验性数据与城市国际化的基本轨迹,可以找出阶段标准,判断一个城市的国际化水平。

(3) 城市国际化竞争力和城市国际化程度都反映了一个城市的国际地位和国际发展水平。但需要指出的是,处在同一个国际化阶段的城市,它们的国际化竞争力也是不同的。比如,纽约和香港都进入了全面国际化阶段,但是二者的国际化竞争力是不同的。

本报告将两者在设计指标体系,进行实证分析时,将两者统一起来。

3. 城市国际化竞争力评价指标体系

(1) 城市国际化竞争力评价指标体系构建原则。

建立一套科学合理的指标体系,不仅要有严谨的理论分析框架和规范的内部逻辑,而且作为一个完整的系统,城市国际化竞争力评价指标体系的建立还必须遵循以下几个基本原则。

①系统优化原则。

构建城市国际化竞争力评价指标体系是一项复杂的系统工程,涉及众多的因素和变量,包括经济、社会、科技、人文、环境等各个方面。它一方面要反映城市在国际化进程中内部的结构和运转,另一方面也要反映城市系统与全球经济、社会发展系统的关联性。因此,城市国际化竞争力评价指标体系必须真实反映城市内向国际化和外向国际化两方面的基本特征。指标之间相互独立,又相互联系,共同构成一个有机整体。每一方面指标又划分为不同层次,形成一种纵横交错、密切相连的树状结构。

②动态连续性原则。

城市国际化进程是一个动态发展、不断提高的过程。因此,城市国际化竞争力评价指标体系必须能够反映城市国际化进程的现状、潜力,以及

第四章 城市国际化竞争力理论框架

演变趋势,并能显示其内在发展规律。

③可操作性原则。

城市国际化本身是一个抽象的概念,而构建城市国际化竞争力评价指标体系的目的,就是通过选择某个方面体现城市国际化进程的指标数据,来客观、真实地反映城市国际化的程度。另一方面,城市国际化竞争力评价指标体系对城市的国际化进程具有导向作用,直接影响城市与国际化相关的决策,因此指标体系需要具有相当的权威性和代表性,数据来源尽可能来自权威文献。基于此,指标的选取既要力求反映城市国际化的程度,准确评估城市国际化竞争力,同时也要保证指标数据的可操作性、可获取性。

④可比性原则。

建立指标体系的目的有两个,一个是对主体本身进行衡量与评估,另一个则是通过与同类主体进行对比,从中发现差距与存在的问题。因此,城市国际化竞争力评价指标体系设立必须遵循可比性原则,使得指标体系可用于国内外不同城市之间的国际化程度的评估及国际化现状的对比。

(2) 城市国际化竞争力评价指标体系。

在城市国际化竞争力分析框架的基础上,遵循指标体系建立的系统优化原则、动态连续性原则、可操作性原则和可比性原则,并充分考虑指标数据的可获得性,结合目标层上的三个层面——市场、城市主体和城市环境,分别从内向国际化竞争力和外向国际化竞争力两个方面来选取指标,最终构建出城市国际化竞争力评价指标体系,如表 4-1 所示。

(3) 城市国际化程度判定标准。

要对城市国际化程度进行准确的衡量,首先必须制定国际化程度的判定标准,即需要明确城市国际化程度包含哪些指标,这些指标应该达到什么样的标准。在前面的论述中我们提到,将城市国际化程度的判定与城市国际化竞争力结合起来考虑,一方面可以对城市的国际化程度作出一个基准的判定,另一方面又可以对同一国际化水平的城市进行比较分析。基于此,我们根据国际化竞争力的指标来设定国际化程度的标准,将国际化程度分为初步国际化、基本国际化和全面国际化由低到高的三个层次。在设定各指标的国际化程度标准时,在充分吸收已有研究成果的基础上,结合课题组与英国皇家科学院院士彼得·泰勒合作研究的成果,城市全球化指数来最终确定。城市全球化指数的核心内容是根据不同行业(主要为生产

表 4-1　城市国际化竞争力评价指标体系*

一级指标	二级指标	三级指标 外向	三级指标 内向
Z1 市场国际化	Z1.1 资本国际化	Z1.1.1 对外投资项目金额占 GDP 比重	Z1.1.2 实际吸收外资金额占 GDP 比重
	Z1.2 贸易国际化	Z1.2.1 外贸出口额占 GDP 比重	Z1.2.2 外贸进口额占 GDP 比重
Z2 主体国际化	Z2.1 企业国际化	Z2.1.1 跨国公司总部（区域总部）数量	Z2.1.2 跨国公司分部数量
	Z2.2 居民国际化	Z2.2.1 外籍人员比例 Z2.2.2 外国游客占市民比例	
	Z2.3 政府国际化	Z2.3.1 友好城市个数 Z2.3.2 政府网站虚拟联系度	
Z3 环境国际化	Z3.1 设施国际化	Z3.1.1 机场航班数 Z3.1.2 互联网用户数 Z3.1.3 移动电话用户数 Z3.1.4 固定电话用户数	
	Z3.2 制度国际化	Z3.2.1 经济自由度指数	
	Z3.3 文化国际化	Z3.3.1 文化多元化指数	

* 在选取三级指标时，并没有严格依据内向国际化和外向国际化竞争力来分别选取，这是由指标所描述的具体国际化方面而定，比如有些指标，如机场航班数、互联网用户数及经济自由度等指标，本身就包括了内向与外向的含义在内。

性服务业）的跨国公司网络在世界城市的布局情况来研究世界城市网络，根据一定的数量分析方法，确定城市等级与城市地位。

最新的全球化指数（2008）研究成果表明，在所选择的 500 个样本城市中，排在前 6 位的城市包括纽约、伦敦、香港、巴黎、东京和新加坡等城市，这些城市的全球化指数得分均在 300 以上，从这些城市的社会经济发展水平来看，已经达到了全面国际化的标准，因此，把这些城市的国际化程度指标数据进行比较分析，即可以得出全面国际化程度的各项指标标准。以此类推，通过考察全球化指数得分在 100~300 之间以及 100 以下的城市的国际化程度的各项指标数据，可以确定基本国际化和初步国际化的一般标准，具体如表 4-2 所示。[①]

---

① 关于城市全球化指数的计算方法，请参见附件。

第四章 城市国际化竞争力理论框架

表4-2 城市国际化程度评价标准

指 标	单 位	初步国际化	基本国际化	全面国际化
对外投资项目金额占GDP比重	%	0.5	2	5以上
实际吸收外资金额占GDP比重	%	2	5	8以上
外贸出口额占GDP比重	%	40	60	70以上
外贸进口额占GDP比重	%	30	45	60以上
跨国公司总部（区域总部）数量	指数	20	50	100以上
跨国公司分部数量	指数	40	100	200以上
外籍人员比例	%	0.5	5	20以上
外国游客占市民比例	%	20	45	100以上
友好城市个数	个	5	10	20以上
政府网站虚拟联系度	%	0.005	0.01	0.02以上
机场航班数	万架次	8	20	40以上
互联网用户数	每千人	200	400	700以上
移动电话用户数	每千人	500	800	1000以上
固定电话用户数	每千人	550	820	1000以上
经济自由度指数	指数	36	52	75以上
文化多元化指数	指数	6	8	10

第五章
青岛国际化竞争力分析

本章结合第四章的理论框架与指标体系，在已经构建的城市国际化竞争力指标体系与国际化程度评价标准的基础上，通过对标城市的选取和相关指标数据的采集，运用相关计量方法，从空间视角，以 2007 年为基点对青岛国际化程度及国际化竞争力进行评估与对比分析，从而为青岛制定与实施下一步国际化战略提供参考。

一 对标城市选取

课题组在选取对标城市时，在对全球城市国际化程度及其国际化发展路径与趋势进行综合分析的基础上，结合青岛的国际化特点，选取纽约、伦敦、中国香港、日内瓦、多伦多、维也纳、首尔、上海、北京、大连、宁波、成都、武汉、东莞、沈阳、西安等 16 个国内外城市作为对标城市。其中纽约和伦敦是公认的当今世界国际化程度最高的两大国际城市，中国香港、日内瓦、维也纳、多伦多则分别在国际化路径方面具有各自的特色。如中国香港主要在制度国际化方面成效显著，而日内瓦和维也纳则分别在通过国际会展举办和音乐艺术的传播走向国际化。选取北京、上海和首尔作为对标城市的原因，主要从地缘位置与经济往来来看，这些城市是青岛借力发展的对象。而大连、宁波等其他国内城市，则是青岛的竞争对象。

二 研究方法和数据采集

青岛与对标城市国际化程度的量化分析与评估包含两方面的内容：一是对青岛与对标城市的国际化程度进行分析；二是在此基础上比较国际化程度相同或不同的城市的国际化竞争力水平。在具体分析过程中，将城市国际化程度三个判定标准看做三个虚拟城市，即初步国际化城市、基本国际化城市和全面国际化城市，以全面国际化城市的各项指标达标值（见表4-2）为衡量标准对各个城市的指标数据进行数据处理与比较分析，从而计算出各个城市的国际化竞争力指数。在此基础上，既可按各城市的国际化竞争力指数来判断其国际化程度，又能评价相同国际化程度下城市的竞争力水平。城市国际化竞争力指数的具体计算方法主要有以下步骤：

(1) 以全面国际化城市的各项指标达标值为基准，对全面国际化城市的各项指标值赋值为1，等权加总再平均后得出全面国际化城市的国际化竞争力指数为1。在此基础上分别将初步国际化城市的各项达标值与基本国际化城市的各项达标值（原始数据）参照全面国际化标准数值进行换算，即可计算得出初步国际化城市与基本国际化城市的国际化竞争力指数，分别为0.309和0.636。

(2) 采用上述方法，参照全面国际化城市标准达标值对其他城市的各项原始数据进行换算，即可计算得出各个城市的国际化竞争力指数，换算方法遵循以下两个原则。

① "外贸出口额占GDP比重"、"外贸进口额占GDP比重"这两项指标值反映一个国家（城市）的经济对外贸的依赖程度和参与国际分工的程度，但并非越大越好。过高的外贸依存度容易引起贸易摩擦，容易受到国际经济波动的不利影响。因此，这两项指标数据的换算值以1为上限，如果高于1，仍按1计算。

② 遵循"短板原理"，根据各个城市16项原始指标值的最低值判定其国际化程度。例如，某个城市的15项指标都达到了全面国际化城市标准，只有一项低于该标准，即直接判定该城市没有实现全面国际化，指标原始数据超过全面国际化城市的指标值的，仍然以全面国际化达标值为上限换算。依此类推，如果某个城市某项原始数据指标值低于初步国际化标

准,则直接判定其没有达到初步国际化水平,原始指标值超过初步国际化城市达标值的,仍然以初步国际化达标值为上限换算。

遵循上述数据处理原则,既消除了某些奇异数据对计算结果的影响,又解决了各项指标值互补的问题,从而将绝对标准的国际化程度判定标准与相对比较的国际化竞争力评估结合起来,实现对相同国际化程度城市的不同竞争力水平的比较。

用于分析的数据主要采用各城市2007年的各项指标值。由于统计滞后等原因,某些城市个别指标缺乏2007年数据,则根据2005年的各项指标值,按城市发展水平(如经济增长速度,社会进步程度等)进行推测。数据主要来源于课题组的全球城市竞争力数据库。

三 研究创新

本课题根据对国际城市研究的成果,设计出了城市国际化竞争力评价指标体系和城市国际化程度评价标准。在此基础上,设计出三个虚拟城市,分别代表初步国际化阶段水平、基本国际化阶段水平和全面国际化阶段水平,并将青岛(2003),青岛(1999),青岛(1994)分别看做一个城市,定量分析出青岛的国际化所处阶段和变化趋势。

四 比较分析:青岛已进入国际化初步阶段

1. 总体比较

表5-1是按上述方法计算得出的各城市的国际化竞争力指数,由表可见,按全面国际化城市、基本国际化城市和初步国际化城市三个国际化程度评价标准的数据计算的国际化竞争力指数恰好将样本城市划分成了三个等级,经过深入的分析可以得出以下重要结论。

伦敦、纽约、中国香港、多伦多、日内瓦和维也纳的城市国际化竞争力指数分别位居前6位,属于全面国际化的城市。其中伦敦和纽约是世界公认的国际化水平最高的大都市,市场、主体和环境等各项竞争力都比较均衡。香港国际化竞争力略逊于纽约,位居第三,这充分体现出香港作为自由港在资本、技术与环境国际化方面的巨大优势。多伦多、日内瓦和维

第五章 青岛国际化竞争力分析

表 5-1 国际化竞争力指数及其排名

城 市	国际化指数	排 名	城 市	国际化指数	排 名
伦敦	1.482	1	基本国际化城市	0.636	
纽约	1.427	2	宁波	0.469	10
中国香港	1.238	3	青岛	0.451	11
多伦多	1.212	4	大连	0.438	12
日内瓦	1.173	5	初步国际化城市	0.309	
维也纳	1.125	6	成都	0.301	13
全面国际化城市	1		武汉	0.298	14
首尔	0.817	7	东莞	0.283	15
上海	0.753	8	沈阳	0.272	16
北京	0.728	9	西安	0.267	17

也纳的城市国际化既全面推进，又兼具特色。多伦多的多元文化令人艳羡，日内瓦通过国际会展走向世界，维也纳则用音乐铺就了成功的国际化道路，这些城市的国际化经验值得青岛借鉴。基本国际化的城市包括3个，即首尔、上海和北京，从地缘上看，这3个城市与青岛基本处于1小时经济圈内，与这些城市的社会、经济、文化的交往是青岛国际化水平进一步提升的关键。青岛与宁波、大连一起，属于初步国际化的城市，而成都、武汉、东莞等国内城市还处于初步国际化的边缘。为了便于指导青岛更好地向全面国际化迈进，课题组将青岛和全面国际化城市对比，从而帮助青岛找准方向，加快发展。

2. 分项对标比较

（1）市场国际化的对标：青岛和全面国际化城市相比，需要大力加强海外市场的开拓和投资。

表 5-2 是 17 个城市市场国际化指数及其各分项指标的比较，计算结果显示，青岛市场国际化指数为 0.566，在国内样本城市比较中仅次于北京，超过了宁波、大连、成都等城市，居第 10 位，已经接近基本国际化标准。可见，青岛作为港口城市，凭借较优越的地理位置和开放的投资与贸易政策，通过大力吸引外资与发展对外贸易，市场国际化进展迅速。但从具体的分项指标比较来看，与全面国际化城市相比，受经济发展水平等大环境的制约，青岛对外投资额占 GDP 比重过低，这又导致了青岛资本国际化得分偏低，从而影响了青岛市场国际化程度的进一步提升。而与之相

比，青岛贸易国际化则已经处于较高的水平，基本达到基本国际化的标准。从国际城市的发展经验来看，贸易国际化并非越高越好，因此，与全面国际化城市相比，在未来的国际化战略中，青岛在稳步发展对外贸易的同时，应大力加强海外市场的开拓和投资，把资本国际化推到一个更高的水平。

表 5-2 市场国际化指数及其排名*

城 市	市场国际化指数 得分	排名	资本国际化 得分	排名	贸易国际化 得分	排名
伦 敦	1.316	3	1.315	3	1.317	2
纽 约	1.236	4	1.206	4	1.266	4
中国香港	2.342	1	1.814	2	2.869	1
多伦多	1.081	5	1.079	5	1.083	7
日内瓦	1.859	2	2.711	1	1.006	9
维也纳	1.027	6	1.002	6	1.052	8
全面国际化城市	1		1		1	
首尔	0.932	8	0.642	7	1.221	5
上海	0.944	7	0.594	8	1.293	3
北京	0.877	9	0.550	9	1.204	6
基本国际化城市	0.659		0.513		0.804	
宁波	0.562	11	0.392	10	0.732	11
青岛	0.566	10	0.365	11	0.766	10
大连	0.407	12	0.187	12	0.627	12
初步国际化城市	0.356		0.175		0.536	
成都	0.319	14	0.142	15	0.496	13
武汉	0.314	15	0.145	14	0.482	15
东莞	0.325	13	0.162	13	0.487	14
沈阳	0.282	16	0.113	17	0.451	16
西安	0.260	17	0.121	16	0.398	17

* 为便于比较，分项指标合成采用各项指标直接与全面国际化标准进行换算，再等权加总的方法。下同。

（2）主体国际化的对标：和全面国际化城市相比，青岛进步明显，但差距较大，应大力发展高端旅游产业，推进企业国际化。

表 5-3 是 17 个城市主体国际化指数及其各个分项的比较。总体而言，近年来，随着国际化战略的推进特别是奥帆赛这一重大国际赛事的举办，青岛在推动主体国际化方面取得了显著的成效。尤其体现在政府国际

第五章 青岛国际化竞争力分析

化方面，从具体数据来看，青岛政府国际化指数为0.521，已经超过了基本国际化的水平，从国内城市来看，仅列上海之后。

表5-3 主体国际化指数及其排名

城 市	主体国际化指数 得分	排名	企业国际化 得分	排名	居民国际化 得分	排名	政府国际化 得分	排名
伦敦	1.834	1	2.635	1	1.546	4	1.322	4
纽约	1.829	2	2.522	2	1.276	6	1.690	1
香港	1.371	6	1.535	4	1.349	5	1.230	5
多伦多	1.781	3	1.915	3	1.925	2	1.502	3
日内瓦	1.525	4	1.021	9	2.518	1	1.037	6
维也纳	1.441	5	1.055	8	1.711	3	1.558	2
全面国际化城市	1		1		1		1	
首尔	0.978	7	1.527	5	0.721	7	0.687	9
上海	0.795	9	1.278	6	0.382	8	0.724	8
北京	0.796	8	1.135	7	0.369	9	0.886	7
基本国际化城市	0.450		0.5		0.35		0.5	
宁波	0.315	10	0.213	11	0.218	10	0.515	11
青岛	0.313	11	0.245	10	0.175	11	0.521	10
大连	0.254	12	0.207	12	0.142	12	0.415	12
初步国际化城市	0.238		0.2		0.138		0.375	
成都	0.180	14	0.113	15	0.126	13	0.302	14
武汉	0.182	13	0.122	14	0.107	16	0.317	13
东莞	0.177	15	0.127	13	0.123	14	0.282	15
沈阳	0.152	16	0.089	17	0.102	17	0.267	16
西安	0.152	16	0.096	16	0.108	15	0.254	17

从具体指标来看，反映政府国际化的"友好城市个数"和"政府虚拟联系度"这两项指标，青岛均较高。截止到2007年，青岛友好与友好合作城市已经达到了51个，"政府网站虚拟联系度"也随着青岛申办奥帆赛的成功，城市知名度的提高而迅速提升；在居民国际化方面，到2007年，青岛外籍人员比例达到了2.64%，旅游人数也达到了68万人次。凭借着优越的生活环境和海滨城市独特的自然景观，借鉴多伦多和日内瓦等国际城市的经验，通过大力推动高端旅游业的发展，青岛居民国际化程度将在不久的将来实现大幅提升。而在反映企业国际化的跨国公司分

布方面，由于地理区位与投资环境优越，吸引的跨国公司分部数量较多，青岛企业内向国际化程度较高。但从跨国公司总部落户的情况来看，青岛暂时还没有福布斯2000强跨国公司总部的入驻，从而影响了企业外向国际化的提升。而从伦敦、纽约等国际顶级城市的发展轨迹来看，企业国际化是提升城市国际化水平的核心力量，企业国际化引领城市国际化的全面提升。因此，青岛应努力营造一流的投资发展环境，降低城市的综合营运成本，并不断提高政府的服务效率，法律法规要和国际通行的规则接轨，增加政府办公的透明度，为跨国公司总部的入驻创造良好的环境。同时，政府要鼓励企业"走出去"，同时加大法律、法规和政策方面的支持力度，在不违背国际规则的前提下，在制定政策、贸易谈判、金融信贷和兼并收购中适当予以倾斜，为企业打开当地市场提供有力的政府支持。

（3）环境国际化的对标：青岛与全面国际化城市相比，信息化建设仍需加强。

表5-4是17个城市环境国际化指数及其各个分项的比较。环境国际化由衡量一般基础设施的机场航班数、互联网覆盖率、移动电话用户数、固定电话用户数、经济自由度指数和文化多元性指数6个指标构成，分别反映了城市一般基础设施和信息化基础设施、城市制度环境和文化多元化程度。制度环境的改善受到国家层面的大环境的影响，而文化多元化程度的提升对于城市而言，是在对外开放水平不断提高的背景下，不同的文化长期碰撞、积淀、交融逐步实现的。

青岛环境国际化指数排名第11位，与宁波、大连相当，指数得分远高于北京、上海之外的其他国内城市，但与全面国际化城市相比，仍然差距明显。这种差距又集中体现在设施国际化和制度国际化两方面。如前所述，制度国际化和文化国际化的推进受到诸多因素的影响，是一个长期推进的过程，而设施国际化的改善与提升则能起到立竿见影的效果。从具体指标来看，青岛2005年机场航班数只有62826架次，只有伦敦的1/10，香港的1/20，相差巨大。而便捷的航空运输网络是城市对外联系的重要渠道，青岛要推进国际化，必须加强航空网络建设；在信息基础设施方面，青岛近年来信息化建设取得了很大的成就，但仍然排在后面几位，如何在现有基础上进一步加强信息化基础设施建设，推动城市信息化的发展，是青岛提升环境国际化水平的关键。

表 5-4 环境国际化指数及其排名

城 市	环境国际化指数 得分	排名	设施国际化 得分	排名	制度国际化 得分	排名	文化国际化 得分	排名
伦 敦	1.105	1	1.258	1	1.057	2	1	1
纽 约	1.037	6	1.112	4	1	6	1	1
中国香港	1.102	2	1.102	6	1.203	1	1	1
多伦多	1.041	5	1.113	3	1.011	5	1	1
日内瓦	1.055	3	1.108	5	1.057	2	1	1
维也纳	1.043	4	1.116	2	1.012	4	1	1
全面国际化城市	1		1		1		1	
首尔	0.849	7	0.742	7	0.906	7	0.9	7
上海	0.712	9	0.680	9	0.656	8	0.8	8
北京	0.72	8	0.704	8	0.656	8	0.8	8
基本国际化城市	0.708		0.673		0.65		0.8	
宁波	0.593	10	0.422	10	0.656	8	0.7	10
青岛	0.588	11	0.408	11	0.656	8	0.7	10
大连	0.583	12	0.392	12	0.656	8	0.7	10
初步国际化城市	0.495		0.384		0.50		0.6	
成都	0.548	13	0.387	13	0.656	8	0.6	13
武汉	0.546	14	0.382	14	0.656	8	0.6	13
东莞	0.538	15	0.359	15	0.656	8	0.6	13
沈阳	0.526	17	0.322	17	0.656	8	0.6	13
西安	0.531	16	0.338	16	0.656	8	0.6	13

第三部分

奥帆赛对青岛城市国际竞争力的影响

第六章
体育会展与城市发展：一般经验

一 体育与会展经济

1. 会展经济与城市发展

会展业是具有开放性、公众参与性，以高新科技产品、文化艺术品展示、人文及经济信息交流为基本内涵，按照市场经济机制来运作的各类展览和会议的文化服务业。会展业崛起于20世纪60年代的欧洲，实质上是商业和文化有机结合、具有连带效应的边缘性产业，已成为现代市场经济的一面镜子，是新世纪最有前途的文化产业之一。会展业对城市发展的主要促进方面主要表现在以下几点。

（1）带来直接的经济效益。各类会展除了能够促进直接签订投资和交易项目外，还可以使举办者获得门票、广告等其他收入。

（2）对城市产业具有带动效应。一是通过会展促进主办城市的交通、旅游、餐饮、广告、装饰和通信等相关产业的发展。二是可以促进该城市特色和支柱产业的发展，加快经济结构调整。

（3）能够带来大量的信息、技术和贸易机会。通常，一个城市的会展活动会在组织经贸洽谈、新产品展示的同时，通过论坛等形式实现政府与企业、企业与企业、企业与消费者等各主体之间的相互沟通和交流，相互获取当今世界最新的行业信息、研究成果，使论坛和博览会更具活力和生命力。

（4）展示城市形象，提高知名度。第一，节庆会展是新闻媒体集中宣传和报道一个城市的重要载体，这种宣传报道具有高度集中、题材广泛、影响力大的特点。第二，通过会展可以邀请到众多国内外知名人士参会，使城市发展得到多方面的支持和帮助。

（5）推进城市国际化。国际会展可以促进一个城市的国际化进程，因为在重要的会议和展览中，国外参会人员所占比例都相当高，这有利于该城市与世界的政治、经济和文化等方面的综合交流，对该城市产生综合性、全方位的影响。

2. 体育节事与会展经济

"节事"是近几年在相关研究中出现的一个新术语，根据不同的标准，节事可以分为许多类型，例如根据解释的内容可以分为节庆型、商务型、博览型、体育型等节事。重大的体育赛事就属于体育型的节事。

就体育界而言，它具有开放性和公众参与性，并且可以依靠卫星电视和广播、互联网的转播，使举办城市得以向外部世界充分展示自身社会、经济和文化等各方面的信息，提高该城市在世界范围内的认知度。从这个意义上，体育节事的意义就远远超越自身本来所具有的个体健身娱乐、体育竞技表演等内容，而使其成为一种体育型的会展业。

体育节事将对主办城市产生重要的影响。除了对当地体育运动方面的影响，这主要包括以下几方面。

（1）带来较大的经济影响。重大的体育节事就会促进该地区的支出增加，从而创造就业机会，促进劳动力供给增加，提高人民的生活水平。

（2）具有旅游和商业影响。主办城市作为目的地将受到更多的关注，这无疑增加了投资及商业活动的信息，同时可以创造新的接待设施和旅游吸引物，进一步提高该城市的可进入性。

（3）对物理环境有较大的影响。体育节事的主办城市将会为迎接这种节事而建设新的设施或者改善原有的基础设施，这都有利于该城市对物质文化等遗产进行保护。

（4）具有较大的社会文化影响。举办体育节事能够提高当地居民对节事相关活动的参与水平，强化地方观念和传统，提高地方自豪感和社区精神，增强对非地方事务的感知意识。

（5）对政治和管理也有较显著的影响。举办体育节事有利于国际社会对主办城市和地方价值观的认识,也有利于规划者和管理者提高规划管理等方面的技能。

二 奥帆赛与青岛奥帆赛

1. 奥帆赛与城市发展

(1) 奥运会——重大的一次性体育节事。

奥运会是世界性顶级体育节事。奥运会所吸引的兴趣远高于 F1 汽车大奖赛、温布尔顿网球公开赛、世界体育竞标赛和足球世界杯决赛等其他大型体育节事。

除了体育价值,奥运会还具有巨大的经济、社会、文化和政治效应,特别是为主办城市带来公共宣传、城市更新、基础设施和经济发展等方面的机遇。

(2) 奥帆赛——重大的水上运动节事。

奥帆赛是奥运会的重要组成部分。男子帆船项目于 1900 年第 2 届奥运会被列入奥运会正式比赛项目,男子帆板项目于 1984 年第 23 届洛杉矶奥运会上被确定为奥运会正式比赛项目,女子帆船、帆板项目则于 1992 年第 25 届奥运会被列入正式比赛项目。

目前,帆船运动在世界上许多国家得到广泛开展,吸引了越来越多的爱好者参与,帆船比赛的竞技水平也不断提高。在奥运会比赛中,就影响力和观赏度而言,帆船项目不如田径、体操、跳水、游泳以及球类等项目大,但已经成为奥运会的热点赛事之一,并且日益受到观众的青睐和投资商的关注。

(3) 奥帆赛对城市发展的影响。

由于奥帆赛是水上运动,任何主办奥运会的内陆城市都必须寻找一个海滨城市作为合作伙伴来举行奥帆赛。1984 年洛杉矶奥运会后奥帆赛共在奥运会主办城市之外的城市举办过两次,分别是 1988 年汉城奥运会和 1996 年亚特兰大奥运会。尽管单独举办奥帆赛的城市与奥运会主办城市相比,具有比赛项目单一性和相关投资较小等特点,但奥帆赛的影响则具有明显的地域特色,对举办城市的发展也具有较大的积极影响。

第一，奥帆赛将促进举办城市投资建设较好的水上设施和相关基础设施，有利于促进举办城市日后成为水上运动特别是帆船运动的胜地。

第二，奥帆赛还将促进举办城市改善城市交通、通信和信息等基础设施，有利于改善城市的生活生产条件，增强城市的吸引力。

第三，奥帆赛还会促进举办城市提高城市规划和管理的能力，促进举办城市的制度改善和文化交流，从而对城市产生久远的积极影响。

第四，举办城市还可以通过奥帆赛进行城市发展的重新定位，促进以旅游、港口、商贸等为主要代表的现代服务业得到进一步发展，使城市特色更加鲜明。

第五，奥帆赛还将大幅提高举办城市的国际知名度，对城市的国际化和长期发展产生巨大的促进作用。

2. 青岛奥帆赛与青岛城市发展

2008年北京奥运会的帆船比赛项目将在青岛举行，为此，青岛奥帆赛秉承北京奥运会"绿色奥运、人文奥运、科技奥运"的三大理念，严格遵循国际奥委会和国际帆联的技术要求，结合青岛建设发展的实际，借鉴其他奥帆赛承办城市的经验，在《申办报告》和《主办城市合同》承诺的基础上，精心规划，严密实施，高度重视奥帆赛基地建设、配套项目和设施建设和城市基础设施建设，同时也注重城市社会环境等方面的建设，这些对青岛城市发展已经产生并且仍将继续产生深刻的影响。

（1）成功举办奥帆赛将会大幅提升青岛的城市价值。奥帆赛将通过刺激投资和消费活动拉动青岛经济增长，增加青岛的就业机会，改善人民的生活水平。

（2）成功举办奥帆赛还将改善和提高青岛的城市功能体系。奥帆赛可以促进青岛体育运动特别是水上帆船运动的发展，增强青岛的旅游休闲娱乐方面的竞争力，同时还将增强青岛的生活宜居功能、会议会展功能和文化传媒功能等。

（3）成功举办奥帆赛还将促进青岛某些重要产业的快速发展。奥帆赛在改善和提高青岛城市功能体系的同时，将带动青岛产业的升级特别是分配性服务业、生活性服务业、生产性服务业和社会性服务业的发展，实现青岛产业结构的高级化。

（4）成功举办奥帆赛还将改善青岛的要素环境。奥帆赛将促进青岛改善城市基础设施、制度文化环境、金融环境和社会文化环境等，为青岛的长期发展注入持续不断的动力。

三 奥运会的成功案例

1. 奥运会与巴塞罗那

西班牙第二大城市、最大的工业中心巴塞罗那位于西班牙东北部地中海沿岸，这里是世界人口最密集的城市之一。素有"伊比利亚半岛的明珠"之称的巴塞罗那也是西班牙最著名的旅游胜地。第25届奥林匹克运动会于1992年在西班牙的巴塞罗那举行。

（1）奥运会的影响。

第一，举办奥运会引致了大量投资，促进了经济增长。

在西班牙筹备巴塞罗那奥运会的时候，其国内经济正处于从经济危机中复苏的阶段，对道路、机场、通信服务、水电等基础公共设施进行改造和建设共耗资362亿美元，使巴塞罗那成为当时欧洲变化最快的城市，"奥运经济"的效力也使巴塞罗那的经济从衰退走向了繁荣。

巴塞罗那奥运会的直接及间接投资达到67.28亿欧元。大规模的城市改造和各类设施建设的投资，有力地拉动了经济增长，为巴塞罗那市经济持续增长创造了条件。1992年巴塞罗那奥运会在所有的奥运会投资支出中，运动基础设施、训练设施和其他设施的投资仅占9.1%，而90%以上的资金用于了道路交通设施、住宅、办公和商业用房、电讯服务、环境整治等奥运配套设施的建设中。据估算，1987～1992年6月，仅仅由于奥运因素的影响，巴塞罗那GDP年均多增长1.8个百分点。在这段时间内，巴塞罗那奥运会共产生了264.48亿美元的需求。目前，巴塞罗那的经济增长率高于全国和欧洲的水平，被誉为欧洲经济的发动机之一，人均GDP已达到2万美元。

第二，举办奥运会创造了大量的就业机会。

1987～1992年由组委会及国营和私营的直接奥运投入项目创造的年平均就业机会为35309人，由于奥运会经济影响带来的年平均就业人数为59328人，间接影响创造的就业机会为24019人。举办奥运会（由资本的利用和经济结构的变化而新增的就业机会）产生的长久效应可为20000人提供就业机会。奥运会的举办还促进了就业增加,全市失业人数呈现逐年减少的趋势,到 1992 年 7 月奥运会举办时,失业人数达到历史最低点,只有 6 万人。

2. 巴塞罗那奥运会的成功经验

(1) 重视奥运会对经济的长期促进作用。

巴塞罗那奥运会的成功,不仅在于奥运会本身,更重要的是通过筹办和举办奥运会,给城市的持续发展注入了动力和活力,并带来了长期的积极影响。在基础设施建设方面,不仅重视吸收私人投资,最重要的是长期经济影响、工程建设的后期公共价值和社会价值。据统计,共有 36.8% 的基础建设由私人投资完成,其中 1/3 是国外投资者。其投资主要集中在住房、宾馆和商业中心,而政府投资更多地集中于项目投资巨大、成本回收期限较长的公共设施方面的建设。因此,多方对基础设施的投资产生了更多的公共效益。

(2) 重视利用奥运契机投资发展城市支柱产业。

通过举办奥运会,在体育产业发展的同时,旅游、电子、通信、港口等部门获得迅速发展,成为巴塞罗那市的支柱产业,为目前和未来经济发展奠定了坚实基础。为了加快邮电通信设施的现代化建设,1989~1990 年,在新电话线安装、发射塔以及卫星通信站的新建、先进通信服务的引进等基础通信设施方面,投资约 20 亿美元资金。经过 4 年时间,巴塞罗那的邮电通信水平已经可以与欧洲一些首都城市相匹敌。通过大规模的城市改造和各类设施建设,以及对滨海地区实施的道路改造、铁路改造、工厂搬迁、海滩改造等措施,将数公里长的海滩变成了人们旅游、休闲胜地,使这个拥有悠久历史文明的古老海滨城市一跃成为国际著名旅游城市。

(3) 会前积极降低成本,会后谨慎防止奥运低谷。

巴塞罗那奥运会的举办,公共投资的收益会远远高于成本本身,关键在于尽量减小对公共设施建设公共资金的组成成本。此届奥运会使其经济有了高速度发展外,还为我们留下了宝贵的经验。基础设施投资建设政府和私人投资相结合,充分调动一切资源,发挥来自社会和国际的力量。注意提高基础设施的长期使用价值和长期的社会效益,为后奥运经济的发展做好准备,防止后奥运经济"低谷"的发生。

第六章 体育会展与城市发展：一般经验

3. 奥运会与悉尼

悉尼是澳大利亚最大、最古老的城市和港口，又是一个国际化的大都市。悉尼位于澳大利亚东南海岸，这里气候宜人、环境优美、风光旖旎、景色秀丽。2000 年奥运会在悉尼举行。

（1）悉尼奥运会的贡献。

悉尼奥运会也是历届奥运会中非常成功的一届。最后一次主持奥运会的国际奥委会主席萨马兰奇称本届奥运会"是有史以来最好的一届奥运会"。东道主在场馆建设、竞赛组织、药物检测等方面做了卓有成效的努力，也取得了圆满结果。这届奥运会以"绿色奥运"为标志，为奥运会的成功举办提供了一个优美的外部环境，为今后主办奥运会提供了一种新的可借鉴模式。悉尼奥运会还被认为是一届体现理解与融合的盛会，对峙了 40 多年的朝鲜和韩国两国运动员，在一面绘有朝鲜半岛图案的旗帜引导下走到了一起；处在敌对状态下的波斯尼亚和黑山共和国联合组团参赛；东帝汶运动员也终于在奥运大家庭中找到了归属，举着奥运五环旗来到悉尼。

（2）悉尼奥运会的影响。

第一，奥运会对城市建设和经济产生了重大影响。

2000 年悉尼奥运会被前国际奥委会主席萨马兰奇称为"最好的一届奥运会"，为澳大利亚赢得了良好的声誉。悉尼通过筹办奥运会，极大地推动了城市建设，改善了生态环境，促进了交通、旅游、房地产等相关行业的发展，从而大大提升了悉尼城市的知名度，提高了其在世界上的地位。奥运会带动的投资以及巨大的消费支出，对举办城市及其周边地区经济产生的直接、间接和总体影响都在不断扩大，悉尼奥运会这三项指标分别达到 66.77 亿、113.51 亿和 180.3 亿美元，使得总体经济规模和经济发展水平得到大幅提升。

第二，奥运会促进了旅游业的大发展。

据澳大利亚旅游者委员会预测，悉尼奥运会所诱发的旅游者，1997～2004 年总共将达到 200 万人，澳大利亚将获得近百亿美元的收益。另据澳大利亚地区经济分析中心介绍，悉尼奥运会为澳大利亚带来巨大的经济效益，其中，悉尼所在新南威尔士州就占了 51 亿澳元。1993～2004 年，该州因奥运会而得到的经济效益预计可达 31 亿美元。澳大利亚 1993～

1999 年 GDP 平均增长率为 4.7%，超过一般发达国家的增长水平。

（3）悉尼奥运会的经验。

第一，充分发挥基础设施投资对经济的拉动作用。

在悉尼奥运前的准备阶段（1994～1999 年），基础设施建设投资给经济的发展注入了强大的推动力，澳大利亚和新南威尔士州（New South Wales State）在 2000 年悉尼奥运会中获得了 63 亿美元的收益。对新南威尔士的经济拉动作用要明显大于澳大利亚全国，澳大利亚 0.17% 的增长大部分是由新南威尔士的 0.4% 的增长所贡献的。在奥运会当年（2000 年），经济加快发展更多是受益于电视转播权的出售和针对外国游客的旅游出口。

第二，力促旅游业的发展。

奥运会给悉尼带来的"神奇影响力"从 1997 年一直延续到 2004 年。悉尼奥运会所创造的旅游经济效益，1997～2004 年总共达到 1600 万美元，澳大利亚间接获得 42.7 亿美元的收益。2000 年悉尼奥运会的门票收入就高达 5.51 亿美元。仅 16 天会期，奥运会就为悉尼带来 8.8 亿美元的旅游收益和 87 亿美元的综合海外投资。据澳大利亚旅游部报道，2000 年来澳的旅游者增加了 11%，同年 9 月份悉尼的旅游者增加了 15%，在 11 万名专程为奥运会而来的国际旅游者中有 88% 会成为回头客。

第三，积极进行奥运城市营销。

在筹备 2000 年悉尼奥运会期间，国际奥委会和悉尼奥运会组委会决定将获准的各种产品推向世界市场，在 100 多个国家销售，从而使这一商业活动国际化，营销额估计为 10 亿美元，国际奥委会与悉尼奥运会组委会从而获得 5000 万～6000 万美元的收入。

第七章
奥帆赛对青岛城市国际竞争力的影响

奥帆赛的举办助推青岛国际竞争力迈上了一个新台阶,主要表现在对青岛城市价值提升、城市产业体系改善、要素体系完善等积极作用。本章将全面展开,深入探讨奥帆赛对青岛竞争力提升的影响。

一 奥帆赛大大提升青岛城市竞争力:使青岛迈入中国前 10 名,国际世界中间位置

前已述及,青岛在《全球城市竞争力报告 2007~2008》已经迈入全球 500 个城市排名的 252 位,这里奥帆赛起到了十分重要的作用,尽管无法收集到全球 500 个城市 5 年的名义美元汇率/PPP 美元汇率、GDP、人均 GDP、GDP5 年的增长率、地均 GDP、就业率、劳动生产率、专利、跨国公司分布的数据,无法对青岛国际竞争力的提升的位次进行准确判断,但通过这些指标及青岛本身的快速增长,可以基本判断,5 年前或者说申请奥帆赛之前,青岛的国际竞争力处在全球 500 个城市偏下的位置上。是奥帆赛使青岛竞争力提升到国际中间位置。

如果我们利用 6 年的中国城市竞争力研究的连续数据,我们可以非常清楚地发现:奥帆赛使青岛城市竞争力提升到全国前 10 名之列(中国内地,不包括港澳台)。表 7-1 显示 2002~2007 年青岛城市综合竞争力的城市竞争力分别是:12,12,12,13,8,8,尽管受其他城市波动影响较大,2005 年青岛的位置相对略微降低,但总体上的态势是:由量变到质

变,蹲下跃起的跨越式升级,6 年提升 4 位。2002~2004 年 3 年保持在 12 名不变,而在 2005 年略微下蹲,2006 年跨越,2007 年继续稳定巩固,相信 2008 年会有新的表现。

表 7-1 青岛城市综合竞争力及其各项指标变化（2002~2007 年）

年份\指标	经济增长	经济规模	生产率	资源节约	经济结构	人均收入	综合竞争力
2002	19	9				28	12
2003	9	9	13			26	12
2004	14	16	11	25		17	12
2005	38	21	14	39	26	13	13
2006	119	18	13	14	7	26	8
2007	37	11	11	11	9	17	8

说它是从量变到质变和下蹲到跨越升级,其各项指标 6 年的变化便可以佐证。6 年来我们使用一些宏观指标来具体衡量中国 200 个城市竞争力的具体表现。

由于 2005 年以后,受西部大开发及中西部经济起飞,中西部许多城市增长加快的影响,青岛经济增长排位有所下降（实际值增长率稳定）;由于一些城市行政区调整导致经济规模行政性增大。扣除这些外部和非正常的因素影响,青岛在经济增长、规模、生产率、资源节约、经济结构和收入水平等方面,都在不断提高,尤其 2007 年和以前的年份相比较各项指标都有明显增加。

对青岛的国内竞争基准比较城市（即竞争对手:宁波、大连、东莞、沈阳、成都、武汉、西安;合作伙伴:上海、北京）6 年的竞争力进行比较发现,和所有这些城市相比较,青岛的动态表现是最好的。虽然这些城市从绝对意义上竞争力都在迅速提升,例如,上海、北京尽管仍然处在中国城市前三甲,但是它们和以前相比较都有所下降,即分别下降一个位次;宁波、大连 2003~2005 年都高于青岛,但是 2006 年以后青岛明显超过它们;成都、武汉、西安三城市,不仅竞争力一直和青岛有差距,而且提升速度也远不如青岛。沈阳近年来虽有所提升,但和青岛相比还有很大的距离;东莞最初高于青岛,后有较大下滑,现在虽有上升,但未超过青岛。而青岛之所以有这样的表现,显然主要是奥帆赛引致的。可见,奥帆赛大大提升了青岛的竞争力。

表7-2 2002~2007年青岛与竞争对手城市综合竞争力变化

城市	上海	北京	青岛	宁波	大连	东莞	沈阳	成都	武汉	西安
2002	1	3	12	8	19	5	25	20	14	35
2003	1	2	12	8	11	16	29	23	26	24
2004	1	4	12	6	14	21	23	28	24	35
2005	1	2	13	5	10	14	12	20	15	26
2006	2	3	8	12	13	11	19	26	11	38
2007	2	3	8	14	17	11	14	18	22	37

二 奥帆赛对青岛城市价值体系产生了积极的影响

1. 奥帆赛显著提高青岛城市价值，2001~2007年，青岛市年平均经济增长率为15.7%

（1）举办奥帆赛帮助青岛超越国家平均水平加速发展。

改革开放后，青岛市经历了20多年的经济高速增长。1986~2007年，青岛市GDP年平均增长率为13.5%，同期全国GDP平均增长率为9.4%，高出全国平均水平4.1个百分点。尽管青岛市经济的增长速度超过全国平均水平，但是就其20余年的经济增长趋势来看，并没有明显脱离全国经济增长的趋势。这从图7-1和图7-2中不难看出来。

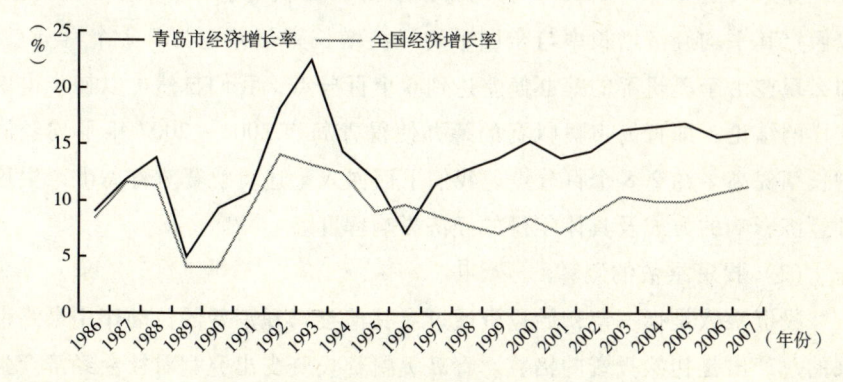

图7-1 青岛和全国经济增长趋势对比图

资料来源：《青岛统计年鉴》和青岛统计信息网、中国国家统计局网站。

但是，尽管如此，当我们分开不同时间段来观察青岛市与全国经济增长状况的关系时不难看出，1986~2000年，青岛市平均经济增长率为12.5%，全国平均经济增长率为9.3%，青岛市比全国平均水平只高出3.2个百分点。然而2001~2007年，青岛市平均经济增长率为15.7%，全国平均经济增长率为9.7%，青岛市比全国平均水平高出近6个百分点。

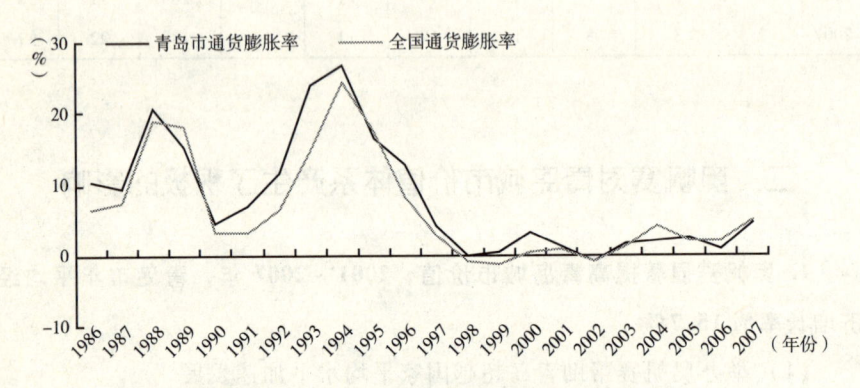

图7-2 青岛和全国通货膨胀状况对比图

资料来源：《青岛统计年鉴》和青岛统计信息网、中国国家统计局网站。

因此，从这一分析我们可以想象，青岛市在2001~2007年一定是发生了什么重大事件，才会使青岛经济增长发生了结构性的变化。不过也不难推测，这一事件无疑就是奥帆赛的筹办，使得青岛市经济超乎常规地增长。如果假定2001~2007年青岛市没有筹办奥帆赛这一事件，我们就可以假定其平均经济增长率与全国平均经济增长率偏差也为3.2个百分点，那么现在由于奥帆赛的筹办偏差达到6个百分点，我们自然可以初步得出这样的结论，即青岛市奥帆赛的筹办使得青岛市2001~2007年平均经济增长率提高了约2.8个百分点。我们下面深入论述奥帆赛对青岛市产生这种经济影响的方式及具体年份的经济影响程度。

(2) 投资乘数的测算。

投资乘数是指一笔初始投资通过对其他投资和消费的拉动作用最终带来的总产出是初始投资的倍数。青岛奥帆赛投资支出究竟对社会经济产生了多大程度的拉动作用，需要首先测算奥帆赛投资乘数效应的大小。不过，由于现实错综复杂，要想精确测算出投资乘数是件很困难的事情，因为在不同时期宏观经济状况和经济结构都存在很大区别，以及计量工具本身存在的问题，都会影响到乘数作用的发挥和数值的大小。在实际研究中，一般都是通过运用经验数据进行计量分析而得到乘数的数值。我们这里也采取这一分析方法。

我们首先测算全社会规模以上固定资产投资与国民收入的乘数关系。假定国民收入和投资是线性关系，则有 $Y = a + bI$。其中，Y 代表国民收入，I 代表投资。我们在实际回归分析中用国内生产总值代表 Y，用全社会规模以上固定资产投资总额代表 I。我们利用 1989 年到 2007 年青岛市的相关数据通过相关分析，修正后可以得到：

$$GDP = 398.32 + 1.96I$$
$$(4.79) \quad (15.87)$$

其中，括号内为常数项和变量系数的 t 统计值。其中系数就可以视为投资乘数的数值，其经济含义是一笔初始投资通过引致投资和消费而最终导致 GDP 增加的倍数。

（3）举办奥帆赛，5 年平均拉动经济增长率 2.48 个点。

青岛市在 2001～2007 年为筹办奥帆赛进行了大量的直接或间接投资，这些投资对增加需求和拉动经济增长具有重要的作用。但是，对于绝大多数的社会投资和单位投资而言，即使没有筹办奥帆赛的情况，这些投资也会用到社会经济的其他部门，那么这种投资资本的重新分配后产生的经济贡献将会与用于奥运投资所产生的经济贡献相差无几。所以，我们认为只有政府那些因为筹办奥帆赛而进行的初始投资才对青岛市经济增长具有重要意义，而其他的配套投资只是改变了其投资方向而已，因此这里主要分析青岛政府为筹办奥帆赛进行的投资对经济增长的影响。

我们同样采用投资乘数方程进行分析，数据中政府投资包括直接投资和间接投资两方面。根据已有经济数据进行相关处理，整理得到经济数据如表 7-3 所示。

从表 7-3 可以看出，2004 年的各项贡献指标最低，2003 年最高。其原因主要表现在以下几方面：首先在于投资额的减少，2004 年政府投资总额为 5 年中最低的一年；其次是每年 GDP 都在高速增长，2003 年 GDP 为 5 年当中最低的一年，而在每年投资额不变的假设情况下，各项指标也均会呈现下降趋势。从年均贡献来看，政府对奥帆赛投资对GDP的贡献率达到15%以上，可见奥帆赛投资对经济的拉动作用是很大的。总之，奥帆赛政府投资对青岛经济增长的贡献是相当大的。

表7-3 奥帆赛政府投资对经济的影响

项目	年份	2003	2004	2005	2006	2007
GDP	（亿元）	1869.44	2270.16	2695.82	3206.58	3786.52
	增长率(%)	16.3	16.7	16.9	15.7	16.00
奥帆赛政府投资	投资额（亿元）	28.52	12.57	28.82	38.66	36.75
	GDP贡献额（亿元）	55.91	24.64	56.49	75.78	72.03
	GDP贡献率(%)	2.99	1.09	2.10	2.36	1.90
	增长贡献度(%)	3.53	1.32	2.49	2.81	2.25
	增长贡献率(%)	21.66	7.89	14.72	17.90	14.04

就青岛市奥帆赛投资对经济增长的贡献情况而言，2003年至2007年分别拉动经济增长3.53个、1.32个、2.49个、2.81个和2.25个百分点，平均拉动经济增长率为2.48个百分点，这与我们上面分析的初步结论，即2001~2002年奥帆赛平均拉动青岛经济增长率2.8个百分点相近，而二者的差额0.32个百分点主要是奥帆赛带动的旅游业发展和消费增加的因素导致的。由于这些因素不容易进行分离，因此这里不再对其具体测算。

2. 奥帆赛使青岛城市生活品质得到一定提升，3年共提供18万个工作岗位

（1）青岛经济增长与劳动就业人数的乘数关系。

就业弹性系数是表示就业和GDP之间相互关系的，指GDP每增加一个百分点会带动就业增长多少个百分点。在不同时期，由于产业结构的变化，就业弹性系数会有所变化，总体来说劳动密集型产业导致的GDP增加将带来更多的就业机会，于是就业弹性也会相对较大。但在实际研究中，我们仍然只能借助时间序列数据来估计。由于增长百分点之间的估计误差较大，我们主要来分析年就业人数增加量（L）与GDP增量（ΔG）之间的关系。我们通过计量分析得到二者的关系式如下：

第七章　奥帆赛对青岛城市国际竞争力的影响

$$L = 0.04 \Delta G$$
$$(7.41)$$

其中，括号里面的数值为 t 统计量，表明统计关系显著。式中的系数 0.04 为系数值，表示每年 GDP 增加 1 亿元，会带来 0.04 万个就业岗位。

（2）奥帆赛对青岛就业状况影响明显。

由于我们所阐述的那些原因，我们认为奥运投资只有直接投资和政府投资的绝大部分才可以作为初始投资，其他社会和单位投资只是改变了使用结构而已，因此我们主要考察直接投资和政府奥运投资的 GDP 贡献额对就业的带动作用。结合表 7 – 3 中的相关数据，通过计算可以得到直接投资和政府奥帆赛投资所创造的就业岗位情况（见表 7 – 4）。

表 7 – 4　奥帆赛政府投资对青岛就业的影响

项目　　年份	2004	2005	2006	2007	合计
直接投资（万个）	0.17	0.35	0.32	0.57	1.41
政府投资（万个）	1.94	1.78	4.55	8.48	16.75
合计	2.11	2.13	4.87	9.05	18.16

从表 7 – 4 中可以看到，奥帆赛直接投资和政府投资 2004~2007 年间分别为青岛创造了约 1.41 万个和 16.75 万个就业岗位，共计 18.16 万个就业岗位。

（3）举办奥帆赛，对居民人均 GDP 和年消费支出贡献度年平均为 2.3% 和 2.4%。

为了更直观地说明奥帆赛对人民生活的影响，我们有必要测算出消费与国内生产总值之间的数量关系。由于最终消费的准确数值不易获得，我们采用社会消费品零售额来代替最终消费，用 C 来表示。假定消费与国内生产总值之间存在线性关系，则有 $C = a + b \times GDP$。我们利用 1989 年到 2007 年青岛市的相关数据进行最小二乘估计可得：

$$C = 35.29 + 0.31 \times GDP$$
$$(4.50) \quad (64.74)$$

上式中括号内的数值分别为常数项和变量系数的 t 统计值。其中系数 0.31 表示人民消费与 GDP 之间的正相关关系，即 GDP 每增加 1 亿元将使人民消费增加0.31亿元。

奥帆赛的举办使青岛市人民生活在很多方面得到了改善。为了进行有针对性的分析，这里主要强调奥帆赛直接投资和政府投资对人均GDP和人均消费的影响。我们通过对分析处理得到表7-5的相关数据。

表7-5 奥帆赛直接投资和政府投资对人民生活的影响

项目＼年份	2004	2005	2006	2007
当年人均GDP(元)	28540	33188	38892	49960
当年人均消费性支出(元)	9002.32	9883.45	11944.79	13375.84
奥运投资贡献额(亿元)	28.81	65.25	83.74	86.32
对人均GDP的贡献额(元)	394.14	880.74	1117.11	1138.77
占当年人均GDP比重(%)	1.38	2.65	2.87	2.28
人均消费贡献额(元)	122.2	273.01	346.27	353
占人均消费比重(%)	1.36	2.76	2.9	2.64

奥帆赛对人均GDP的贡献非常可观，使2004～2007年人均GDP年平均达到882.69元，对人均GDP的贡献度年平均为2.3%。所以，奥帆赛投资不仅给青岛市经济发展打了一针强心剂，使社会各方面环境得到改善，还使人们的生产水平得到提高。显而易见，奥帆赛对人均消费性支出也会产生正面效应。奥帆赛使人均每年消费量平均每年增加273.62元，年平均贡献度达到2.4%。总之，奥帆赛的举办不仅给青岛经济带来了动力，还给青岛市居民生活带来了直接的好处。

三 奥帆赛进一步完善了青岛城市功能体系

奥帆赛将会大幅改善青岛的城市功能体系，这包括对青岛旅游休闲、会议会展、生活宜居和文化传媒等功能的影响，也包括对青岛加工制造、科技教育、商业服务、金融服务、交通通信和综合管理等方面的影响。不过，奥帆赛对青岛城市功能的提升更主要的是表现在前几个方面，因此我们在此拟对奥帆赛在提升青岛旅游休闲、会议会展、生活宜居和文化传媒等功能方面进行重点分析。

1. 举办奥帆赛，提升了青岛的美誉度、自然环境质量，加快了青岛道路建设

（1）青岛旅游休闲功能定位基础。

①气候适宜。

青岛年平均气温 13.3 度，一年中最热的 8 月份，平均气温 26.3 度。最冷的 1 月份，平均气温 -1.1 度。由于青岛三面临海，于同纬度其他城市相比，虽然一年四季分明，但是既无严寒又无酷暑，是旅游休闲的好去处。

②自然文化景观多样。

青岛有着天柱山摩崖石刻、即墨故城、齐长城遗址、德国侵占时期的总督府和提督楼、八关建筑群等 6 处国家重点文物保护单位，有着天主教堂及康有为墓等 22 处省级文物保护单位，还有上太清宫、天后宫、湛山寺等 78 处市级文物保护单位，再加上近、现代历史上的康有为、闻一多、老舍、王统照等骚人墨客遗留下来的名人故居，青岛必将借助奥帆赛之风吸引更多的国际游客。

③海内外交通便利。

青岛国际机场业已开辟至日本、韩国、新加坡以及中国香港、澳门等多条国际/地区航线，加快了青岛的国际化步伐。青岛港口历史悠久，是国家中大港口之一，主要从事集装箱、煤炭、原油、铁矿、粮食等各类进出口货物的装卸服务和国际国内客运服务。不仅助推了青岛经济的发展，而且推动了青岛旅游的发展。青岛是胶济铁路的终端，有直达华东、华北、西北、东北各大城市的客、货运列车。青岛作为国际集装箱中装枢纽港，由于铁路集装箱运输青岛港站，济南国际集装箱分流中心的建立，加之青岛港与郑州、成都铁路局达成集装箱运输协议，从而实现了口岸集装箱海铁联运的衔接，并形成了由青岛通过铁路直上新亚欧大陆桥的便捷运输线。

（2）奥帆赛有利于青岛旅游休闲功能提升。

①举办奥帆赛，促使青岛环境继续优化，污水处理率、空气噪声以及空气污染物等指标改善明显。

奥帆赛以来，青岛采取多项城市环境治理措施，取得了很好的成效。到 2007 年青岛市饮用水水质达标率为 100%；城市空气质量显著改善，空气主要污染物 PM10 和 SO_2 含量与 2006 年相比分别下降 16.0% 和 10.6%，API 等级为良，已经优于国家环境空气质量二级标准；2007 年区域环境噪声平均等效声级为 53.1dB（A），已达到国家标准。

②举办奥帆赛期间，2002～2006 年道路面积增加比例显著高于 1997～2001 年的发展。

奥帆赛对青岛城市建设方面的影响显著，很大程度上推动了城市建设的进程。表 7-6 中各项数据是当年城市建设各项指标与前一年相比得到的增长比重。

表 7-6　青岛城市建设变化状况

单位：%

年份	建成区面积	房屋建筑面积	住宅建筑面积	道路长度	道路面积
1997	1.8	5.2	6.3	5.7	7.2
1998	1.8	4.6	5.5	5.6	0
1999	1.8	6.3	8.7	5.9	18.2
2000	2.7	4.8	6.8	1.8	5.4
2001	3.3	6.1	7.6	4.7	21.2
2002	8.1	12.6	10.2	14.3	19.6
2003	9.7	6.1	7.5	11.9	8.6
2004	6.1	5.3	6.9	10	15.6
2005	15.5	6.3	6.8	6.1	9

奥帆赛申办成功后，青岛市政府加大市政建设力度，取得显著成果。从表 7-6 可以得出，至 2002 年奥帆赛申办成功以来，各项建设增长显著。2002～2006 年 5 年间建筑、道路面积增加比例明显高于 1997～2001 年 5 年间的增加比例。这一现象充分说明奥帆赛对青岛城市建设的巨大推动作用。

③举办奥帆赛，促使青岛美誉度更上一层楼，再获殊荣。

借助 2008 年奥帆赛的举办，青岛将会给国内国外的来宾留下难以忘怀的深刻印象，美丽的帆船之都——青岛必将成为世界游客向往的旅游胜地。奥帆赛申办成功以来，在青岛人的不懈努力下，青岛取得了一项又一项的荣誉：2005 年 10 月份，青岛光荣入选首批全国文明城市，与此同时，又被评为中国最美城区；12 月份又被评为公众最向往的中国城市。

第七章 奥帆赛对青岛城市国际竞争力的影响

2007年9月，再度被评为中国最美丽城市之一；"世界最美海湾"、"中国十大最快乐城市"、"中国十大最具幸福感城市"之一等光荣称号也是世人对魅力青岛的绝对肯定。这足以说明奥帆赛以来青岛在世人心中的知名度和认知度得到了很大的提升。

2. 举办奥帆赛期间，青岛巩固培育出会展知名品牌，APEC中小企业技术交流暨展览会已开展三届，效果良好

（1）青岛会议会展功能定位基础。

青岛景色优美，产业基础深厚，是会议会展的首选城市。美丽的青岛不仅吸引了国内外众多游客前来观光旅游，而且还成为举办各种会议会展的首选城市。会议会展在青岛举行，也是青岛产业经济发展的迫切需要。改革开放以来，在青岛人的共同努力下，青岛经济取得了快速发展。涌现出了海尔、双星、海信等一批国内外著名产业品牌，形成了以高科技为主的多个科技产业园区，大力促进了青岛第二产业的发展。特别是2002年奥帆赛申办成功以来，第二产业在GDP中的比重已从2002年的46.6%增加到了50%以上。所以，青岛会议会展的发展也是青岛自身经济发展的迫切需要。

（2）奥帆赛有利于青岛会议会展功能提升。

①国际会议会展次数大幅增加。

奥帆赛申办成功以来，随着游客人数的逐年增长，商业旅游人数也在逐年增加。国内国际会议会展次数大幅增加，会议会展功能得到了大幅提升。青岛国际会展中心也于今年6月中旬被评为"青岛市服务业重点企业"。

②青岛现拥有完善的硬件设施和强大的会展队伍。

青岛共有会展场所6处，总面积11.65万平方米，标准展位12000个。注册的展览、设计、搭建等涉展服务企业160余家，具备独立办展能力的10家左右。5年来举办展会400个，展览面积225万平方米，境内外客商780万人次。前后举办了SINOCES、APEC技展会、啤酒节、农交会、航博会、渔博会、工业装备展、缝纫设备展、汽车展和住房展等多项会展，充分显示了青岛市强大的会议会展功能。

③知名品牌展览会魅力初现。

更重要的是现已成功地培育出了中国国际消费电子博览会

(SINOCES)和国际性消费电子展两个知名品牌会展。APEC中小企业技术交流暨展览会2004年落户青岛,已成功举办3届。2007年,全市共举办各类展会107个,累计使用展览面积89万平方米,接待国内外来宾近202万人次。同年,青岛市先后成功举办或承办了中国国际消费电子博览会、创新世界联盟第四次年会、亚欧会议中小企业贸易投资博览会、外商投资企业供需洽谈会等重要展会活动。

3. 举办奥帆赛期间,青岛城市人均收入、农村居民人均村收入增幅分别达到两倍和一倍

(1) 青岛生活宜居功能定位基础。

青岛地理条件优越。①由于青岛依山傍海,地理条件十分优越,加上青岛港的有利港口条件,有力地发展了发展内向型经济和外向型经济。②青岛人民生活较为富足。与内地其他地区相对比,在人均收入和人均住房面积等方面均高于全国平均水平。居民生活比较富裕,生活质量也相对较高。③青岛城市环境优美。青岛不仅生态环境迷人,而且城市绿化、环保、交通等多方面成绩突出。所以,青岛的生活宜居功能要相对由于国内其他城市。由于奥帆赛的举办,此项功能也将得到进一步的提高。

(2) 奥帆赛有利于青岛生活宜居功能提升。

①青岛生活水平得到提升。

在奥帆赛对青岛各个产业部门的拉动作用下,青岛的城市人均收入已经从申办奥帆赛以前的8700多元增长到了现在的17856元,增幅超过两倍。农村居民年人均纯收入也从2001年不足4000元增长到了现在的7477元,增长了将近一倍。青岛人的物质生活水平得到了极大提高。更为重要的是文化教育和生活环境的改善,使青岛居民的生活质量明显提升(见表7-7)。

表7-7 奥帆赛对青岛生活宜居功能的影响

年份	年人均可支配收入(元)	人均住宅面积(平方米)	人均公园绿地面积(平方米)	每万人拥有公交车(辆)
2002	8721	22.76	8.07	20.99
2003	10075	23.73	9.34	20.18
2004	11089	24.22	11	20.32
2005	12920	22.96	11.82	20.63
2006	15328	23.73	11.8	20.9
2007	17856	—	12.19	—

②青岛生活宜居功能的提升不仅给居民带来了益处,而且给美丽青岛带来了多项荣誉。2004年12月青岛被评为"中国人居环境范例奖",2005年12月份青岛又被评为"公众最向往的中国城市"。青岛也先后获得"全国绿化先进集体"、"国家园林城市"、"国家生态园林城市试点城市"等称号。总之,奥帆赛为青岛生活依据功能的提升起到了推动作用,并且这种推动力会使青岛居民的生活水平和质量得到进一步提高。

5年来,全市累计举办各类展会400个,展览面积225万平方米,吸引境内外观众780万人次,拉动了旅游、餐饮等服务业的快速发展,带来了良好的经济和社会效益。

4. 举办奥帆赛期间,青岛文化传媒功能发展良好,"音乐、影视之城"地位初步确立

(1) 青岛旅游文化传媒定位基础

青岛自古以来就是一座文化名城,也是中国道教的发祥地之一。在中国历史长河的变迁进程中,沉积下了独具特色的中国历史文化,由于近现代中西文化的交融,青岛产生了独具风格的现代文化。科技的快速发展、传播形式的多样化使得青岛文化传媒功能不断地进步。在奥帆赛之风的推动下,青岛文化传媒功能得到了进一步的提升。

(2) 奥帆赛有利于青岛文化传媒功能提升

①青岛文化领域投资力度加大。青岛以打造富强文明和谐的现代化国际城市为目标,奥帆赛筹办以来,青岛政府进一步加大对文化领域的投资力度。基本情况如表7-8所示。

表7-8 奥帆赛对青岛城市文化及景观投资的带动

年 份	2002	2003	2004	2005	2006	2007	2008	合计
投资总额(万元)	785	433	121	83049	12128	26276	7672	130464

②青岛文化传媒事业发展迅速。在最近几年内,青岛的文化传媒事业有了较快速的发展,主要表现在音乐、影视等方面。青岛的文化传媒产业不仅在规模上有了扩大,而且取得了令人瞩目的成绩。5年来,青岛市的文艺精品工程取得了丰硕成果,也取得了多个奖项,其中包括9项中宣部"五个一工程奖"和5项全国"群星奖"。青岛坚持巴文化品牌建设作为

开展城市文化内涵、构建大文化发展格局的重点，几年来，青岛举办了国际、国内多个音乐赛事，"金凤凰奖"也永久性地落户青岛。"音乐之岛"、"影视之城"等城市文化品牌日益成熟。

四 奥帆赛对青岛城市产业体系调整有一定积极影响

在 2003～2007 年奥帆赛筹办期间，青岛服务业整体保持了较快的增长速度，平均名义增速达到 23.7%，高于全市生产总值的平均名义增速 20.8% 将近 3 个百分点。

1. 青岛产业体系现状

（1）青岛第三产业产值比重较低。与全国主要大中城市相比，青岛的产业体系仍有待进一步提升。2007 年青岛服务业占 GDP 的比重为 43.3%，在副省级城市中处于下游水平。而且，在服务业增加值构成中，生产性服务业相对不足。给出了青岛 2005 年和国内其他一些大中城市的第三产业就业结构对比状况。

（2）青岛第三产业就业比重较低。我们从表 7-9 中可以看到，青岛 2005 年第三产业就业人数占总就业人数的比重为 41.04%，在入选的 23 个城市中仅只高于苏州和厦门，排名 20 位。在服务业中，青岛的分配性服务业和消费性服务业就业占总就业人数比例都排在 13 位，排名较为靠前，但是生产性服务业就业人占总就业人数的比重只有 8.44%，只高于青岛、苏州和厦门。另外，青岛的社会性服务业就业人数占总就业人数的比重为 15.81%，排名 19 位。从这些数据可以得出，青岛的第三产业就业较低，而第三产业中的生产性服务业和社会性服务业就业人数占总就业人数比重尤其低。

2. 奥帆赛促进了青岛产业结构优化

成功举办奥帆赛将对青岛优化产业结构具有较大的推动作用。这不仅表现在奥帆赛的准备工作中要进行场馆和相关设施及城市基础设施建设，从而拉动相关产业的发展，更主要的是通过奥帆赛，强化了人们对青岛作为滨海旅游休闲和生活娱乐城市的认知，将强化青岛这方面的功能，从而推动青岛分配性服务业、消费性服务业和社会性服务业的快速发展，也将

第七章 奥帆赛对青岛城市国际竞争力的影响

表7-9 2005年青岛与其他主要城市的第三产业就业结构对比情况

单位：%

项目 城市	合计	分配性服务业就业人数占总就业人数的比例	生产性服务业就业人数占总就业人数的比例	消费性服务业就业人数占总就业人数的比例	社会性服务业就业人数占总就业人数的比例
北京	69.91	15.27	19.52	16.36	18.76
上海	61.02	22.92	11.84	11.7	14.56
合肥	59.01	15.74	13.19	2.98	27.1
东莞	58.41	7.73	11.98	1.41	37.29
沈阳	57.20	15.26	13.04	4.48	24.42
广州	57.07	16.32	12.14	9.45	19.16
南京	55.48	14.91	11.54	5.21	23.82
武汉	55.02	14.70	12.12	4.81	23.39
杭州	54.68	11.72	12.45	8.38	22.13
南昌	54.39	15.83	12.82	2.49	23.25
西安	53.11	15.64	13.35	5.2	18.92
成都	52.96	11.97	12.78	4.57	23.64
天津	48.62	12.38	9.82	7.41	19.01
福州	48.59	10.14	12.76	4.96	20.73
重庆	47.58	12.46	11.43	3.1	20.59
大连	47.51	11.53	10.85	5.45	19.68
深圳	45.75	12.28	13.37	8.6	11.5
宁波	44.71	11.64	9.33	5.48	18.26
温州	41.28	11.65	8.53	3.4	17.7
青岛	41.04	12.04	8.44	4.75	15.81
苏州	30.78	6.32	7.06	3.04	14.36
厦门	27.66	7.75	6.54	3.77	9.6

资料来源：各城市统计年鉴、各城市统计信息网。

推动生产性服务业中的房地产业和金融业的发展。不仅如此，奥帆赛也将使青岛的文化传媒功能得到强化，从而使青岛的软件服务、动漫制作等文化创意产业得到快速的发展。

3. 奥帆赛有利于青岛产业结构优化

（1）奥帆赛对青岛分配性服务业产生了积极影响。

青岛举办奥帆赛还将对青岛分配性服务业产生重大影响。①青岛举办奥帆赛将加强市内和市郊交通建设和空港建设，不仅交通运输基础设施质量将得到大幅提高，同时交通运输业的营业收入也会因此而大幅增加。②青岛奥帆赛将提高青岛的国际知名度，青岛作为北方重要的仓储物流中心的地位也将得到进一步的提升。③青岛奥帆赛的成功举办需要最先进的邮电通讯设施的支持，这将有助于提升青岛邮电通信业的发展水平。④奥帆赛期间带来的客流量也将促进青岛商贸业的发展，不仅如此，奥帆赛对青岛休闲娱乐生活宜居等功能的提升将吸引境内外许多高收入的人士，这将长期有助于青岛商贸业的进一步繁荣。表7-10描述了青岛筹办奥帆赛期间的分配性服务业的发展状况。

(2) 奥帆赛促进了青岛消费性服务业的发展。

青岛举办奥帆赛还将对青岛消费性服务业的发展起到积极的促进作用。

①青岛奥帆赛将促进青岛宾馆餐饮业的发展。首先，奥帆赛期间将有大量的国内外游客来青，这将直接带动青岛宾馆餐饮业的发展。其次，奥帆赛将提高青岛国内外的知名度，从而吸引更多的国内外游客在赛后来青参观旅游，持续促进青岛宾馆餐饮业的发展。再次，奥帆赛对青岛旅游休闲和宜居功能的提升作用更是将在长期内促进青岛宾馆餐饮业的发展。

②青岛奥帆赛将促进居民服务和其他服务业的发展。这主要是因为奥帆赛大幅提升青岛旅游休闲和宜居功能，而这种功能的提升将促进居民服务业和其他服务业的发展。另外，青岛奥帆赛对青岛整体社会经济文化的带动作用也将进一步促进居民服务和其他服务业的发展。

(3) 奥帆赛有助于青岛生产性服务业的发展。

①青岛奥帆赛将促进青岛金融（保险）业的发展。首先，青岛奥帆赛要迎接国内外千千万万的参观旅游者，这将对青岛金融（保险）业的服务水平提出更高的要求，也为金融（保险）业的发展带来了机遇。其次，在赛后，由于青岛作为国际城市的地位进一步提升，以及青岛旅游休闲和生活宜居功能的强化，青岛金融（保险）业将面临长期持续的发展机遇。

②青岛奥帆赛将促进青岛房地产（信息）业的发展。首先，青岛奥帆赛要求青岛进行高水平的城市规划和城市建设，从而带动青岛房地产（信息）业的发展。其次，在赛后，青岛将继续强化其旅游休闲和生活宜

居功能，因此青岛房地产（信息）业将面临较大的发展机遇。

③青岛奥帆赛将促进青岛计算机应用业的发展。青岛奥帆赛需要计算机应用业的支持，这将为青岛计算机应用业带来较大的发展机遇。

(4) 奥帆赛促进了青岛社会性性服务业的发展。

青岛奥帆赛还将促进青岛社会性服务业的发展。

①青岛奥帆赛将促进会展业的发展。首先，青岛奥帆赛本身就是一次大型体育性质的会展，奥帆赛的成功举办日后将为青岛带来更多的此类大型会展活动。其次，青岛奥帆赛的成功举办将提高青岛国际知名度和青岛举办大型会展的能力，从而有利于推进青岛会展业的发展。

②青岛奥帆赛将促进青岛文体娱乐（含广播电影电视）业的发展。首先，青岛奥帆赛本身是一项重大的体育娱乐活动，其成功举办将增强青岛人们体育娱乐意识，带动青岛体育娱乐业的发展。其次，青岛将借助奥帆赛打造"帆船之都"，从而将提高青岛文体娱乐水平，为青岛文体娱乐发展带来机遇。再次，青岛奥帆赛将使青岛的国内国际知名度进一步提高，也将促使青岛更加重视城市建设，有助于青岛成为影视拍摄基地，促进青岛广播电影电视业的发展。

③青岛奥帆赛将大幅促进青岛卫生及社会福利保障业的发展。青岛奥帆赛将加强青岛旅游休闲和生活宜居功能，从而促使青岛关注卫生事业和社会福利保障，以营造一个健康、安全的社会环境。

④青岛奥帆赛将大幅促进青岛公共管理和社会组织服务业的发展。青岛奥帆赛要求青岛城市公共管理达到一个新的水平，同时也需要诸多的社会组织提供相应的服务，这不仅在奥帆赛期间，而且在奥帆赛以后，都将有助于促进青岛公共管理和社会组织服务业的发展。

⑤奥帆赛期间青岛服务业整体保持了较快的增长速度。

表7－10描述了2003～2007年间青岛主要服务业的发展状况。从表中可以看到，在服务业中，分配性服务业在2003～2007年间增速最快，但在2006年和2007年增速有下滑趋势。与此相反，生产性服务业（主要包括金融业和房地产业）虽然在2003～2005年增速相对较低，但在2006年和2007年增速却大幅增加，分别达到25.7%和20.7%。与生产型服务业类似的还有消费性服务业（主要包括住宿餐饮业），在2006年和2007年其发展速度也迅速升高到20%以上。社会性服务业（统计为非营利性

服务业）在 2007 年的增速也远高于前年。这种服务业发展结构性的差异在一定程度上反映了青岛奥帆赛的结构性影响，即奥帆赛虽然对整体服务业都有较大的影响，但是对生产服务业、消费性服务业以及社会性服务业的影响可能大于分配性服务业。从这个意义上说，奥帆赛的举办可以有效改变和提升青岛服务业的发展结构（前面我们已说明了青岛生产性服务业和社会性服务业较其他对比城市偏低的事实），有利于改善青岛服务业乃至青岛整体的产业体系。

表 7-10　2003~2007 年青岛服务业的发展状况

单位：亿元，%

年份	分配性服务业（运输仓储和邮政业、批发零售业）		生产性服务业（金融业、房地产业）		消费性服务业（住宿餐饮业）		社会性服务业（非营利性服务业）	
	增加值	增长速度	增加值	增长速度	增加值	增长速度	增加值	增长速度
2003	262.7642	15.72066	112.34	6.618444	49.6	14.2	—	—
2004	321.17	17.86553	132.9	7.314447	60.13	16.3	—	—
2005	493.148	17.35583	149.71	12.03481	100.152	14.8	—	—
2006	582.24	14.23935	209.8	25.67432	86.25	20.9	266.66	9.6
2007	671.74	14.02906	263.11	20.72843	108.17	20.8	339.71	26

资料来源：《青岛统计年鉴》。

五　奥帆赛显著改善了青岛城市要素环境

1. 奥帆赛对青岛人力资源产生了有利影响，培育人才和吸纳人才工作开展顺利

（1）奥帆赛将极大改变人的思想观念。

奥帆赛的成功申办使青岛人们倍感自豪，尝试用国际的视野来审视自己，重新考虑青岛的定位。同时，青岛以奥帆赛的举办为契机，努力宣传提高人们的文化和公民素质，增强青岛市民的自豪感，也提升了他们的包容性。

（2）奥帆赛将提高城市凝聚力。

举办奥运会所激发的爱国热情，可以形成强大的凝聚力和向心力，进而转化为"人人为奥运作贡献，个个为城市添光彩"的自觉行动；"重在参与"的奥运思想和"更高、更快、更强"的奥运精神，会极大地感染广大市民、影响企业的经营理念和文化建设，奥运精神将成为青岛社会进步的力量源泉和不竭动力；"绿色奥运、科技奥运、人文奥运"的理念，也会对城市发展和居民素质产生重要影响。奥运精神、办会理念最终与"诚信、博大、和谐、卓越"的城市精神相融合、相共振，使青岛展现社会进步与经济发展相互协调、相互促进的良好局面。特别是最近青岛出现了蓝藻事件，在此紧要关头，青岛军民团结如一人，表现出了极强的凝聚力。

(3) 奥帆赛催生青岛出台高端和短缺人才引进政策。

在青岛取得快速发展的背后，人才起到了巨大的推动作用，但是中高端人才短缺，尤其一些重点行业、新兴产业人才紧缺。奥帆赛的举办，促进了青岛对人力资源的开发，青岛市为了吸引人才在20多个方面对人才工作出台了一系列优惠政策。

奥帆赛严重短缺小语种人才，吸引小语种志愿者的工作十分艰巨。此外，为了保障奥帆赛的人才需求，采取了公开招聘的办法补充市场开发、音视频技术、形象景观、奥运分村行政助理、赛场经理助理、注册业务、仪式节目、媒体运行服务、文秘信息、国际技术官员服务、餐饮服务、观众服务、新闻摄影管理、体育展示、工程管理等方面人才的缺少。

在高级人才引进方面，先后启动了"引才工程"、"111"引才工程和"222"引才工程，共引进了数万名硕士、博士等高级人才。为了吸引海外人才智力回国创业，青岛积极推动全市留学创业园区体系的形成，帮助留学人员申请国家科研资助，并解决其他实际问题，先后与1000多名留学人员达成回国服务意向。

(4) 奥帆赛促进青岛完善人才培养和激励政策。

在人才培养方面，青岛加强专业技术人员继续教育，实行继续教育学分制管理，实施专业技术人才知识更新工程，从2006年开始，面向高层次专业技术人员开展"四新"（新理论、新技术、新知识、新方法）培训讲座。积极建立公平竞争、有效激励的职称评价制度，出台实施了《专业技术职务管理办法》，探索并实施教育系列"说课评估"、工程系列"面试答辩"、卫生系列"人机对话"的社会化评价体系。研制开发了职称评审社会化报名的程序系统，实行专业技术人员职称计算机模块化考试。严格职称申报"六公开监督",推行社会监督员制度,推进职称评审的公正公平。

(5) 各类教育事业发展迅速。

2001年以来,青岛教育事业发展迅速,截至2007年末,青岛共有各类大专院校28所(含民办高校),接受中等职业教育的学生占高中阶段在校生的61.2%。共有小学980所,学龄儿童入学率100%,初中入学率达99%以上。青岛按照培养与引进并重、重在引进高级人才的要求,实施了"222"引才工程(即每年引进博士200名,硕士及高职称、高技能人才2000名,本科及特需人才20000名),重点引进驻青院士2人,国家级优秀人才148人。良好的人才环境吸引了国内外优秀科技人才来青创业发展,留学归国来青的人才以每年30%的速度递增。

2. 举办奥帆赛,促使青岛软环境改善,初步和国际接轨

(1) 奥帆赛促进了青岛制度环境的改善。

①奥帆赛促进青岛制度环境与国际接轨。

奥帆赛举办城市的落地对于青岛经济的飞速发展有着举足轻重的意义,仅奥运带动的相关产业就达200余种,包括船舶制造、城市美誉度、外宾接待标准及城市道路标识等方面的发展和完善,奥帆赛对于这些产业的带动势必会对其产生国际化的影响。当以上方面均达到国际化标准后,青岛也就由此冠上了国际属性,而这个国际属性正是推动青岛迈向国际化城市的发动机,使青岛制度环境逐步与国际接轨。

②奥帆赛促进了青岛与其他地方城市的合作。

奥帆赛对青岛与周边地区特别是北京的合作机制来说也是一个不小的推动,特别是安全保障、环境标准以及奥运交通问题都实现了青岛与北京的合作,实现两城联动机制。国际奥委会北京奥运会协调委员会主席维尔布鲁根曾说:"在历届奥运会主办城市之外的卫星城,常常会发生一些问题,比如有些城市的分赛场会各行其是。但我们曾经碰到的那些问题在青岛没有出现,我们发现北京和青岛已经建立了卓有成效的合作机制。"

③司法行政效率大幅提高。

申办成功以来,青岛的司法更加严明、行政职能更加高效、经济自由度也得到了进一步扩大。为了树立正确执法观念,曾建立了执法合格证制度、规范性文件备案制度、行政执法档案制度、统计制度和建立行政执法责任制度等一系列管理规章制度。随着奥帆赛的举办,在行政执法方面的工作力度进一步加强。研究制定了行政执法责任制度、梳理行政执法依据、分解行政执法职权、行政执法评议考核机制行政执法错误责任严格追究制度等。

为了提升政府行政效率,青岛市政府经过深入研究并建立了行政绩效评价制度。2004年10月出台了《青岛市本级财政专项资金绩效评价工作规程》,全面启动市财政预算绩效评价工作;2005年初,有根据城市发展战略目标,确定了"创建高绩效机关,做人民满意公务员"机关建设目标,开始将平衡计分卡引入机关绩效管理,与城市发展战略目标互动和促进;2006年初研究制定了《关于深入开展"创建高绩效机关,做人民满意公务员"工作的意见》,开始在机关引入和实施平衡计分卡进行管理。这些努力使青岛获得了世界银行"中国120个投资环境金牌投资城市"奖。

(2) 奥帆赛有助于青岛吸引金融资本的进入。

由于奥帆赛的投资建设,对青岛金融资本方面有着更为直接的影响,在金融机构(数量、结构)和存款的增加、贷款易获得性、金融服务方便度等方面得到了充分的体现。

①金融机构入驻增加迅速。

青岛始终把金融机构引进作为重中之重来抓,积极加大对欧美、日韩、东南亚等国家和地区金融机构的引进力度,通过多渠道掌握信息,多层次跟踪接触,每年排出金融机构引进项目清单,与30多家国外金融机构进行密切接触和定期跟进,金融机构引进取得了新突破。近几年来,青岛每年金融机构引进落户数量均在7家以上,2007年成功引进了瑞穗银行、兴业银行等9家国内外知名金融机构。目前,青岛共有金融机构68家,其中银行类机构35家,保险公司32家,证券公司1家,外资银行机构数量位居全国第7位,初步形成了业态完整、功能齐全的金融组织体系,为加快推进区域性金融中心建设奠定了坚实基础。

②存贷款数量增加迅速。

对存款的影响可以通过图7-3金融部门年存款增长率来说明。从图7-3可以看出,从2002年开始,年存款额的增长速度极快,高于20%年平均增长速度，远远高于之前5年的增长速度，在奥帆赛大规模投资阶段其存款增速如此之快，主要是奥帆赛建设期间经济的快速发展所引起的。不仅表明了奥帆赛对青岛经济的拉动作用，还更加充分说明了在存款增加方面的积极影响。

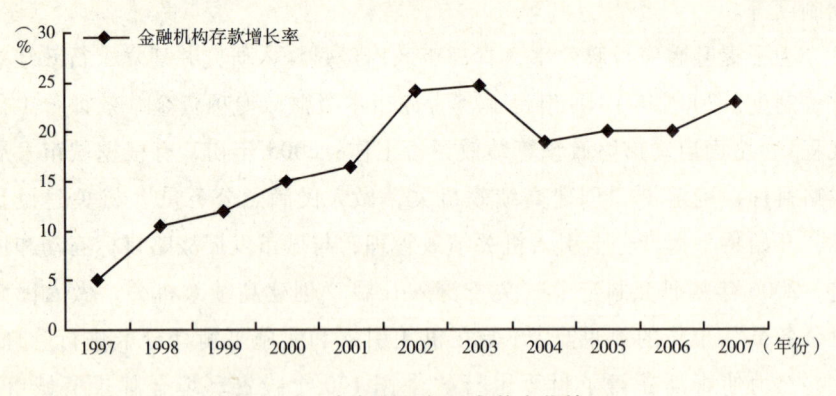

图7-3　青岛金融部门存款变化情况

资料来源：《青岛统计年鉴》（1997~2007年）。

③金融服务效率大幅提升。

由于奥帆赛基础设施各方面建设对巨额资金的需求，为了鼓励私人部门对奥帆赛以及相关方面的投资建设，银行等金融部门采取相应措施，使得贷款容易获得。为服务于奥帆赛，青岛市银行系统积极开展富有特色的金融服务活动，进一步优化青岛市奥运支付环境，为青岛奥帆赛提供安全、高效、便利的支付服务，满足境内外消费者的支付需求。在奥运前期已经实施了新一轮发展战略，确保金融服务更主动、更便捷，还着力打造了满意服务、素质提升、金融推广、金融环境、金融信息、创业富民等"七项工程"，旨在打造统一、方便、高效、安全的金融服务环境。根据业务流量，增配高素质员工和自助服务设施，简化业务操作流程，实施服务窗口合理有序调配，提高服务效能。优化奥运支付环境，确保全市ATM存取款机、POS刷卡机分别突破2000台和15000台，奥帆赛场馆及周边地区银行卡特约商户普及率达到95%以上，形成较完善的服务网络体系。

（3）奥帆赛促进了青岛城市管理水平的提高。

奥帆赛对青岛城市管理方面有着重要影响，主要体现在政府电子政务、城市规划、安全管理和应急管理等方面。

①政府电子政务改善较大。

奥帆赛要求组织领导部门在领导、指挥、管理等方面的工作更加高效快捷，电子政务的实现完全解决了这个问题。为了达到政府政务电子化的目标，青岛市提出电子政务工程的总体目标：2005年建成全市机关统一的电子政务基础平台；大力发展网上应用，基本实现政务信息资源数字化，内部办公过程无纸化，对外审批服务网络化；初步形成网络环境下的"一体化政府"，为社会提供"一站式服务"，力争使青岛市的电子政务建设达到国内一流水平。目前已完成电子政务"451"基础体系的建设，打造了政务网络平台、安全支撑平台、应用支撑软件平台、政务门户网站4个平台，建立了应用服务中心、信息交换中心、政务数据中心、流程管理中心和认证授权中心5个功能中心和1套资源目录体系，从而成功探索出集约化低成本发展电子政务的"青岛模式"。在各个部门的共同努力下，政府电子政务方面取得了显著的成绩。2008年3月31日，青岛市电子政务试点示范工程通过了国务院办公厅和科技部联合专家组的现场验收，这标志着青岛市电子政务工程建设迈上了新的台阶。

②城市规划日益科学合理。

在城市规划方面，始终坚持全面落实科学发展观，构建和谐社会，加强城市空间战略研究，完善规划编制成果体系。还进一步加强规划管理，提高规划效能，保障城乡规划工作的良好实施。为了更好地为2008年奥帆赛做好准备工作，2007年上半年青岛市启动了市城市规划委员会（以下简称市城规委），对总体规划修编、控规调整、市区东部沿海一线概念规划、高层建筑空间布局规划和旧城旧村改造规划等专题规划和重要建设项目等内容进行了审议。市城规委的启动和工作开展，完善了事关城市发展重大事项的集体决策制度和专家咨询制度，提升了城市规划决策的科学性和民主性，为不断提高规划科学化、建设集约化和管理精细化水平提供了制度保障。"依托主城、拥湾发展、组团布局、轴向辐射"的城市发展战略激发青岛主城的经济辐射力，启动胶州湾北部高新区的开发建设，引导胶州湾东西两翼整合提升城市功能，进而构筑"一主三辅多组团"的城市布局形态，塑造环胶州丰富的城市滨水景观，是优化城市空间布局结构，增强城市综合竞争实力，加快建设富强文明和谐的现代化国际城市，实现城市又好又快发展的必然选择。

③安全应急管理能力大幅提升。

在安全管理和应急管理方面，青岛市政府按照省委、省政府要求，在北京奥运安保领导小组的指导下，成立了由公安、安全、部队、武警、海事、海关等组成的安保工作协调小组，全面负责安保组织和协调。投入2.6亿元，启用了城市应急指挥中心，组织开展反恐、防生化、海域、交通、消防等安保演练40余次，强化了水域安保工作。坚持"最安全、最方便"的原则，加强多警种、多兵种联合作战，严密组织奥帆中心和住地安保，开展交通、反恐等应急处置，实施了打、防、控一体化的社会治安防控网络。

3. 奥帆赛对青岛硬件环境产生了较大积极影响，机场等级提高，客运能力增幅 1 倍多；奥运科技创新方面，取得两项世界第一的突破

（1）奥帆赛促进了青岛基础设施建设。

由于奥帆赛的举办，对青岛的交通、通信等方面有着较高的要求，青岛各界在政府的带领下，努力工作，使得青岛的机场、市内交通，以及信息通信设施的功能得到了提升。现在的青岛交通更加顺畅，通信更加快捷。

①机场和港口发展迅速。

在交通方面，机场和港口建设是工作的重点。为迎接2008年奥帆赛的举办，投资近13亿元启动青岛国际机场奥运工程，主要包括国际航站楼工程、飞行区改扩建工程和货运站场改扩建工程。青岛机场的飞行等级也由4D级正式升为4E级，可以起降除世界最大机型空客A380外的所有飞机。客运量也明显增加，从2003年的348.8万人次到2007年的786.8万人次，客运能力提升了1倍多；港口建设方面围绕建设东北亚国际航运中心，实施集装箱航线西移战略，使青岛港航运能力大幅提升。图7－4显示了青岛机场、港口的货运与客运量状况，无论是机场旅客吞吐量、集装箱吞吐量还是港口吞吐量，自2001年以来比以前年份的增速都要快。

②青岛信息通信设施建设加快。

在信息通信方面，加快了信息化通信的发展速度，扩大了普及范围。用户人数的增加是其最直接表现。同时，因市民生活和举办奥帆赛的需要，青岛市的信息通信基础设施的投入加大，网络覆盖面更加广泛，使得

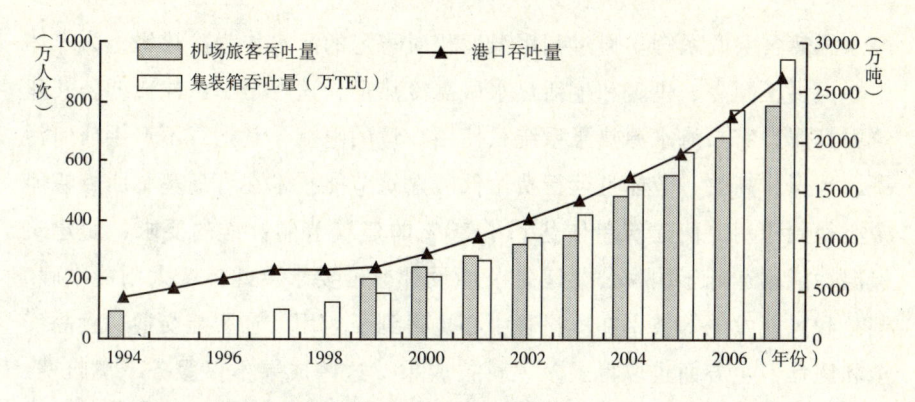

第七章　奥帆赛对青岛城市国际竞争力的影响

图 7-4　青岛市机场旅客吞吐量、集装箱吞吐量、港口吞吐量

资料来源：历年《青岛统计年鉴》。

居民使用现代通信工具更加便利，成本更加低廉。中国移动青岛分公司根据赛事需求，成功研发出了无线传真技术，解决了传统有线传输方式难以实现的信息实时传送难题，结束了国际上帆船比赛靠快艇传递成绩单的历史，彻底改变了传统奥帆赛的裁判方式，被国际帆船委员会官员称为"帆船运动发展史的一次革新"。此外，针对国内外游客需要，还推出了传媒通信数字化和旅游服务数字化，为游客提供高效便捷的数字信息服务。所以，以上三个方面每年用户数量的增加很大程度上受益于奥帆赛在青岛的举办。

（2）奥帆赛促进了青岛科技创新能力提高。

青岛奥帆赛不仅是"绿色奥运"，还是"科技奥运，人文奥运"。青岛奥帆赛将带给人们全新的体验和享受，人们将会在这里享受到科技的魅力。青岛各单位和部门围绕奥帆赛投入大量资金，取得的科技成果可以说是硕果累累。现在共取得了50余项与奥帆赛相关的科技成果，其中有两项为世界第一，9项为国内首创。

①多项新式科技成果得到应用。

可移动式雷达尚属国际首次，在多家科研单位共同努力下研发的我国也是世界第一台车载可移动式多普勒测风激光雷达将服务于青岛2008年奥帆赛。将解决决定运动员成绩的风速、风向信息等关键因素的可获得性问题，有利于运动员发挥出更高的水平，为游客们上演一场更加精彩的科技奥运比赛。青岛市在媒体中心成功应用了海水源热泵技术，设计建设了海水源热泵空调系统。通过利用温度相对稳定的海水作为冷热源,为媒体中心提供了制冷、供暖和生活热水所需冷热量,这在全国已建成的公共建筑中尚属首家。海水源热泵系统只使用少量的电能,其运行不产生任何污染、环保、高效、节能且运行费用低。建筑节能技术在青岛奥林匹克帆船中心得到应用,使建筑单体达到了 50% 的建筑节能标准的要求,使建筑保温性能远远低于国家公共建筑节能设计标准要求。此外,太阳能供暖、制冷和风能发电等技术在奥帆赛中心也得到了运用,在智能交通、食品安全和医疗卫生方面也取得了多项科技成果,这些成果不仅服务于奥帆赛,还将在奥帆赛之后服务于青岛百姓生活。

②青岛科研投入加大,研发投入占 GDP 的比例达到了 2.37%。

图 7-5 显示了 1994 年以来青岛市研发投入和专利申请数的状况。整体来说青岛城市创新体系建设在逐步加强,特别是 2001 年以来更是如此。2003 年取得重要科技成果 544 项,授权专利 1500 项。研发投入占 GDP 的比例达到了 2.37%。国家海洋科研中心等一批重要科研基地的建设加快。同时,青岛市被国家列为技术标准试点城市。实施科技专项计划效果明显。

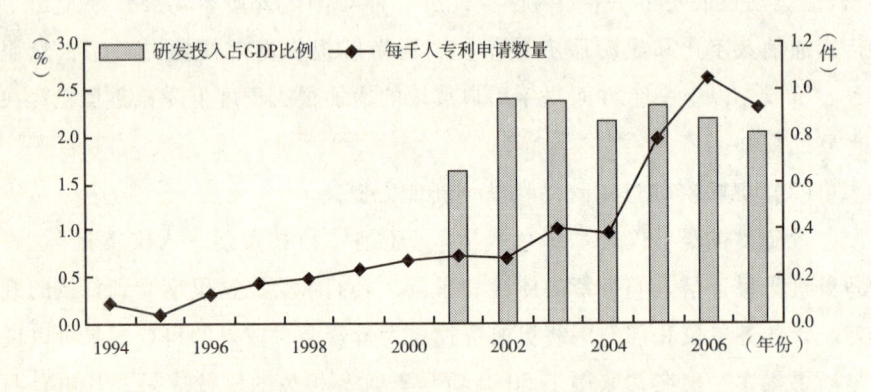

图 7-5 青岛市研发投入占 GDP 比例、专利申请数

③青岛科研成果增加较快。

近 5 年来,青岛科技研究成果显著,科技创新实力增强。2007 年共取得重要科技成果 506 项,获得国家级科技奖励 8 项。科技市场交易活跃,全年共成交技术合同项目 2245 项,成交额 9.14 亿元。全年专利申请量 7016 件,授权专利 3595 件。青岛还以建设国家软件出口创新基地、国家信息服务基地为目标,抓好国家生物产业基地服务平台、青岛海洋科学

与技术国家实验室、中科院生物能源与过程研究所、中海油重质油加工工程技术中心等建设；积极吸引国内外大院大所落户青岛，鼓励专业化科技研发、新技术推广、企业自主创新和科研成果转化。

4. 举办奥帆赛，改善青岛生活环境，公众安全感达到96%的高水平

（1）奥帆赛对青岛社会环境的影响。

奥帆赛对青岛社会环境的改善主要体现在社会治安、人民生活成本等方面的影响。由于奥帆赛的举办要求，为了使社会环境得到改善，青岛市政府和社会各界做了大量相关工作，取得了显著的成果。

①社会治安状况明显改善。

在社会治安方面，围绕2008年奥帆赛安全保卫工作，青岛市健全完善一系列警务安全新机制，并装备一系列高科技的安全保卫设备。各级公安机关加大力度狠抓社会治安，严厉打击违法乱纪行为。交通事故破案率高达98%，为全国最高。其命案破案率也接近90%，曾创下山东省第一。因此，青岛市公众安全感达到了96%的高水平是理所当然的。

②人民生活水平大幅提高。

最近几年，青岛人民从奥帆赛得到的更为直接的益处是居民生活水平的提高和社区生活成本的降低。从图7－6可以看出，恩格尔系数总体表现出下降趋势，由此可以得到，奥帆赛以来青岛城市居民的物质生活水平得到了显著提高。此外，2002～2006年间，青岛财政还向公共文化设施投入2亿元的建设资金，以提高市民的精神生活。为缩小城乡差异，作为2006年初出台的《关于加强农村文化建设的实施意见》核心内容的"新农村文化家园"建设工程在缩小城乡差距方面起到了积极作用，也使青

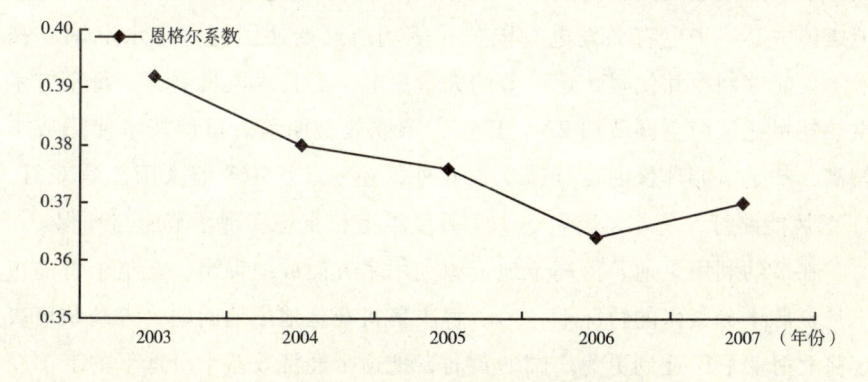

图7－6 2003～2007年青岛恩格尔系数变化情况

岛再度成为全国均衡构筑城乡公共文化服务体系的范本。青岛市人民精神生活也从整体上得到了很大改善。

（2）奥帆赛进一步改善了青岛资源环境。

①治理污染成绩显著。

由于奥帆赛的举办，青岛市在自然环境方面的做法可圈可点：花费17亿元，将海边污染严重的船厂搬走，彻底治理后，用于建设奥帆赛场以及主题公园；防止对海水污染，将浅海、沿海养殖鲍鱼的池子全部炸掉；空气质量优良由88%提高到91.2%，达到330多天。这些措施的背后是青岛自然环境得到大幅度的提高。不过，就青岛整体而言，自然环境的其他方面相比前些年有所下降，例如城市扩张带来的一些环境问题。不过需指出的是，就奥帆赛本身而言，其对青岛自然环境的改善作用还是很明显的，如果没有奥运会，或许青岛城市的扩张带来的损害会更大，而奥运会一定程度上抑制了这种扩张的负面影响。

②海水处理能力提高。

在水资源利用方面，加大对海水的利用程度，在黄岛发电厂投入运行我国首台单体容量最大、技术含量最高、单机占地面积最小的海水淡化设备——10000吨/日反渗透海水淡化装置，使该发电厂日均生产淡化海水的能力从6000吨猛增至16000吨，可完全满足企业的发电用水需求。如果第二套10000吨/日低温多效海水淡化装置建成投产，将使我国海水淡化技术和装备水平跨入世界先进行列。

③绿色奥运力求节约。

在节能用电方面，清洁能源的开发和利用成果显著。在青岛奥帆赛基地媒体中心、华电青岛发电有限公司等场所开始使用的"海水空调"技术不仅能够制冷和供暖，还可节约大量用电。经技术人员测算，每平方米供热耗费比家用空调节约22元以上，节能效益明显。虽然技术使用成本较高，却是节能环保的良好范例。此外，还安装了168盏太阳能景观灯、41盏风能路灯，每年可节电达1.7万度以上，真正实现了节能与环保。

在节约利用土地、提高土地资源利用率方面成绩突出。在整个青岛市土地资源十分紧张的情况下，为了解决奥帆赛基地土地问题，青岛政府决定将北海船厂搬迁到更为广阔的黄岛，把这个经济效益十分低下的老国企占用的巨大面积土地用来建设奥帆赛基地，政府不出一分钱便很好地解决

第七章　奥帆赛对青岛城市国际竞争力的影响

了基地用地问题。这样不仅解决了土地紧缺问题，还使现有土地利用率和土地价值得到提升。青岛奥帆赛基地建设被人们称赞为"青岛模式"。

（3）奥帆赛促进了青岛城市文化发展。

①国际文化交流日益频繁。

自青岛获得奥帆赛承办权以来，青岛城市知名度得到了很大提升。成功举办了2006年、2007年两次青岛国际帆船赛。2007年5月，中国（青岛）奥运与旅游国际论坛在青岛成功举行；2007年6月，中日韩三国旅游部长会议也在青岛开幕。还在30多个国家和地区举行了奥运相关推介活动。奥运给青岛城市国际化带来了难得的机遇和提升，加强对外文化交流，坚持请进来、走出去战略，近年来共组织对外、对港澳台地区文化交流项目400余项，扩大了青岛在国际上的知名度和美誉度。

②文化多元化特征日益显著。

奥帆赛的举办营造了以奥林匹克精神为核心的体育文化氛围，不仅使市民的体育观念得到提升，而且市民的价值取向也发生了转变，市民的价值取向已经超越了地域、民族和文化界限，国际观念日趋增强。由于奥帆赛的举办，中外交流更加频繁，中西方交往的频繁带来的便是中西文化的交流、融合。所以，奥帆赛也使青岛社会的传统文化和现代文化更加多元化。在中西交往中，中西商贸活动更加频繁、合作领域更加广泛，使得青岛对外贸易成绩显著。不仅使青岛市场进一步国际化，更重要的是，青岛企业家精神的国际化，青岛企业家的国际眼光以及国际战略思想都进入了全新的层次。

第八章
奥帆赛对青岛城市国际化竞争力的影响

在本章分析时,需要着重指出的是,国际化竞争力是城市竞争力的重要组成部分,正如前文在第二部分阐述的那样。因此,国际化竞争力又区别于城市竞争力,是从国际化的角度来分析的,角度和视野是不一样的。但也和城市竞争力有联系,国际化竞争力是城市竞争力的重要组成部分,所以在分析资料上会出现少数的重合,但这是在不同的理论框架下进行分析的,有其独立完整的逻辑体系。

一 奥帆赛对青岛国际化影响:使青岛迈入初步国际化

1. 奥帆赛加速了青岛国际化进程

世界性的体育赛事需要世界性的承办标准,因此,奥运会的筹办和举办都要和国际接轨,每个承办城市都会根据国际规则的要求更加开放和有序。奥帆赛以来,青岛市国际化步伐进一步加快。从资本国际化到产业国际化,从企业国际化到政府国际化,从设施国际化到文化制度国际化,奥帆赛对青岛的市场、主体和环境等多方面起到了巨大推动作用。奥帆赛在青岛的举办提供了一个千载难逢的交流机会,在筹备和举行奥帆赛期间,青岛市在基础设施、文化制度、思想观念、政府理念等方面都将不同程度地与国际接轨。同时,通过这些国际性的变化,青岛的对外吸引力逐渐增

第八章 奥帆赛对青岛城市国际化竞争力的影响

强,青岛与国际的联系度逐渐提高。总之,青岛的国际化程度和国际影响力将因为奥帆赛的成功举办而获得提升。

2. 奥帆赛对青岛国际化程度影响:从 2003 年的 0.25 到 2007 年的 0.45

表 8-1 是根据上述方法计算得出的青岛主要年份国际化指数,从时间维度来看,1994~2007 年不到 15 年的时间,正是青岛国际化程度不断加深的时期。这个时期随着外部环境的变化及内部发展,又具有明显的时间段特征。

表 8-1 青岛主要年份国际化指数

城 市	国际化指数	排名	城 市	国际化指数	排名
伦敦	1.482	1	青岛(2007)	0.451	11
纽约	1.427	2	大连	0.438	12
香港	1.238	3	初步国际化城市	0.309	—
多伦多	1.212	4	成都	0.301	13
日内瓦	1.173	5	武汉	0.298	14
维也纳	1.125	6	东莞	0.283	15
全面国际化城市	1	—	沈阳	0.272	16
首尔	0.817	7	西安	0.267	17
上海	0.753	8	青岛(2003)	0.252	18
北京	0.728	9	青岛(1999)	0.158	19
基本国际化城市	0.636	—	青岛(1994)	0.102	20
宁波	0.469	10			

为了量化分析青岛举办奥帆赛对青岛国际化程度的影响,我们沿用报告第二部分对青岛国际化程度进行空间分析时所构建的分析框架与指标体系,从 1994~2008 年 14 年的时间跨度中选取四个具有代表性的时间段,即 1994 年、1999 年、2003 年和 2007 年,采集相关指标数据进行比较分析,指标合成采用与报告第二部分第五章一致的方法,将青岛这 4 个年份看做 4 个不同的城市,与所选择的样本城市一起分析,从而计算青岛各个年份的国际化竞争力指数。这样既可以对青岛国际化程度的动态变化进行描述,又可以清晰地看出举办奥帆赛对青岛国际化程度的影响。

计量总体分析结果:青岛国际化动态变化

——2003~2007 年,是青岛国际化程度迅猛推进的关键时期。

由图 8-1 可以看出,国际化指数由 2003 年的 0.252 上升到 2007 年的 0.451，奥帆赛对推动青岛进入国际化初步阶段起到了极其重要的作用，并使得青岛在国际化水平上超越大连。

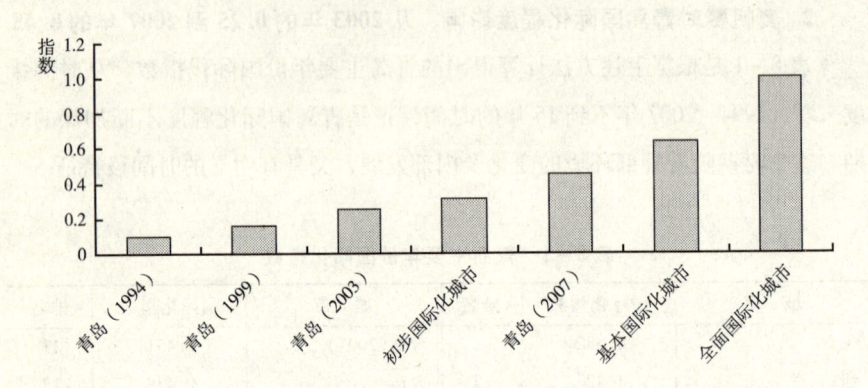

图 8-1 青岛国际化指数动态变化情况（1994~2007 年）

5 年间，随着对外开放的进一步扩大，青岛城市国际化水平上升到了一个新的层次，即实现了初步国际化，正在向基本国际化水平迈进。这其中，从各项指标前后对比来看，奥帆赛对青岛国际化的推进效果显著。

——1999~2003 年则是青岛国际化迅速推进的时期。

这段时期内，在全球化趋势进一步深化的背景下，青岛国际化的各项指标均出现了大幅度的增长，青岛国际化取得了突破性的进展，外商投资踊跃，本土企业走出去对外投资，开拓国际市场也方兴未艾。随着经济的快速增长，一般基础设施和信息化基础设施都得到了较大完善，国际化指数已接近初步国际化城市的水平，城市现代化水平的提高为建设国际城市，提升城市国际竞争力奠定了坚实的基础。

——1994~1999 年，是青岛提出建设国际城市目标的头 5 年，在这 5 年里，青岛国际化还处于起步阶段。

市场外向国际化和内向国际化正在展开，政府、企业和居民的国际化意识正处于培育阶段，城市各项功能主要还是以国内服务为主。

二 奥帆赛使青岛市场国际化程度大幅提升，接近基本国际化标准

图 8-2 是 1994~2007 年间青岛市场国际化指数的动态变化示意图，

第八章 奥帆赛对青岛城市国际化竞争力的影响

从图中可以看出，10余年间青岛市场国际化取得了突破性的进展，市场国际化指数由1994年的0.2上升到了2007年的0.58，而在2003年，市场国际化就已经达到了初步国际化城市的标准。2007年，在奥帆赛强力拉动市场供需与投资的影响下，市场国际化指数更是实现大幅提升，已接近基本国际化城市的市场国际化水平。

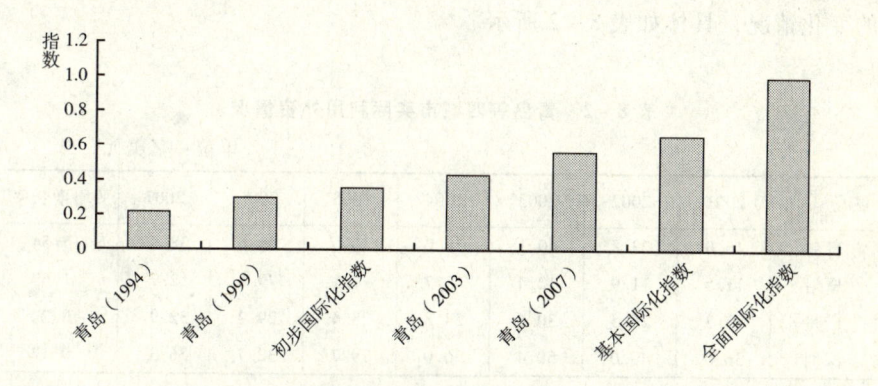

图 8-2 青岛市场国际化指数动态变化情况（1994~2007年）

1. 奥帆赛促进了青岛资本国际化

（1）奥帆赛有利于促进青岛对外直接投资。

奥帆赛对青岛市对外直接投资的影响是一个间接的、长期的影响，短期效应并不明显。由于奥帆赛是一个开放的体育盛会，举办奥帆赛不仅要体现民族的特色，更要与世界接轨，借鉴国际上在这方面的成熟经验。这不仅体现在硬件建设方面要国际化，更体现在对事物理念等软件上的国际化，这包括管理制度的国际化、思想观念的国际化，以及审视视角的国际化，奥帆赛提供了一个改善这些方面的良机。

这些方面的改善首先从奥帆赛筹办开始，到传递给对外直接投资的主体企业时有一个时滞效应。由于这种因素的存在，加之其他因素的影响，我们可以得出这样的结论：奥帆赛对青岛对外直接投资的影响短期效应并不显著，在长期内会有比较显著的影响。

（2）奥帆赛有助于青岛吸引更多外资：实际利用外资额增加最明显，2007年比2001年绝对额增加了22.07亿美元。

青岛是典型的外向型经济城市，对外经济占有重要地位。近年来，青岛市委、市政府制定积极的对外招商引资政策，大力改善影响招商引资的环境因素，最大限度地降低企业的交易成本。在此基础上，对外大力进行城市营销，提高青岛城市的竞争优势，加强与外界的联系，扩大知名度。奥帆赛在青岛的举办将极大地推动青岛在这些方面的改善，提高青岛对外资的吸引力。自筹办奥帆赛以来，青岛市利用外资规模得到了快速增长。我们列出了青岛与中国主要开放城市2001~2007年间的实际利用外资额的变化情况，具体如表8-2所示。

表8-2　青岛等四城市实际利用外资情况

单位：亿美元，%

城市\年份	2001	2002	2003	2004	2005	2006	2007	平均增长率
青岛	16.0	23.8	40.1	38.2	36.6	36.6	38.07	15.54
厦门	11.5	11.9	12.4	5.7	7.1	9.6	12.7	1.69
广州	33.3	26.5	30.6	24.8	28.4	29.2	32.9	-0.22
深圳	36.0	49.0	50.4	36.0	29.7	32.7	36.3	0.12

资料来源：经各城市相关年份统计年鉴、统计公报整理得到。

从表8-2中我们可以看出：

①青岛实际利用外资额增加最明显，2007年比2001年绝对额增加了22.07亿美元。而其他三个城市利用外资额的绝对值增加不明显，厦门同期增加1.2亿美元，深圳同期增加0.3亿美元，广州同期则减少0.4亿美元。

②从四个城市2001~2007年平均增长率来看，青岛最高，为15.54%，厦门和深圳分别为1.69%和0.12%，而广州的平均增长率为-0.22%。

③这四个城市无一例外地在2004年出现了下降，但是我们可以看出，青岛的下降幅度是最小的。2004年青岛下降4.74%，厦门下降54.03%，广州下降18.95%，深圳下降28.57%。

总之，在为奥帆赛准备的这7年间，青岛在四城市中利用外资发展迅速，无论是绝对额增加值还是平均增长率都比其他三个城市高出很多，即使剔除掉宏观环境因素的影响，我们也有充足的理由说明奥帆赛起到了积极的作用。2004年，在整体利用外资水平下降的情况下，青岛利用外资的下降幅度最小，说明奥帆赛对青岛利用外资水平的下降起到了抑制作用。因此，在利用外资上升时，奥帆赛起到了加速上升的作用；在利用外

第八章 奥帆赛对青岛城市国际化竞争力的影响

资下降时,奥帆赛对这种下降起到了阻止作用。

2. 奥帆赛对青岛外贸产生了积极影响

(1) 奥帆赛有助于促进青岛外贸规模增加,2001~2007年,年平均增长率为24.7%。

青岛外贸在2001~2007年发展迅速,表8-3给出了在此期间青岛出口贸易的变化情况。

表8-3 2001~2007年青岛市出口贸易额的变化情况

单位:万美元

年份	2001	2002	2003	2004	2005	2006	2007
金额	712024	850420	1035528	1391171	1758834	2164500	2677600

说明:不含中央、省公司。
资料来源:相关年份《青岛统计年鉴》。

从表8-3中不难看出,2007年比2001年的出口贸易额增加了1965576万美元,年均增长率为24.7%,出口贸易额增加迅速,外贸呈现加速增长趋势。

(2) 奥帆赛有助于促进青岛净出口状况进一步得到改善,2001~2007年净出口绝对额增加了806433万美元。

我们再从净出口指标来看更能说明外贸的这种趋势。我们列出了1994~2007年青岛市净出口数据,具体如表8-4所示。

表8-4 1994~2007年青岛市净出口情况

单位:万美元,%

年份	1994	1995	1996	1997	1998	1999	2000	平均增长率
净出口	93292	113772	112296	155103	169488	116955	139719	6.96
年份	2001	2002	2003	2004	2005	2006	2007	平均增长率
净出口	188267	291242	286500	349154	472126	673300	994700	31.97

说明:不含中央、省公司。
资料来源:根据相关年份《青岛统计年鉴》整理得到。

从表8-4可以看出:1994~2000年进出口的绝对额增加了46427万美元,2001~2007年净出口绝对额增加了806433万美元,后一个阶段是前一个阶的17.37倍。另外,两者的平均增长率分别为6.96%和

31.97%，两者相差 25.01 个百分点。可以看出，奥帆赛对青岛净出口有重要影响。

三 奥帆赛使青岛主体国际化取得突破性进展，实现初步国际化水平

图 8-3 是 1994~2007 年青岛主体国际化指数动态变化的图示。1994 年以来，随着城市综合实力的不断增强，青岛涌现出了海尔、海信等国际品牌，城市知名度有了一定程度的提升，但与市场国际化相比较，青岛主体国际化水平仍然偏低。直至 2003 年主体国际化水平与初步国际化标准仍然存在较大的差距，主体国际化尤其是企业国际化和政府国际化成为制约青岛国际化水平进一步提升的瓶颈。而成功申办奥帆赛所产生的巨大的宣传效应，为开放的青岛提供了一个向世界展示城市风貌的绝好机会，极大地增强了青岛的国际吸引力和国际影响力，青岛主体国际化水平借势摆脱之前的约束，在举办奥帆赛的东风中迅速提升。

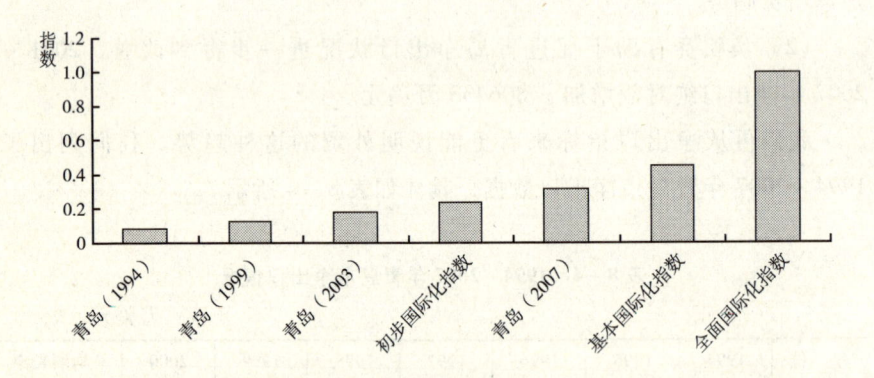

图 8-3 青岛主体国际化指数动态变化情况（1994~2007 年）

1. 奥帆赛有助于推进青岛企业国际化进程

（1）青岛投资环境得到改善。

奥帆赛不仅是城市的无形资本，而且通过基础设施和自然环境的改善、人力资源全球视角的培养、金融等服务系统的职能提升等方面与国际的接轨，可以提升青岛城市的竞争力，使得各要素在青岛的组合及运作效率大幅度提高，交易成本大幅度降低，强化了青岛作为山东半岛"极核"

―――――――第八章 奥帆赛对青岛城市国际化竞争力的影响―――――――

的地位,要素聚集效应逐渐得到体现。

(2) 青岛跨国公司入驻家数增加,2007 年数量是 2000 年的 4.97 倍。

随着青岛城市竞争力的提升,跨国公司在青岛设立分部数量明显增加,它们把青岛作为开拓中国乃至全球市场的不可分割的一部分,表 8 - 5 列出了主要年份财富 500 强企业在青岛设立的分部数量。

表 8 - 5 财富 500 强企业在青岛的分布

单位:个

年 份	1994	1999	2000	2003	2007
分部数量	33	71	77	123	164

资料来源:青岛市提供的后续资料。

由表 8 - 5 我们可以看出,2007 年财富 500 强企业在青岛的分布数量是 1994 年的 4.97 倍,是 2000 年的 2.13 倍,跨国公司在青岛呈现良好的发展势头。

财富 500 强企业在青岛投资企业数指标衡量的是青岛企业内向国际化程度,由表 8 - 5 可见,1994~2007 年,在青岛投资的财富 500 强公司投资的企业数呈现快速上升的趋势,由最初的 33 家增长到 2007 年的 160 余家,平均每年增加 10 家。这一时期是正是发达国家和地区产业调整与产业转移的重要时期,青岛通过经济开发区的建立,营造优越的投资环境,吸引了大批跨国公司企业进驻,促进了青岛企业内向国际化。在企业外向国际化方面,20 世纪 90 年代以来,青岛和海尔等品牌企业都制定了国际化战略,通过与行业巨头进行战略合作、在海外投资设厂的方式,积极开拓国际市场,在推进企业国际化的道路上迈出了一大步。企业国际化是主体国际化的重要组成部分,企业国际化带来的资金、技术与人才的全球流动将极大地推动城市整体国际化水平的提高。

2. 奥帆赛对青岛居民国际化产生了积极影响,在青岛市常住的外国人将从 2006 年的 15.6 万人增长为 22 万人

(1) 奥帆赛吸引更多常住外籍人员。

奥帆赛的举办给青岛带来巨大的商机,使得青岛的城市国际化程度不断提高,特别是伴随奥帆赛而来的投资环境和生活环境的改善以及招商引资力度的不断加大，吸引了越来越多的跨国公司地区总部、研发中心等纷纷落户青岛，伴随而来的是越来越多的外国人以及港澳台人员来青岛就业或定居，在青岛的外籍人员数量不断增加。据青岛奥帆委首次发布的《奥帆赛对青岛发展总体影响预测分析和出色奥帆赛评价标准研究（总报告）》中说："由于奥帆赛的拉动，到2008年，在青岛市常住的外国人将从2006年的15.6万人增长为22万人。"

（2）奥帆赛促进了青岛国际旅游人数大幅增加。

承办奥帆赛使青岛平添了一张崭新的城市名片，"2008年扬帆青岛"已成为青岛市旅游促销新的切入点。青岛由国内旅游热点城市向国际旅游热点城市提升的速度必将由此加快。青岛的旅游结构将进一步得到有效调整。青岛旅游将由昔日以观光为主的"老套路"，改为走出一条度假、会展、体育赛事及专项旅游综合发展、全面进步的新路子，旅游基础设施将得到全面完善。美丽的青岛将会依托奥帆赛更加吸引海外游客的目光。

在反映居民国际化程度的外国旅游人数指标上，从图8-4可以看出，1994~2003年近10年，青岛外国旅游人数呈现缓慢上升趋势，而2003年后却出现了井喷，外国旅游人数由2003年的34.1万人次，陡增到2007年的108万人次。通过调研发现，青岛申办2008奥帆赛成功是拉动旅游人数增长的首要因素。"扬帆奥运，冲浪国际"，青岛借举办奥运契机，大力推动城市营销，在将青岛推向世界的同时也让世界认识了青岛，极大地促进了城市居民与国外居民的文化交流与联系，提升了居民国际化程度。

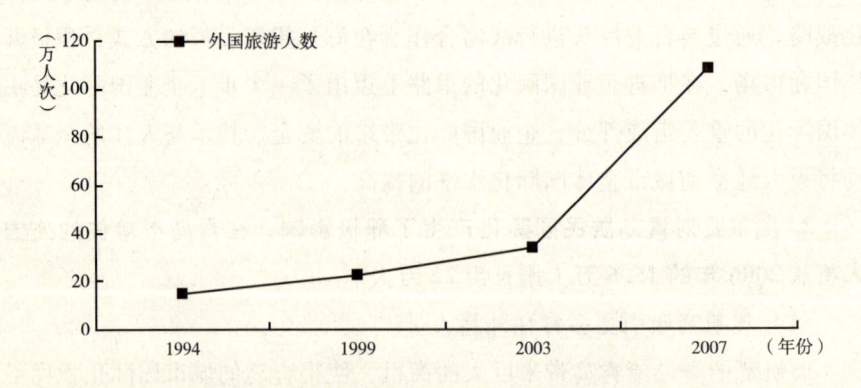

图8-4 青岛主要年份外国旅游人数指标对比

第八章 奥帆赛对青岛城市国际化竞争力的影响

此外，表8-6列出了青岛、山东以及全国1994~2000年和2001~2007年两个时间段的国际旅游人数的平均增长率，具体如表8-6所示。

表8-6 青岛国际旅游发展情况

单位：%

地区	1994~2000年平均增长率	2001~2007年平均增长率	地区	1994~2000年平均增长率	2001~2007年平均增长率
青岛	8.73	22.31	全国	11.39	6.77
山东	9.91*	20.17			

*为1995~2000年间的平均增长率。
资料来源：根据相关年份中国、山东、青岛统计年鉴以及统计公报整理得到。

由表8-6我们也可以看出，前一个时间段的平均增长率青岛比山东和全国分别低1.18和2.66个百分点，而后一个时间段青岛却比山东和全国分别高出了2.14和15.54个百分点。通过青岛与山东和全国的对比，在排除国际旅游人数的自然增长之外，我们也有理由相信这样一个事实：奥帆赛对青岛国际旅游的正向作用比较明显。

3. 奥帆赛有力促进了青岛政府国际化，2001~2008年建立9个友好城市

（1）奥帆赛有助于促进青岛建立海外友好城市。

正如上文所说，奥帆赛在青岛举办既是机遇又是挑战，是青岛向世人展示自己风采的一次绝好机会，使已经了解青岛的更加了解青岛、未了解青岛的逐渐了解青岛，使青岛与世界的联系更加紧密，为国际城市与青岛建立友好城市提供了交流平台。同时，举办奥帆赛是一项浩大的工程，对青岛是一个巨大的挑战，需要更多地与国际社会进行合作，从客观上为青岛建立友好城市提供了良机。

青岛市从1979年10月3日与日本的下关结为友好城市以来，至2008年4月1日与泰国清迈府结为友好城市为止，这30年间共与18个城市结为友好城市。其中，1979~2000年这22年间共有9个友好城市，而2001~2008年这8年时间就有9个友好城市。可以说，在为奥帆赛作准备的这8年时间，青岛与国际城市间的交流已经超过了此前22年的水平。我们不能确切地说奥帆赛对青岛建立国际友好城市的影响，但我们一定可以认为,奥帆赛定然起到了积极的作用。

(2) 奥帆赛有助于促进青岛政府虚拟联系度增加。

奥帆赛在青岛的举办一定会吸引更多世人关注青岛,主要体现之一就是互联网用户比例的增加。我们从 alexa 上可以分别得出青岛政务网与奥帆委官方网的全球互联网用户的百分比,两者分别为:0.00083% 和 0.000132%。奥帆赛对青岛政府虚拟联系度的贡献率约为 15.9%。所以,奥帆赛对青岛国际知名度的提高和国际影响力的提升起到了重要作用。

四 奥帆赛对青岛环境国际化水平影响最为显著

图 8-5 是 1994~2007 年青岛环境国际化指数动态变化的图示。仔细观察不难发现,在 2003 年之前,青岛环境国际化基本处于稳步推进的阶段,而 2003~2007 年,青岛环境国际化指数陡然提升,由 0.4 上升到接近 0.6 的水平,这与筹办奥帆赛所带来的交通运输基础设施及信息基础设施的改善,对外开放力度的进一步加大,以及居民素质的提高,城市文明程度和城市形象的提升是密切相关的,而这也使得青岛环境国际化在迅速实现初步国际化水平之后,开始向基本国际化水平迈进,为城市国际化水平的进一步提升奠定了坚实的基础。

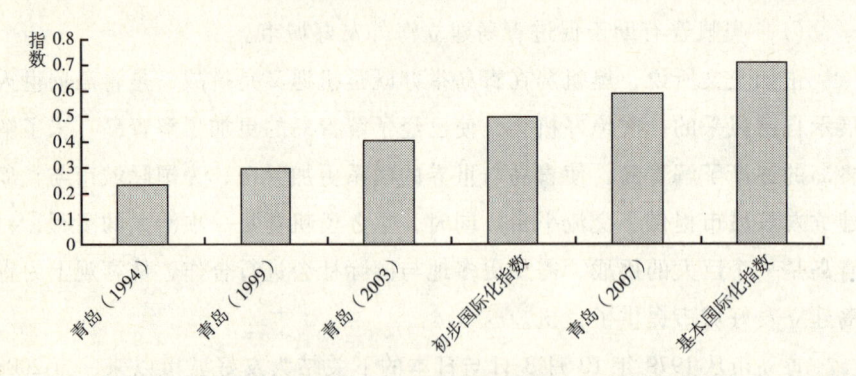

图 8-5 青岛环境国际化指数动态变化图 (1994~2007 年)

1. 举办奥帆赛期间,机场航线数是原来的 1.8 倍,航班数是原来的 2.52 倍;港口航线数是原来的 2 倍;互联网用户数是原来的 2.72 倍,移动电话用户数是原来的 4.14 倍

作为 2008 年北京奥运会帆船比赛的东道主,青岛届时将举行单独的

第八章 奥帆赛对青岛城市国际化竞争力的影响

开幕式和闭幕式,将会有来自65个国家和地区的400多名运动员和800多名国际奥委会和国际帆联的官员以及裁判员、工作人员等参加这次奥帆盛会,同时会吸引数量可观的来自世界各国的观众观看比赛。这样大规模的国际性比赛对青岛的设施建设提出了国际化的要求,尤其是机场、港口以及信息化的国际化建设。表8-7列出了2001~2007年间青岛机场、港口以及信息化建设方面的变化情况。

表8-7 青岛国交通通信设施国际化情况

类别 年份	机场		港口	信息化	
	航线数 (条)	航班数 (架次)	航线数 (条)	互联网用户数 (万户)	移动电话用户数 (万户)
2001	51	32545*	66*	45.4**	141.41
2007	92	82112	132	123.5	585.21

* 为2000年数据,** 为2002年数据。
资料来源:相关年份《青岛统计年鉴》、政府公报等。

图8-6、图8-7是反映基础设施国际化程度的四个指标。便捷的交通网络是国际城市的重要特征,是否拥有国际性大型机场是判定城市国际化程度的一个重要指标。青岛近年来加强了机场建设,并与德国法兰克福机场达成了合作意向,图8-6数据显示,青岛机场航班起落架次由1994年每年不足1万架次增加到2007年的8万架次,取得了较大的成就,但离国际城市的要求还有不小的距离,难以满足物流、客流的日益增长的需要。在信息化基础设施建设方面,由图8-7可以看出,1994年至今,青

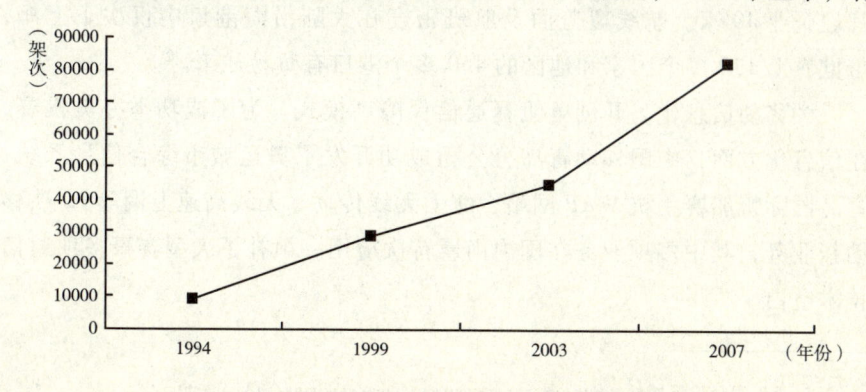

图8-6 青岛主要年份机场航班起落架次指标对比

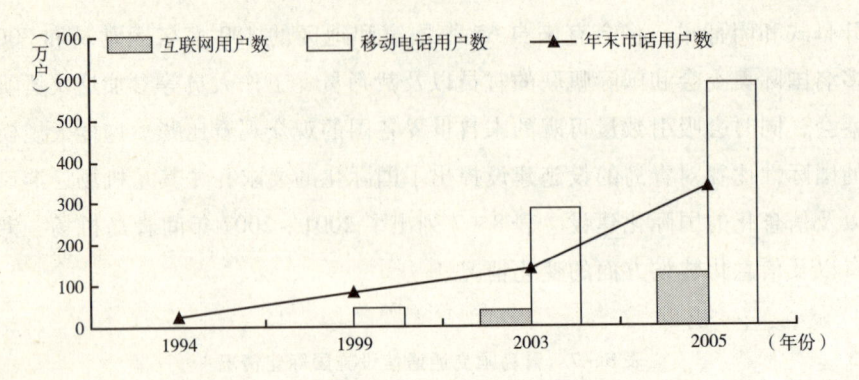

图 8-7　青岛主要年份信息化基础设施指标对比

岛信息化建设效果显著，基本达到了初级国际化城市的标准。

这些硬性指标背后所涵盖的内容更值得我们回味。

①青岛机场基本形成了"沟通南北、辐射西部、连接日韩、面向世界"的开放型航线布局。为国航、东航、南航、山航、厦航、海航及日航、全日空、大韩、韩亚、UPS 等 30 家国内外航空公司代理地面保障服务业务。近年来获得的主要奖项是："青岛市 2005 年度应急救援演练先进集体"、"2006 青岛国际帆船赛突出贡献单位奖"等荣誉称号。①

②青岛港口的发展走的是一条开放性的道路。继 2003 年青岛港集团与丹麦马士基、英国铁行、中远集团实行强强联合，共同打造世界一流的集装箱码头之后，又先后有香港招商局、迪拜国际、泛亚集团、海丰集团、鲁能集团等国内外和地区的知名企业投资建设港口。目前，青岛拥有外国航运企业驻青代表机构 62 家，国际船舶代理企业 116 家，国际船舶管理企业 40 家。航线覆盖面及航班密度在大陆沿海港口中仅次于上海，与世界上 130 多个国家和地区的 450 多个港口有贸易往来。②

③移动信息化，开创奥帆赛通信保障新模式。为了成功举办奥帆赛，在信息化方面，中国移动青岛分公司成功开发了奥运城市综合信息系统、青岛国际帆船赛手机 WAP 网站、海上无线传真、无线高速上网等 12 项移动新业务，其中多项业务在国内尚属首次应用，填补了大型赛事多项通信技术空白。

---

① 青岛国际机场网站：http://www.qdairport.com/gaikuang/gaikuang.htm。
② 青岛市港航局座谈会时提供的资料。

2. 奥帆赛对青岛文化国际化产生了有利影响

（1）青岛文化辐射效应增强。

由于文化产业固有的特性，奥帆赛对其辐射效应才刚刚开始。随着奥帆赛的临近，青岛不仅将向世人展示文化产业大餐，更会在奥帆赛后成为青岛文化国际化的有力推动因素。北京奥运会的举办是东、西方文化相互交融的一次盛会，不同的文化在这里汇集、交流并相互取长补短。

（2）青岛文化市场国际竞争力增强。

文化产业的国际化发展，离不开成熟的国际市场运作方式。文化竞争力的提升需要强大的文化传播力和文化营销力。无论是把外国消费者、文化机构和外国资本"引进来"，还是我国文化产品、文化机构"走出去"，都需要借助国际市场运作方式。这就需要国际化的融资机制、清晰的市场定位、良好的商业计划、可靠的运作流程、有效的执行团队。在这方面，中国文化产业存在很大差距。因此，要以奥帆赛为契机，以更加自信和宽容的姿态，把竞争性的文化产业和文化机构推向市场，把世界顶级的文化企业、庞大的国际资本和优秀的运作人才引进来，在国际竞争中培育市场通道和运作国际市场能力。

第四部分

青岛提升国际竞争力战略构想："拥湾环海"战略

第九章
青岛市"拥湾环海"战略综述

青岛发展的"拥湾环海"战略构想，是在综合分析青岛城市国际竞争力、青岛国际化程度、奥帆赛对青岛各方面影响、吸纳借鉴世界先进城市发展规律和经验的基础上，根据青岛发展总体战略和青岛建设蓝色经济区等实际情况提出的。"拥湾环海"是从空间概念的角度出发对青岛未来可持续发展提出的综合战略构想，"拥湾环海"构想是一个伟大的创意，是一个具有多重含义的综合发展战略，是青岛未来发展的核心战略和先导战略。不仅是提升青岛国际城市竞争力的未来发展的空间格局设想，而且还是提升青岛国际城市竞争力的发展目标与手段的高度概括，是青岛提升国际城市竞争力的重要思想和行动指南。

一 "拥湾环海"战略的基本含义

"拥湾环海"战略的含义：通过内拥湾、外环海，即"环湾保护、拥湾发展，环海竞合、依海崛起"，提振内部环境、便捷国际联络，利用内外两个资源、服务内外两个市场，并使之与促共进，将青岛建成黄海区域（山东半岛、内地和韩国西海岸）的龙头和国际一流的制造、会展、休闲名城。

"拥湾环海"战略的空间范围：拥胶州湾、环大黄海和五大洋，是青岛立足于自然生态状况、资源和能源保障情况、环境容量、现有开发力度、经济结构特征、人口集聚状况、区位和地缘特征、国际化程度等经济、社会全面因素的综合发展战略。拥湾环海战略又可分解成为"拥湾战略"和"环海战略"。

——"拥湾战略"是指以胶州湾为青岛"内湖",秉承"环湾保护,拥湾发展"的原则,按照"依托主城、拥湾发展、组团布局、轴线辐射"的战略思路,构筑"一主三辅多组团"的大城市框架,实现青岛的科学、集约、紧凑发展。

——"环海战略"是指以环大黄海为核心范围,面向全球,坚持"环海竞合、依海崛起"的战略指导原则,按照"接触高远、联动中近、带动低近、辐射低远"的战略思路,以温哥华、日内瓦、西雅图三大城市为标杆,以北京、上海、首尔三大城市为支点,带动山东半岛和内地、朝鲜半岛西岸,辐射全球中低端市场,依托大黄海,面向全世界,与全球城市和区域进行多层次分工合作,将青岛建设成为黄海区域(西太平洋的边缘海,北面和西面濒中国大陆,东接朝鲜半岛。这里不包含上海,主要指山东半岛、沿黄海城市及内地城市、朝鲜半岛西海岸)的龙头城市和集一流制造、多彩会展、滨海休闲于一体的国际化城市。

"拥湾战略"是内因性的战略思路,关注青岛的空间规划、产业布局、功能区域划分、半岛经济的龙头带动作用。是以全面、和谐、可持续的眼光通盘考虑城市空间的发展规划,全面规划了青岛未来的发展模式,是辩证把握青岛城市发展内因的科学结论。"环海战略"是外因性的战略思路,着眼于青岛发展的对外合作,以环大黄海的北京、上海、首尔三大城市为支点,面向全球,跳出青岛和半岛都市群,充分考虑青岛的外向发展和合作空间,是青岛城市发展充分发挥外因作用的必然选择,更是青岛改革开放政策的深化和提升。

"拥湾"和"环海"是相互促进的。"拥湾"是青岛全新发展模式的基础,"环海"是青岛实现跨越发展的基石。只有更好地实施"拥湾"战略,才能为青岛"环海"战略的实施提供空间承载、产业规划等方面的内在基础。同样,只有更加坚决地坚持"环海"战略,才能充分利用外部力量实现更高水平的"拥湾"。"拥湾环海"战略是一体而不可分割的青岛整体发展战略,在重大战略举措方面"拥湾"和"环海"不可偏颇。

通过"拥湾环海"战略的实施,青岛将充分利用区位优势和产业势差,发挥市场共享、功能错位、要素互补的经济互补作用,增强区域性中心城市的能级和辐射带动能力，更好地发挥在山东省"一体两翼"和海洋经济战略格局中的龙头带动作用，同时在新一轮的经济发展过程中，建立青岛跨越发展的"环海"新平台，最终在山东半岛、沿黄流域、环大黄海乃至全球等更广阔区域带动建立起资源共享、产业互动、错位增长、一体化发展的合作共赢新格局，实现青岛集约、科学、紧凑、平衡、可持续的全新发展模式，促进青岛在新起点上实现更好更快发展。

二 拥湾战略的基本内涵

"环湾保护，拥湾发展"战略以依托主城、内涵式发展的全新视角审视城市空间未来发展，体现了城市科学、集约、紧凑发展的必然要求，是集青岛产业和社会发展、环境保护、生态建设、改善民生于一体的综合规划战略。

"环湾保护，拥湾发展"战略，涵盖了依托主城、环湾保护、拥湾发展、组团布局、轴向辐射、重点突破、构建"一主三辅多组团"的城市框架等丰富的新思维和新内容。青岛的城市发展将通过"组团"展开，向海湾型城市形态跨越，在更大空间中分配产业、人口，实行"梯次转移"，通过立体交通体系把工业及众多产业向周边疏解、分散，形成符合持续发展要求的空间布局。该战略的实施有利于青岛进一步完善城市功能、消除城区南北差距，全面提升城市竞争力，借鉴国际湾区发展经验，必将为青岛在未来的发展奠定坚实的基础，为青岛经济发展开拓新的战略空间。

"依托主城"的城市框架：即一个主城区，包括市南区、市北区、四方区、李沧区，主体功能为市行政、文化、科教、金融、信息中心；三个辅城区，一是黄岛区，二是胶州湾北部区域，即城阳区，三是崂山区。

"拥湾发展"的梯次结构和圈层发展：环胶州湾地区是青岛的中心城区，是青岛综合竞争力的集中体现区域。在实施"环湾保护，拥湾发展"的战略过程中，依托环胶州湾地区为核心层，积极辐射和带动外围区域，构建以环胶州湾地区为核心的产业布局体系，促进区域合理分工和有机协作。构建拥湾发展的"三个圈层"，即以胶州湾为依托，以主城区和黄岛区、崂山区、胶州湾北岸三个辅城为支撑,把环胶州湾地区打造成城市核心圈层;以即墨、胶州、胶南为内圈层,以莱西、平度及邻近的海阳、莱阳、高密、诸城为外圈层,内外圈层协调互动,形成梯次产业结构,充分发挥辐射带动作用。

"环湾保护"的前提:确立生态优先的原则,按照循环经济理论,研究胶州湾的整体环境容量,科学确定环湾地区的城市发展规模;制定区域环境政策,进行生态环境空间管制分区,建立产业发展的环境管制体系;制定区域的产业引入标准,提高产业准入门槛,形成以高科技产业为主导、以循环经济为特色的生态型工业体系;建立发展与保护的良性互动,协调经济发展与自然文化遗产保护的关系;平衡地区发展与保护的矛盾,建立区域补偿机制,使得禁止开发与限制开发地区能够分享发展的成果。"环湾保护"是青岛尊重自然、保护生态、循环可持续的全新城市发展模式的基本前提。

"组团布局"的发展模式:充分考虑各区域自然资源和能源的保障状况,按照各区位特征、环境容量、现有开发力度、经济结构特征、人口聚集状况、参与国际分工的程度等划分组团功能区。重点建设老城区、黄岛、红岛、崂山的中心城区和胶南、胶州、即墨城区以及外围的平度、莱阳次中心城区,科学规划建设滨海沿线的琅琊、鳌山、田横等滨海组团,合理引导城镇组团有序发展。按照"分工协作、有机联动、错位发展、优势互补"的原则,依据各组团自身的自然资源特点、历史文化内涵、产业基础优势和发展状况,明确各组团的开发建设主题。充分依靠各组团自身的特色形成对不同资源、产业更强的集聚效应。

"轴向辐射"的空间布局:以中心城区为核心,沿三条区域城镇发展轴向辐射带动,实现区域协调发展,形成由中心城市向外轴辐射拉动,实现区域协调发展,形成由中心城区向外轴向辐射、点轴分布的网络状城镇空间布局结构。"三条轴线"即依托济青高速、胶济铁路,形成中心城区—胶州—平度—济南发展轴,重点发展胶州市、平度市,并与半岛城市群的潍坊、淄博、济南相协调。依托蓝烟铁路、青威高速、烟青一级公路,形成中心城区—即墨—莱西—烟威发展轴,重点发展即墨市、莱西市,并与半岛城市群的烟台、威海市相协调。依托同三高速、204国道,形成中心城区—胶南—日照发展轴,重点发展胶南市,并与半岛城市群的

———————— 第九章 青岛市"拥湾环海"战略综述 ————————

日照市相协调。依靠三条轴向辐射,连接起重点区域、重点城镇,沿线安排数个功能沿海经济带,以产业集聚、人口集中为着力点带动重点小城镇迅速壮大。

"重点突破"的发展策略:立足于青岛的基础条件和未来发展要求,率先加快环胶州湾区域发展。通过提升产业载体和功能,合理规划发展布局,打造拥湾发展的核心圈层,是加快推进"环湾保护、拥湾发展"战略的基础条件和关键环节,必须作为当前和今后一个时期的重大战略任务,先行加快推进,努力开创现代化国际城市建设的新局面。

"环湾保护、拥湾发展"着眼于青岛区域竞争能力的进一步提升,着眼于"龙头城市"作用的进一步发挥,将青岛置于一个更大的空间发展背景下,一个更能突出青岛发展优势、更能发挥主导辐射作用的背景下。致力于挖掘青岛沿海城市的固有特质,努力营造更具发展潜力的环湾城市形态,使青岛拥有一个更清晰、具有更可期待前景的战略定位(见图9-1)。

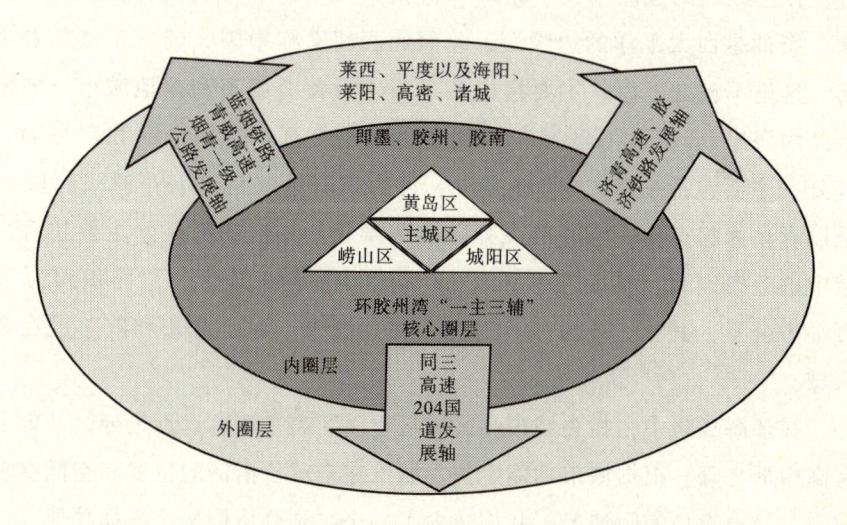

图9-1 青岛市拥湾战略"一主三辅、三圈层、三轴向"图示

三 环海战略的基本内涵

1. 环海战略的基本表述

"环海战略"是课题组根据对青岛国际竞争力和国际化程度全面分析

后，在吸纳借鉴世界先进城市发展规律和经验的基础上，为提升青岛国际竞争力而量身定做的。"环海战略"将和"拥湾战略"一起，互为支撑，促进青岛实现跨越式发展，确立在黄海区域的核心地位。

"环海战略"指的是按照"接触高远，联动中近，带动低近，辐射低远"的发展思路，坚持"环海竞合、依海崛起"的战略指导原则，以青岛为圆心，以温哥华、日内瓦、西雅图三大城市为标杆，以首尔、上海、北京三大城市为支点，带动山东半岛和内地、朝鲜半岛西岸，辐射全球中低端市场；依托环大黄海，面向全世界，与全球高中低端的城市和区域进行多层次的分工与合作，将青岛建成黄海区域的中心和龙头，国际一流的制造、会展和休闲城市。

2. 环海战略的空间范围界定

环海战略是一个外向战略，主要是指青岛如何与外界城市和区域进行合作。在环海战略中，"环海"特指环大黄海和环五大洋。"黄海区域"指的是西太平洋的边缘海，北面和西面濒临中国大陆，东接朝鲜半岛。这里不包含上海，主要指山东半岛、沿黄海城市和内地城市、朝鲜半岛西海岸。"大黄海区域"指的是黄海的全部、渤海全部和东海的一部分（主要包括上海）。具体来说，环大黄海也就是"一小时飞行圈"，是以青岛为起点，一小时的飞行距离为半径，形成的圈层。主要包含区域中国上海以北、整个京津塘地区、朝鲜半岛西部地区，总面积约为95万平方公里。其中，环海战略的三大支点城市上海、北京和首尔就在该区域。

在环海战略中，相关城市和区域从空间距离来说有远近之分，功能上有高中低之分。根据城市功能定位、城市在全球价值链的位置和空间交易成本，结合青岛实际情况，我们建立了一个二维分析框架，根据功能高低和距离远近，将青岛国际空间战略格局形成二维矩阵、五个板块。① 如图9-2所示。

"低，近"指的是黄海区域，也就是山东半岛、沿黄海城市和内地城

---

① "中，远"指的是离青岛空间距离较远，发展水平与青岛相近的城市和区域。由于和青岛发展的意义不是很大，在这里不予展开讨论。只讲青岛国际空间格局分为五大块。

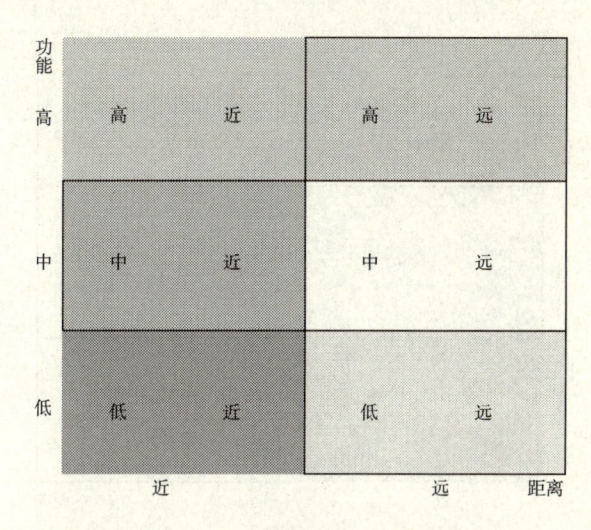

图 9-2 环海战略城市距离、功能二维矩阵

市、韩国和朝鲜西海岸地区。在这个区域，离青岛空间距离近，大多数城市相对青岛来说，城市创造财富能力较低。

"低，远"指的是离青岛空间距离较远的全球中低端区域或市场，比如非洲地区、发展中国家等。

"中，近"指的是大黄海区域中，比青岛价值链层次高的城市，也就是上海、北京和首尔，这也是环海战略的三大支点城市。

"高，近"指的是东北亚地区内世界级的大都市，也就是东京。

"高，远"指的是距离青岛空间距离较远，全世界著名的国际城市和区域，包括青岛的标杆城市温哥华、日内瓦和西雅图，也有纽约、旧金山、伦敦著名城市，还有和青岛有历史渊源的区域，如德国的发达城市和区域。

3. 环海战略的发展思路阐释

依据环海战略的空间范围界定，结合青岛发展的现实基础和约束条件，将青岛国际空间战略格局划分为五大层次，进一步明晰了青岛进行国际战略区域拓展的空间，找到国际拓展的重点和着力点，明确了"接触高远、联动中近、带动低近、辐射低远"的战略发展思路（见图 9-3）。

（1）"接触高远"战略思路含义：在青岛国际空间格局的六大板块中，（高，近）和（高，远）都属于全球著名的国际大都市，这些城市都

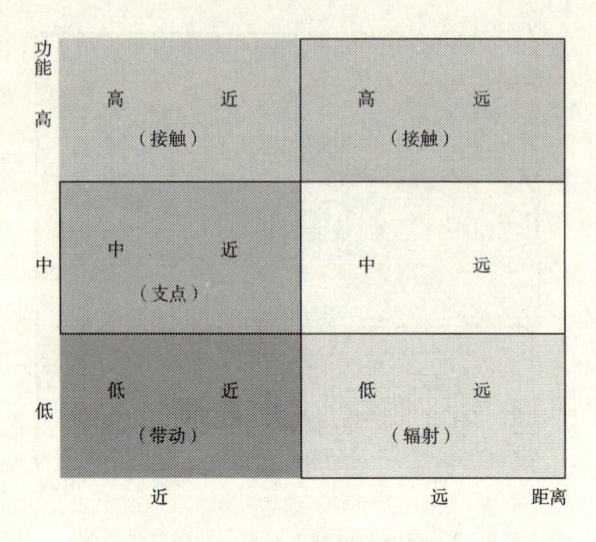

图 9-3 环海战略发展思路

是青岛需要学习的对象，（高，近）代表的城市就是东京，相对（高，远）所代表的青岛三大标杆城市和国际先进城市来说，对青岛来说意义不是非常重要，因而"接触高远"是环海战略的第一个发展思路。"接触高远"的核心就是树立温哥华、日内瓦、西雅图三大城市标杆，温哥华的宜居休闲、日内瓦的会展、西雅图的制造对于青岛的借鉴意义非常大，也是青岛城市功能定位的重点学习对象。同时，与全球发达城市有选择地进行重点领域的合作，对于促进青岛的城市发展、经济发展和国际竞争力的提升都有重要的意义。

（2）"联动中近"战略思路含义：（中，近）代表的是北京、上海、首尔三大城市，是环海战略的支点。在前文的城市竞争力比较分析中，三大城市在服务业尤其是金融业、高科技产业上的既有规模、资源要素、政府支持上都在各自国内领先，在世界范围内也有着很强的竞争力，产业结构上与青岛有非常好的合作空间，在中高端制造业、会展休闲、现代服务业等产业领域合作机会巨大。东北亚合作的发展大势为青岛和首尔的"联动"带来了可能，奥帆赛的成功举办带来了和北京充分合作的历史机遇，青岛市政府和上海市政府间的信任为两者之间的合作打开了广阔的空间。青岛应该充分利用区位优势，"联动中近"以北京、上海、首尔作为支点，实现双边互动，大胆创新制度及机制，在政府管理制度、市场制度等方面进行改善，和北京、上海、首尔实现制度上的无障碍接洽，积极引导各方力量与三大城市紧密合作，将青岛打造成为三大城市的功能分担中心和重要战略合作伙伴。"联动中近"的战略发展思路和三大支点城市是环海战略的核心内容，是青岛实现"环海竞合、依海崛起"战略目标和实现跨越发展的关键。

（3）"带动低近"战略思路含义：距离青岛比较近的黄海区域的大多数低端城市，城市创造财富能力较低，青岛要充分发挥在山东半岛、黄海区域的龙头作用，利用产业势差，形成合理的产业分工体系，发挥在黄海区域的高端集成和带动作用，带动周边低端城市和地区的发展。充分利用低近城市资源，发挥青岛优势，与低进城市形成合力，资源共享、共同发展。

（4）"辐射低远"战略思路含义：与青岛距离较远的低端城市和区域，青岛应当以国际化城市的战略眼光进行充分辐射。通过大企业、大品牌、大项目的带动，充分将产品、人才、技术输出到低远区域，将全球范围内的"低远"区域作为青岛市重要的输出市场，充分开拓青岛的战略发展空间，扩大青岛的产业市场，做大青岛的产业市场蛋糕，更有效地促进青岛又好又快发展。

对于（中，远）来说，城市发展水平、功能定位、产业结构与青岛相仿，空间距离较远、交易成本较高，相对来说，青岛与之合作价值不是很明显，战略意义较小，暂不予分析。

最后，通过"联动中近，带动低近"的战略发展思路，形成三大支点城市和带动周边低端城市的格局，战略空间上形成了环大黄海发展腹地；"接触高远，辐射低远"的战略发展思路，形成全球高端城市标杆学习和低端城市区域充分辐射的战略格局，在战略空间上面向全球，打开青岛的发展思路。环海战略的发展思路最终形成"依托环大黄海，面向全球"的战略空间格局。

四 "拥湾环海"战略路径关系阐释

1. 拥湾和环海的关系

如前文所述，拥湾环海战略是青岛未来发展的核心战略和先导战略，不仅是提升青岛国际城市竞争力的未来发展的空间格局设想，而且还是提升青岛国际城市竞争力的发展目标与手段的高度概括，是青岛提升国际城市竞争力的重要思想和行动指南。"环湾保护、拥湾发展"，按照"依托主城、拥湾发展、组团布局、轴线辐射"的战略思路，构筑"一主三辅多组团"的大城市框架，将有利于增强青岛作为区域性中心城市的能级和辐射带动能力，更好地发挥在全省"一体两翼"和海洋经济战略格局中的龙头带动作用；"环海竞合、依海崛起"，以青岛为圆心，以温哥华、日内瓦、西雅图三大城市为标杆，以首尔、上海、北京三大城市为支点，带动山东半岛和内地、朝鲜半岛西岸，辐射全球中低端市场，依托环大黄海，面向全世界，在全球范围内建立起对外开放和发展新格局，实现青岛的跨越式发展。

正确认识"拥湾"和"环海"两者之间的关系，关系到青岛实现科学、集约、紧凑、快速的发展模式，关系到青岛提升国际竞争力的大局，关系到青岛发展愿景实现和产业布局调整，更关系到青岛实现又好又快发展的根本大局。

（1）从青岛新时期的发展格局来看，可以说"拥湾"是青岛发展的内因，"环海"是青岛发展的外因。

内因与外因即事物发展变化的内部原因和外部原因。内因指事物内部诸要素之间的对立统一，也就是内部矛盾。某事物与其他事物的对立统一，则是外部矛盾，即外因。内因和外因在事物的发展中是同时存在、缺一不可的，但二者的地位和作用不同。内因是事物存在的基础，是一事物区别于他事物的内在本质，是事物运动的源泉和动力，它规定着事物运动和发展的基本趋势。拥湾战略充分把握了现阶段和外来青岛发展的内部矛盾，以提高城市竞争力、承载能力、国际竞争力为出发点，立足于青岛产业和经济发展、生态环境、民生建设、文化事业等多角度，将按照自然、生态状况、资源和能源保障情况、区位特征、环境容量、现有开发力度、经济结构特征、人口集聚状况、地缘特征、参与国际分工的程度进行青岛的功能区划分，是青岛城市发展战略的全面突破和城市发展理念的跃迁。"拥湾战略"是以全面、和谐、可持续的眼光通盘考虑城市空间的发展规划，全面规划了青岛未来的发展模式，是青岛未来发展的决定性基础，是辩证把握青岛城市发展内因的科学结论。

外因是事物存在和发展的外部条件,它通过内因而作用于事物的存在和发展,加速或延缓事物的发展进程,但不能改变事物的根本性质和发展的基本方向。所以,内因是第一位的原因,外因是第二位的原因。从"拥湾环海"战略的内涵来看,"环海"正是青岛发展的外因。在处理青岛又好又快发展大局的问题中,既要看到"拥湾"内因的重要作用,同时也不可忽视"环海"外因的作用。在坚持"内因论"的前提下,不忽视外因的作用。"环海战略"立足于环大黄海主体城市和先进城市,跳出青岛和半岛都市群,充分考虑青岛的外向发展和合作空间,是青岛城市发展充分发挥外因作用的必然选择,更是青岛改革开发政策的深化和提升。

(2)拥湾战略发挥青岛在山东"一体两翼"的龙头带动作用;环海战略着眼于国际化,借力先进城市,实现经济互补、跨越发展。

拥湾战略要充分发挥青岛的龙头辐射作用,实现半岛协动。作为在半岛城市群中的龙头城市,青岛的发展必须有准确的城市定位和明确的发展方向。半岛城市群在全省战略布局中起到了至关重要的作用,青岛又是其中的核心力量。半岛城市群要建设成以青岛为中心、为龙头,建设优势互补、联动发展、带动辐射的半岛经济圈。对于青岛来说,在现有经济发展基础上,又好又快地发展自己,聚集产业核心、技术核心和发展高新技术产业,保持巩固综合经济实力的领先地位。同时,积极发挥青岛中心城市功能,向半岛城市群提供金融和信息服务、贸易和旅游汇聚等中心城市主导功能。

青岛将积极推进半岛城市群一体化发展,以大型和重点企业为切入点,加快青岛工业在半岛内的梯次转移,分散传统产业和低级产业链,促进半岛的工业化进程。各个城市的经济结构不能雷同,产业结构应呈梯次分布,青岛要担当起中心城市的龙头作用。同时,按照"政府主导、市场运作、优势互补、分工合作、利益共享"的原则,实施半岛联动国际化战略,综合协调半岛地区的产业和保护,实现基础设施配置共享,构建半岛城市群协调机制,实现半岛城市群内"设施共建、产业共兴、资源共享、生态共保、人才共用、城市共荣"的目标。

环海战略要求青岛坚持国际视野,实现跨越发展。坚持世界一流标准,把握未来发展趋势。青岛作为中国沿海的重要城市,是中国改革开放尤其是北方地区的先行城市。在中国城市化进程中,处于较高的阶段,是中国城市发展的一面旗帜。要想继续保持这种优势,青岛必须具备国际化视野，跳出全球看青岛。加强对世界先进城市的学习，这些城市的发展经验和战略，将给青岛的发展提供宝贵的经验，"环海"就是要在更大的空间范围和经济格局中审视青岛的战略发展。同时，青岛要坚持世界一流标准，遵循全球经济发展规律，顺势而为。只有这样，青岛产业体系才能进一步升级，处于全球价值链的高端，汇集全球人才和资源，成为环大黄海区域重要城市。

青岛要想实现成为世界重要城市的目标，必须参与全球分工，秉承"接触高远、联动中近、带动低近、辐射低远"的战略发展思路，在新一轮全球产业转移中，做好承接工作，推动现代服务业的发展。同时，在新的发展要求下，根据自身的地理优势、产业特点、资金和人才的积累，扬长避短，构建竞争优势，借力先进城市，提高自身的国际竞争力，构建核心优势，提升产业环节和层次，提升城市功能和全球体系中的地位，为青岛的赶超奠定良好的基础。

（3）拥湾是基础，环海是跨越，两者是互相促进、互为动力的。"拥湾"是青岛城市空间布局和社会经济发展的基础和落脚点，是"环海"的基础，而"环海"是"拥湾"的标准和着力点。

拥湾战略是青岛改革开放的结果，环海战略是青岛改革开放的进一步深化和指导战略、行动指南。进一步的对外开放和加快发展，借力先进城市、加强互补合作、带动周边城市、辐射低远城市必然要求通盘考虑青岛的空间布局和功能区域划分，充分考虑青岛的可承载能力和可持续发展。要实现更好的环海跨越、提升青岛的国际竞争力，拥湾战略是基础。要实现"环海"战略，必须更好地"拥湾"。

同时，拥湾战略又离不开环海战略的实施。实施拥湾发展战略，是个要求高、投入大、周期长的过程，单凭自身的力量远远不够，必须通过扩大开放在规划、融资、开发等方面与国内外有关机构和客商合作，使外部优势力量为我所用、实现互补。在未来青岛的发展过程中，产业升级和工业基地建设、生态旅游建设、交通发展等方方面面都离不开环海战略的实施。青岛要更好地拥湾发展，必须坚持"环海"战略。

2. 拥湾战略的作用

"拥湾战略"是辩证把握青岛城市发展内因的科学结论，是青岛发挥半岛龙头辐射作用的核心，是青岛提升国际竞争力、实现跨越发展的基础，"环湾保护、拥湾发展"对青岛市的发展意义重大（具体内容将在后文阐述）。

加快推进"环湾保护、拥湾发展"战略，更是贯彻落实科学发展观的具体体现；

"环湾保护、拥湾发展"战略，是青岛拓展发展空间，提高城市承载力的现实需要；

"环湾保护、拥湾发展"战略，是青岛市加快产业结构调整，改变增长模式的必然路径；

"环湾保护、拥湾发展"战略，是加快建设区域性中心城市的战略选择；

"环湾保护、拥湾发展"战略，突出了对胶州湾实施生态保护的重大历史和现实意义；

"环湾保护、拥湾发展"战略的确立，为打造国际知名的生态新城、融入国家可持续发展战略创造了条件。

"环湾保护、拥湾发展"战略是提高青岛国际竞争力的重大举措。拥湾战略的实施将推动青岛实现产业结构优化和产业升级、提升硬件环境和软件环境、建设生态文明城市、汇聚人才技术和资本，从而大力提升青岛的国际竞争力，促进青岛又好又快地发展。

3. 环海战略的作用

"环海战略"立足于环大黄海主体城市和先进城市，跳出青岛和半岛都市群，充分考虑青岛的外向发展和合作空间，是青岛城市发展充分发挥外因作用的必然选择，更是青岛改革开发政策的深化和提升。环海战略的实施将对青岛国际竞争力的提升起到关键作用（具体内容在后文阐释）。

总体来说，"环海战略"是青岛国际化道路的核心战略，开阔了青岛发展的新视野，创造了青岛发展的新机遇。"环海战略"是青岛后奥运时代发挥奥运影响力、利用奥运资源的必然选择，是青岛产业升级、国际化跨越发展、带动区域发展、提升国际竞争力的重要助推器。

五 青岛市战略发展愿景

1. 青岛发展愿景概述

城市发展愿景即城市所向往的前景，是城市居民愿意长久为之奋斗并希望达到的远景，是城市中长期发展要达到的目标和规划，是一个城市发展的规划蓝图。城市愿景是城市战略目标指向的最高层次，城市发展战略目标可以看做城市愿景的分解。愿景是城市发展的阶段性理想，是城市在自身发展过程中的一种体现，愿景回答"青岛要到哪里去？"、"青岛未来是什么样的？"、"目标是什么？"等核心问题，是青岛全方位的中长期远景目标。城市愿景随着青岛的发展需要进行调整，不停地引导城市发展。

21世纪初，随着加入WTO和世界经济一体化进程的加快，中国东部沿海地区的经济社会进入了社会主义现代化建设的新时期，城市之间的竞争将更加激烈。拥有着天时、地利和人和巨大优势的青岛，应紧紧抓住这一难得的有利时机，抢占战略发展要地，借力强市发展自我，构造良好的外部环境，为青岛的发展开辟一个广阔的空间，最终实现跳跃式发展，提升青岛的国际竞争力。基于对青岛国际竞争力的分析，综合把握中国和世界经济的发展趋势，充分借鉴先进城市的发展经验，青岛的发展愿景表述如下。

通过"拥湾环海"战略的实施，努力把青岛建设成为黄海区域龙头城市和环大黄海中心城市，并通过20年或更长时间的不懈努力，将青岛建设成为经济发达、产业高级、社会和谐、人海共赢、多元友好、朝气聪慧、带动国内、服务国际的集一流制造、多彩会展、滨海休闲于一体的国际化知名城市。

届时，青岛将成为黄海区域龙头城市和环大黄海中心城市，集一流制造、多彩会展、滨海休闲于一体的国际化知名城市，实现"一个区域龙头、三个国际名城"的城市功能定位；拥有道路网、轨道网和重要交通枢纽为核心的一体化便利城市交通网络，城市空间布局和生态保护相得益彰，具备高承载力和较强的可持续发展能力；在社会公共服务方面，青岛将建立高标准、高质量的国民教育体系、覆盖全体市民的高效率医疗体系、满足人民群众的精神文化和健康需求文化体育事业、安全稳定的社会环境，并不断提升公共服务效率，达成"和谐青岛"的最高目标。最终青岛成为拥有现代化经济岸线、生活岸线、生态岸线的独具特色的海滨城市，成为经济发达、社会和谐、生态优美并具备较强国际竞争力的"魅力青岛"。

2. 青岛的城市功能定位

通过对青岛城市资源要素、产业活动、现有功能定位以及竞争力的现状综合分析，制定青岛发展的拥湾环海战略，并明确提出了青岛的发展愿景。在此战略和愿景指引下，青岛的城市功能定位将聚焦于"一个区域龙头，三个国际名城"。"一个区域龙头"具体是指成为黄海区域的航运中心、物流中心、以金融业为核心的现代服务业区域中心、海洋科研中心；"三个名城"是指青岛将成为国际一流的制造、会展和休闲名城。制造名城，就是将青岛打造成中高端制造业中心、高新技术产业制造和研发中心；会展名城，就是将青岛打造成为国际会展和商务中心；休闲名城，具体是指将青岛建设成为集生态观光和历史文化名城于一体的休闲度假滨海名城。总体来说，就是将青岛建设成为经济规模大、发展速度快、经济效益好、发展质量高、实力雄厚、生态优美的国际重要城市。

(1) 一个区域龙头。立足于黄海区域，青岛要成为该区域的经济龙头。具体来说，将成为黄海区域航运中心、区域性物流中心、以金融业为核心的现代服务业区域中心、海洋科研中心。

①航运中心。通过提高青岛港口吞吐量、集装箱吞吐量和空港吞吐能力，优化青岛铁路和公路运输能力，大力提升青岛水、陆、空集散运输能力，合理分配航运能力、优化运输网络布局，将青岛建设成为环大黄海（东北亚）的国际航运龙头。

②物流中心。配合环大黄海（东北亚）国际航运中心的建设，大力推进口岸建设、数字港口建设等工作，积极发展以临港工业、商贸物流、金融保险及信息服务业为主导的产业支撑系统，成为提供中转服务与腹地服务相结合的复合型区域物流龙头。

③以金融业为核心的现代服务业区域中心。金融服务业将对青岛的经济发展和竞争力提升起到关键支撑作用，优先发展金融服务业是青岛社会经济发展和现代服务业发展的基石。首先，提高青岛现代服务业的半岛意识和全省意识，立足区域带动区域；其次，加强与环大黄海先进城市如北京、上海、首尔的分工合作，促进现代服务业的发展。加快发展信息、金融、保险以及会计、咨询、法律服务、科技服务等商务服务行业，促进服务业行业结构优化，同时积极发展文化、体育健身、旅游、教育培训、社

区服务、物业管理等需求潜力大的产业，将青岛建设成为以金融业为核心的现代服务业区域龙头。

④海洋科研龙头。青岛拥有全国 1/3 的海洋科研机构和 50% 以上的高层次海洋科研人员，是国家级的海洋科研中心和海洋生物产业基地。在未来的发展中，要突出国家海洋科研中心的地位，建设一批重点科研基地，积极领衔和承接国家重点计划项目和示范试点任务，特别是发挥海洋优势和人才优势，依托国家海洋科学中心，在事关国家和青岛长远发展的重点产业和领域形成一批拥有自主知识产权的技术、产品、标准和品牌。充分发挥青岛现有的在海洋生物、海洋药物、海洋材料研发创新、成果转化和产业化发展等方面的优势，依靠科技铸就"蓝色伟业"，将青岛建设成为中国的"海洋科技城"和"海洋科研教育中心"，达成青岛"海洋科研龙头"的功能定位。

(2) 三个国际名城。集一流制造、多彩会展、滨海休闲于一体的国际化知名城市是青岛未来的城市功能定位。

①制造名城。在中高端制造产业体系中占据主要地位、产业及其环节处于高端的、核心产业辐射全球的环大黄海（东北亚）国际化重要城市，成为中高端制造中心；通过重点规划培植高新技术产业，逐步形成高新技术产业群体，以具有一定基础并实现突破发展的微电子技术、海洋开发和新材料应用三个领域为龙头，培育高新技术产业群和特色产业园区，推动高新技术成果产业化和传统产业高新技术化，将青岛建设成为具备经济增长内生动力和较高国际竞争力的高新技术产业制造和研发中心。通过中高端制造业和高新技术产业的培育和大力发展，实现青岛制造名城的功能定位。

②会展名城。青岛 5 年来已经成功举办了包括中国国际消费电子博览会（SINOCES）、APEC 技展会、啤酒节、农交会、航博会、渔博会、工业装备展、缝纫设备展、汽车展和住房展等多项会展 500 余次，同时拥有完善的硬件设施和强大的会展队伍，共有会展场所 6 处，总面积 11.65 万平方米，标准展位 12000 个，注册的展览、设计、搭建等涉展服务企业 160 余家，具备独立办展能力的 10 家左右。特别是奥帆赛举办带来的国际影响，使青岛已经具备较为雄厚的国际会展基础。青岛将通过会展品牌的打造、服务能力的提升，扩大青岛的会展影响力，促进青岛的国际化进

程，加强与世界的政治经济和文化等方面的综合交流，综合性、全方位地提升青岛的影响力，使青岛成为国际会展和商务名城。

③休闲名城。利用青岛得天独厚的海洋环境，丰富的人文旅游资源，充分发挥"帆船之都"的品牌影响力，发展多品种、多层次、多品位的旅游业，以及相关配套的娱乐业和文化业等，吸引更广范围内的游客，将青岛建设成为集生态观光和历史文化名城于一体的休闲度假国际滨海名城。

(3) 实现功能定位的"两大原则"。青岛在建设"一个区域龙头，三个国际名城"，实现经济、社会跨越式发展的同时，要实现青岛的可持续发展和和谐发展，这既是青岛的发展远景目标，也是青岛的战略发展原则，只有在发展中坚持这两大目标，青岛才能不断提升国际竞争力，实现跨越式发展，实现最终的城市功能定位。"两大目标"是指青岛要实现可持续发展和"和谐青岛"的目标。

①可持续发展。综合考虑交通体系、城市空间布局、生态保护和旅游发展，在发展的同时提高青岛的城市承载能力和可持续发展能力。"环湾保护、拥湾发展"是实现青岛可持续发展的战略指导思想。以胶州湾生态保护为核心，积极提升中心城区的辐射带动能力，促进胶州湾区域各城市组团间的联系协作，科学引导城市空间拓展，推动区域基础设施网络化与城市空间一体化发展，将环胶州湾区域规划建设成以轴向发展、圈层放射、生态相间为空间结构的国际化、生态型、花园式的环湾城市组群。以依托主城、内涵式发展的全新视角审视城市空间未来发展，这也是城市科学、集约、紧凑发展的必然要求。

秉承在保护的前提下发展，在发展的过程中保护的原则，系统研究胶州湾的整体环境容量，科学确定环湾地区的城市发展规模；制定分区域环境政策，进行生态环境空间管制分区，建立产业发展的环境管制体系；制定区域的产业引入标准，提高产业准入门槛，形成以高科技产业为主导、以循环经济为特色的生态型工业体系；建立发展与保护的良性互动，协调经济发展与自然文化遗产保护的关系；平衡地区发展与保护的矛盾，建立区域补偿机制，使得禁止开发与限制开发地区能够分享发展的成果。坚持和采用保护、治理、再生的发展原则和积极措施，实现青岛的可持续发展。

重点研究环湾区域各组群的生态环境、功能定位、空间形态、交通组织、基础设施、城市主流风格等规划要素，确立明确的环湾区域近岸地区功能定位，优化西海岸、北海岸、东海岸的功能定位和发展模式。

坚持"环湾保护、拥湾发展、环海竞合、依海崛起"战略，打造现代化的生活岸线、经济岸线、生态岸线，打开青岛城市的全新战略空间，进一步提高青岛的城市承载力、科学拓展城市发展空间、提升基础设施集约化程度、彻底改善区域生态环境质量，实现青岛经济社会可持续发展。整体上环胶州湾区域将建设成为集高新技术产业、科技研发、商贸旅游、文化娱乐和优质人居环境等功能于一体的国际一流滨海城市组群。

②和谐发展。青岛的社会经济发展必然是社会的和谐发展，而青岛的和谐发展离不开高效率的社会公共服务体系。大力发展和完善社会事业和保障体系，提高青岛市民的生活水平和质量。

提高居民收入水平，保持物价稳定，改善居民居住条件；提高文教科卫体的财政支出比例，完善与产业结构、经济发展相适应的高标准和高质量的基础教育、高等教育、职业教育体系，城乡居民普遍享有便利、可靠、经济的基本医疗和公共卫生服务，完善与经济社会发展水平相适应、城乡统筹的基本社会保障和救助体系；提升青岛的城市文化价值和创意能力，提升青岛文化的全国地位和国际地位；发展面向基层的公益性文化和体育事业，丰富和活跃市民文化生活，增强市民体质，增强社会凝聚力，提升城市形象；完善公共安全体系，构建城市公共安全应急机制，预防和减少重大安全事故发生，创造和谐稳定的社会环境。最终实现青岛的社会经济和谐发展，建设"和谐青岛"。

总之，实现"一个区域龙头，三个国际名城"的城市功能定位，青岛将发展成为现代服务业和中高端制造业在产业体系中占据主要地位、产业及其环节处于高端的、核心产业辐射全球的国际重要城市。

青岛将发展成为人民安居乐业、社会安定和谐、政府廉洁高效、充满凝聚力和亲和力的国际重要城市；

青岛将发展成为海洋和经济发展关系得当、城市发展节约、城市环境优美、城市生态永续的国际重要城市；

青岛将发展成为海纳百川、多种文化和谐共存、友好包容的国际重要城市；

青岛将发展成为知识驱动、信息化领先，市民保持良好进取心、乐于学习、勇于创造、朝气聪慧的国际重要城市。

青岛不仅在国内经济发展中起着重要的作用,尤其是对中国北部地区的其他城市有着较强的带动作用,而且在国际范围内提供高级服务和高端商品,是亚洲经济发展的重要力量之一,将成为带动国内、服务国际的国际重要城市。

青岛将成为具备优美海洋环境的生态青岛、良好生活环境的宜居青岛、社会秩序稳定的平安青岛、高国际影响力的世界青岛、经济高速持续发展的活力青岛,最终成为具备高国际竞争力的"魅力青岛"。

六 青岛战略发展目标与时间规划:战略三部曲

城市发展愿景是城市中长期发展要达到的目标和规划,是一个城市发展的规划蓝图。城市愿景是城市战略目标指向的最高层次,城市发展战略目标可以看做城市愿景的分解。城市发展战略本是解决长远的、全局的、根本性的问题,其姿态是积极的、主动的。为了实现青岛的中长期发展愿景,应当设立清晰的发展战略规划,明确青岛市的战略发展目标体系和时间规划。通过青岛"拥湾环海"战略发展规划,建立明确的战略目标体系和时间规划,才能保证青岛实现跨越式发展,提升青岛的国际竞争力,成为环大黄海(东北亚)的重要城市。

为了实现这一发展愿景和目标,青岛要实施"三步走"战略,分别迈入"三个阶段",实现青岛国际城市竞争力的提升,国际化程度的提高,追赶上或超越对标的国际城市,成为环大黄海(东北亚)中心城市之一和国际重要城市(见图9-4)。

第一阶段(2008~2010年):打基础。为"一个龙头,三个名城"的功能定位奠定坚实基础。在城市竞争力方面进入全球200强,成为黄海区域最具竞争力的城市;巩固初级国际化城市水平,为进入基本国际化奠定基础。

内拥湾:重点组团初现形象;外环海:初步与全球高端城市建立合作机制,联动三大支点城市初见成效,对低近城市和区域的带动作用初步显现,低远城市辐射有序展开。

青岛用3年的时间,也就是到2010年,人均GDP达到约8000美元,

	第一阶段 打基础 2008~2010年	第二阶段 稳发展 2011~2015年	第三阶段 初建成 2016~2020年
功能定位	奠定坚实基础	巩固龙头优势，三个名城建设初见成效	基本实现"一个龙头，三个名城"的目标定位城
国际竞争力	全球200强，黄海区域最具竞争力的城市	全球150强，力争进入大黄海区域城市竞争力前5名	全球100强
国际化水平	巩固初级国际化城市水平，为进入基本国际化阶段奠定基础	迈入基本国际化阶段	为全面进入国际化阶段奠定基础
人均GDP	8000美元	12000美元	15000美元
内拥湾	重点组团初见形象	形成较为完善的城市功能布局	城市功能布局实现良性互动
外环海	初步与全球高端城市建立合作机制，联动三大支点城市初见成效，对低近城市和区域的带动作用初步显现，低远城市辐射有序展开	全球高端城市合作在重点领域取得突破，建立与三大支点城市深度合作机制，对低近城市和区域带动作用逐渐增强，有效辐射全球低远城市和区域	高端城市合作机制完善，建立与三大支点城市稳定的全面合作机制，有效带动低近城市和区域，全面辐射低远城市

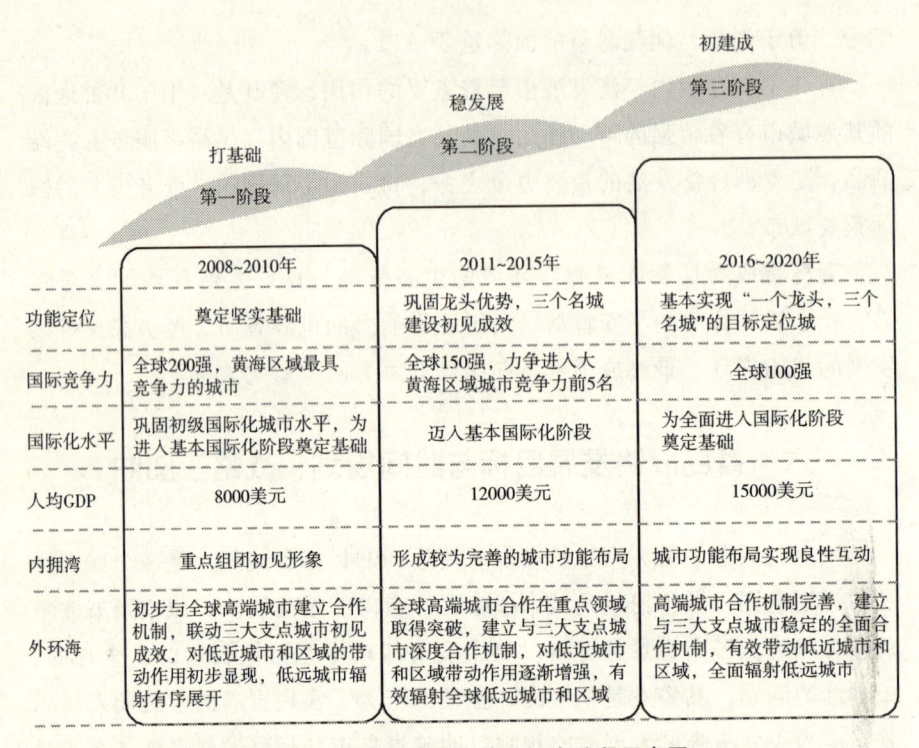

图9-4 青岛拥湾环海战略三个阶段示意图

经济实力有较大的提高，中心辐射带动能力有较大增强，成为黄海区域最具竞争力的城市，成为中国北方经济重心，在中国城市体系中的位次进一步提高。

"一个龙头，三个名城"的功能定位奠定良好的发展基础。青岛要形成较为高级的产业体系，第三产业比重超过50%；中技术制造产业要在全球初步形成优势竞争力，高技术制造产业力争个别领域内有所突破；现代服务业要实现跳跃式发展，金融服务业在金融企业主体、产品种类、体制创新等方面实现较大突破；海运、空运、陆运完成港口建设升级，配套物流服务业实现全面发展，环大黄海（东北亚）国际航运龙头粗具雏形；海洋科研龙头建设在人才引进、产品转化、市场化建设等方面取得长足进步，进一步强化青岛在中国的海洋科研优势；在会展、休闲等优势服务业上取得进步，在中国占据重要位置。

青岛的产业结构进一步优化，伴随产业升级青岛企业实现运营管理、品牌建设、研发投入与企业效益的多重提升；通过加大教育投入力度，加快知识和技术的积累,大力吸引外来人才,进一步提升其人才本体竞争力,成为环大黄海区域的人才汇聚平台;通过金融服务业的快速发展和科技创新机制的完善,硬件环境竞争力进一步提升;在市场制度建设、社会管理等方面提升公共服务水平,提升青岛的软件环境竞争力;坚持贯彻"拥湾"战略部署,提升生活环境竞争力;通过"环海"战略的实施,加强青岛的国际化联系。

届时,青岛在国际城市竞争力方面将进入全球200强,国际城市竞争力得到大幅提升。在国际化程度提升上巩固初级国际化城市水平,为进入基本国际化阶段奠定基础。

第二阶段(2011~2015年):稳发展。巩固龙头优势,三个名城建设初见成效。在城市竞争力方面,力争进入全球150强,力争进入大黄海区域城市竞争力前5名;迈入基本国际化阶段。

内拥湾:形成较为完善的城市功能布局;外环海:全球高端城市合作在重点领域取得突破,建立与三大支点城市深度合作机制,对低近城市和区域的带动作用逐渐增强,有效辐射全球低远城市和区域。

青岛用7年的时间,也就是到2015年,国际竞争力进一步提高,人均GDP达到约12000美元,在全球城市体系中重要性日益增加,具备世界重要城市的部分特征,进一步提升在世界城市体系中的层级。

巩固龙头优势,三个名城建设初见成效。青岛要初步形成国际大都市的产业体系,产业体系进一步优化,第三产业比重超过60%;中技术制造产业要在全球形成优势竞争力,高技术制造产业要在个别领域内取得突破,在全球占据一定位置,环大黄海中高端制造业名城粗具雏形;航运和物流产业发展完善,在环大环海区域成为航运和物流龙头;现代服务业得到全面发展,成为青岛市的重要支撑产业;海洋科研产业价值链完善,产业转化、人才素质、资本投入等方面取得长足发展,进一步强化海洋科研龙头的地位;会展、休闲行业国际影响力进一步加大,力争成为环大黄海区域的会展、休闲重要城市和生活宜居城市。

青岛的产业结构进一步优化,产业结构竞争力增强,企业本体实力得到大幅提升,全国行业龙头企业数量进一步增多;教育投入显现成果,人才吸引力增加,成为环大黄海区域的人才积聚中心之一;硬件、软件、生活环境竞争力通过拥湾环海战略的实施,得到较大幅度提升,缩小与先进城市的距离。届时，青岛在国际城市竞争力将进入全球150强，力争进入大黄海区域城市竞争力前5名；在国际化程度上迈入基本国际化阶段。

第三阶段（2016~2020年）：初建成。基本实现"一个龙头，三个名城"的目标定位。在城市竞争力方面进入全球100强，为全面进入国际化阶段奠定基础。

内拥湾：城市功能布局实现良性互动；外环海：高端城市合作机制完善，建立与三大支点城市稳定的全面合作机制，有效带动低近城市和区域，全面辐射低远城市。

青岛用12年的时间，也就是到2020年以后，青岛人均GDP达到约15000美元，成为环大黄海（东北亚）的重要城市，是全球城市体系中的重要城市之一，是世界重要城市之一。

届时，"一个龙头，三个名城"的功能定位基本实现。青岛的国际大都市现代产业体系相对比较完善和发达，第三产业比重约70%，在产业环节中占据优势地位；力争成为亚洲中技术产业的制造和创造中心；部分高技术制造产业具有世界一流水平，力争核心产业成为全球的研发基地和制造中心；现代服务业进一步发展，青岛成为环大黄海和亚洲的制造、会展、休闲和航运中心之一，全球重要的金融、物流、信息和会展平台。青岛成为尤其是环大黄海区域（东北亚）人才和资本的交流汇聚中心之一，是国际人才、资本流动的重要平台。

青岛在国际城市竞争力进入全球100强，为全面进入国际化阶段奠定基础。

七 青岛市"拥湾环海"战略实施的产业选择

产业结构的调整和环节的提升最终决定着城市功能和地位的提升，决定城市价值链位置和竞争力的高低，推动产业升级是各城市发展的永恒主题。青岛经过30年的改革开放和不断进行的工业产业结构调整，现已形成电子通信、信息家电、化工橡胶、饮料食品、汽车船舶、服装服饰六大支柱产业。初步核算，2007年全市生产总值（GDP）增长16%以上，三大产业结构为5.1:51.9:43.0；全市人均GDP继2006年突破5000美元之后实现新的跨越,超过6000美元。青岛在全国的综合实力,由2003年的第21位上升到第8位。但另一方面,青岛在城市发展中也面临着多重压力,使企业的成本上升和利润下降。因此,无论是要最终提升城市竞争力还是消化当前的压力都必须抓紧进行产业转型和升级,即从传统产业向现代产业转型。

"拥湾环海"战略是基于前述产业定位定量的研究结论而提出的青岛市发展战略,在产业选择方面也明确了未来青岛的产业演进和核心竞争力的建设方向。在全球化和信息化背景下,借鉴国内外大都市区中重要次中心区的发展经验和未来发展趋势,按照党的十七大关于建设现代产业体系的要求,立足青岛及其周边城市的自身现实和条件,青岛在产业选择上要按照"拥湾环海"战略的发展愿景和目标体系,坚持"以全球化应对全球化、以当地化应对当地化"的原则,建立和发展面向都市需求和全球分工的现代制造业体系、高新技术产业体系以及现代化的服务体系,重点发展装备制造业、海洋高技术产业、新材料产业、软件制造业、清洁能源产业、电子信息产业、金融业、物流业、会展业、旅游休闲、文化创意、中介服务等12大产业。

现代制造业体系:近些年,青岛制造业对于经济的支撑和带动作用越来越明显,已具备一定的生产能力和产业规模,形成了以大企业、大项目和知名品牌为主导发展特色的制造业。但同时我们也应看到,青岛制造业现今总体上正处于扩大规模、提升层次、调整布局、交叉发展的阶段。青岛市应该适时找出差距、找准定位,保留原有的核心制造业企业,使之发展成为研发和技术服务中心,发展新兴科技制造工业,培育高科技人力资本和企业创新环境。在产业环节和产业科技含量上下工夫,力争形成中高端产业在研发上有自主权,低端产业品牌、销售上有主动权的良好格局,从而成为制造和创新的国际城市,确立东北亚中高端制造业中心的地位。

高新技术产业体系:青岛应该"拥湾"、"环海",也就是内外兼修。对内(拥湾)以增强自主创新能力为战略基点和中心环节,建立以企业为主体、市场为导向、产学研相结合的技术创新体系,初步奠定高技术产业发展的基本架构和有利于高技术产业健康发展的政策环境与保障体制,全面推进传统产业的改造和升级,优化高技术产业空间布局和内部结构,提升高技术产品国际竞争力,逐步建成与"世界知名特色城市"、"全国重点中心城市"相适应的高技术产业研发基地和制造基地，实现高技术产业的跨越式发展；对外（环海）应该抓住新一轮全球产业转移的机会，利用自身与日本、韩国隔海相望、自然条件优越、港口条件优良、在若干高技术产业领域已形成承接国际资本转移的产业基础和能力等优势，加强与日韩在高新技术产业领域的合作，积极参与国际分工体系，迅速扩大高技术产业规模，使自身发展水平跃上新的台阶。

现代服务业体系：如前文所述，金融服务业将对青岛的经济发展和竞争力提升起到关键支撑作用，优先发展金融服务业是青岛社会经济发展和现代服务业发展的基石。提高青岛现代服务业的半岛意识和全省意识，立足区域带动区域；加强与环大黄海先进城市如北京、上海、首尔的分工合作，促进现代服务业的发展。积极拓展交通运输、现代物流、金融保险、科技、信息服务、会展、中介服务等生产性服务业，完善提升商贸流通、旅游、房地产等消费性服务业，全面发展医疗卫生、教育、文化、体育、市政服务、社区服务等公共服务业，加快培育总部经济、创意产业等新的服务业增长点。

立足于青岛"一个区域龙头，三个国际名城"的发展愿景和三阶段发展目标，更好地贯彻实施"拥湾环海"战略，建立三大产业体系，青岛在未来要重点发展装备制造业、海洋高技术产业、新材料产业、软件制造业、清洁能源产业、电子信息产业、金融业、物流业、会展业、旅游休闲、文化创意、中介服务等12大产业。

第十章
青岛城市产业发展分析

一 青岛城市产业发展的计量分析

一个城市确定什么样的功能不是政府主观确定的,而是市场选择的结果,是企业选址的结果。而企业选址是根据当地和周边区域经济、社会、文化、环境等要素决定的。因此,功能定位可以通过要素分析来确定。对于要素分析,进行定性分析是必要的,但是要进行更加科学和严谨的研究,还必须基于大量样本数据的定量分析和筛选验证。在以上章节的定性分析的基础上,本章拟专门就青岛的城市产业进行定量分析和论证。

1. 城市功能选择的一般分析模型

(1) 指标体系。

根据本报告建立的城市功能选择弓弦模型和经济增长理论和城市经济以及产业经济理论,基于对城市的社会经济特征、人口规模结构、产业经济特征、房地产、自然资源、交通设施、社区发展、游憩文化资源、教育科研和社会治安等内容的全面审视,建立城市潜在城市功能分析指标体系,如表10-1(表中显示的是指标体系中的一级和二级指标,三级指标有160多项,不在表中说明,在具体城市功能分析中会有涉及)所示。

(2) 样本、数据与特别说明。

按照一般的经济学观点,一个城市究竟发挥什么样的功能,关键是看它的产业发展状况,产业发展是城市功能的基础。因此,确定了产业的选择和定位,也就确定了城市功能的选择和定位。另外,目前有关城市和区

表 10-1　城市功能分析指标体系

指标名称	城市潜在城市功能分析指标体系
解释性指标体系	内涵或构成
（一）硬竞争力	
人才竞争力（KZ1）	
KZ1.1 人力资源数量指数	人力资源规模
KZ1.2 人力资源质量指数	人力资源质量
KZ1.3 人力资源配置指数	人力资源供求
KZ1.4 人力资源需求指数	人力资源投资和消费需求
KZ1.5 人力资源教育指数	人力资源潜力
资本竞争力（KZ2）	
KZ2.1 资本数量指数	资本规模
KZ2.2 资本质量指数	资本自量
KZ2.3 金融控制力指数	金融控制和服务
KZ2.4 资本获得便利性指数	获得资本难易
科学技术竞争力（KZ3）	
KZ3.1 科技实力指数	科技资源投入
KZ3.2 科技创新能力指数	科技产出
KZ3.3 科技转化能力指数	科技转化
结构竞争力（KZ4）	
KZ4.1 产业结构高级化程度指数	产业结构
KZ4.2 经济结构转化速度指数	结构转型
KZ4.3 经济体系健全度指数	服务体系健全性
KZ4.4 经济体系灵活适应性指数	各类经济主题对经济变化的反映
KZ4.5 产业聚集程度指数	产业集中状况
基础设施竞争力（KZ5）	
KZ5.1 市内基础设施指数	市内基本生产和生活设施
KZ5.2 对外基础设施指数	对外大型设施
KZ5.3 信息技术基础设施指数	技术型基础设施
KZ5.4 基础设施成本指数	基础设施价格
区位竞争力（KZ6）	
KZ6.1 自然区位便利度指数	城市区位的天然方便程度
KZ6.2 经济区位优势指数	城市地区的发展经济的优势
KZ6.3 资源优势指数	城市地区的资源禀赋
KZ6.4 政治文化区位优势指数	社会区位优势
环境竞争力（KZ7）	
KZ7.1 城市环境质量指数	基本环境质量状况
KZ7.2 城市环境舒适度指数	环境舒服程度

续表 10-1

指标名称	城市潜在城市功能分析指标体系
KZ7.3 城市自然环境优美度指数	整体自然环境
KZ7.4 城市人工环境优美度指数	
（二）软竞争力指标体系	
文化竞争力（KZ8）	
KZ8.1 价值取向指数	社会价值观
KZ8.2 创业精神指数	创业观念和意识
KZ8.3 创新氛围指数	创新的社会环境
KZ8.4 交往操守指数	交往守信程度
制度竞争力（KZ9）	
KZ9.1 产权保护制度指数	财产保护程度
KZ9.2 个体经济决策自由度指数	经济自由度
KZ9.3 市场发育程度指数	市场完善程度
KZ9.4 政府审批与管制指数	政府监管制度
KZ9.5 法制健全程度指数	城市法律制度
政府管理竞争力（KZ10）	
KZ10.1 政府规划能力指数	政府的战略决策
KZ10.2 政府推销能力指数	政府营销绩效
KZ10.3 政府社会凝聚力指数	政府威信、社会稳定性
KZ10.4 政府财政能力指数	政府融资能力
KZ10.5 政府执法能力指数	依法管理水平
KZ10.6 政府服务能力指数	政府服务水平
KZ10.7 政府创新能力指数	政府创新水平
企业管理竞争力（KZ11）	
KZ11.1 管理应用水平	城市企业有效管理程度
KZ11.2 管理技术和经验	管理工具和手段
KZ11.3 激励和约束绩效	管理人力绩效
KZ11.4 产品和服务质量	管理产出绩效
KZ11.5 企业管理经济效益	最终经济效益
开放竞争力（KZ12）	
KZ12.1 经济国际化程度	国际开放度
KZ12.2 经济区域化程度	区域开放度
KZ12.3 人文国际化指数	人文开放度
KZ12.4 社会交流指数	社会交流程度

域产业发展的数据比较丰富，但是关于功能的数据十分有限。因此，本报告利用产业潜力分析的数据来替代功能分析。这也是国际上功能分析的通

例。本报告使用的计量分析方法，是我们课题组的创新技术。当然，这里的功能选择同时也是产业选择。

本报告利用《中国城市竞争力报告》确定2006年和2007年度最具竞争力的55个城市作样本，选用《中国城市竞争力报告No.5》和《中国城市竞争力报告No.6》的数据，进行计量分析。

（3）分析计量模型。

根据课题组有关城市功能定位的弓弦模型，我们利用模糊曲线对样本数据进行拟合分析，最后求出影响城市产业的重要因素，即确定最重要影响因素和指标权重的模型。本报告利用模糊曲线原理，建立经验计量模型。模糊曲线分析法主要是用来压缩输入数据的维度，发现影响产出变量的重要因素。由于它通过求相关度、贡献弹性，根据样本点拟合样本曲线，最后选取出影响变量的重要因素。因此，使用这一方法对分析城市产业的因果关系非常有价值，而且能通过对现有变量及指标的筛选，为进一步研究城市产业集群提供条件。

影响城市功能定位的因素非常多，模糊曲线分析方法具有压缩变量的城市功能，定位计量分析可通过两步进行。第一步，根据理论和经验选取影响城市功能的尽量多的指标，让其与城市综合竞争力进行模糊曲线的因果分析，得出各指标贡献弹性。第二步，利用模糊曲线压缩变量的城市功能和原理，以及定位分析框架中因素，根据阈值法（数值的边际减小量最大的值点设为阀值点），选择前10～20个最重要（贡献弹性最大）的指标，然后以各指标的贡献弹性为权重，将样本城市的各指标数据加总计量比较，可得出样本城市某项产业的定位指数得分和排名。得出的指数是样本城市的相对数，即某样本城市某产业的定位竞争力指数。城市功能定位竞争力指数反映一个城市相对其他城市在某一产业潜在能力大小，它是一个城市的城市功能定位的基本参考值指数。

2. 计量结果：影响产业的关键因素

考虑到数据的易得性，计量部分所研究的城市功能选择范围主要是制造业和服务业。还有若干产业如建筑业、电力煤气及水的供应业等为城市必需的配套产业，因此不再作分析。

本部分通过计量分析得出16大产业的最重要影响因素。16大产业分别为：原料加工业（原材料产品制造业）、加工制造业（低技术产品制造业)、金属冶炼及压延加工业、通用专用设备制造业、交通运输设备制造业、电气机械制造业（中技术产品制造业）、高科技制造业（高技术产品制造业）[①]、金融业、会展业、物流业、旅游休闲业、文化产业、房地产业、信息传输与计算机软件业、商务服务业和商贸服务业。

（1）原材料产品制造业。

主要指对原料进行初加工的制造业，包括农副食品加工、食品饮料业、烟草制造、木材加工及竹藤棕草制品业、石油加工及炼焦、化学原料制造业、化学纤维制造业、橡胶制品业等。具体分析见图10-1所示。

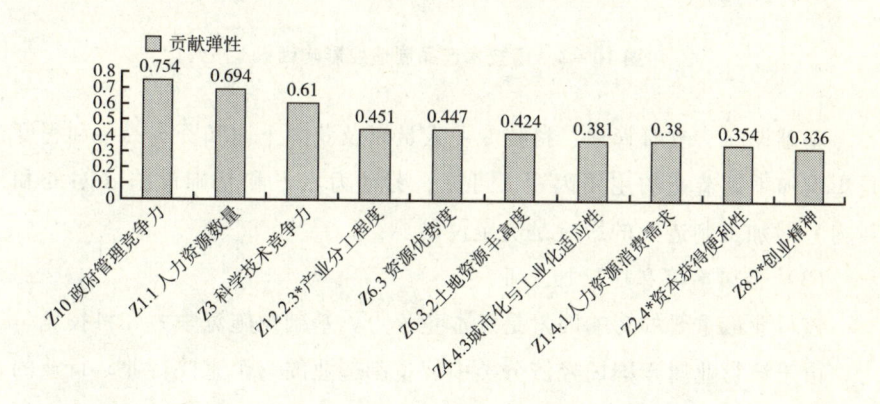

图10-1 原材料加工业影响因素

从图10-1可以看出：政府管理竞争力、人力资源数量以及科技竞争力是影响原材料加工业的三大因素；产业分工程度、资本获得的便利性影响次之；而创业精神指数影响最小，说明相对于其他因素，本地区的企业家精神不足。

（2）低技术产品制造业。

该目录主要包括纺织业、服装及其他纤维制造业、皮革毛皮羽绒及其制品业、造纸及纸制品业、印刷及记录媒体的复制业、文教体育用品制造业、日用化学产品制造业、塑料制品业、非金属矿物制品业、金属制品业、工艺美术制品业、其他生产生活用制造业。具体分析如图10-2。

---

① 本报告根据产品的技术含量对制造业进行分类，这种分类方法涵盖了制造业中的所有门类。

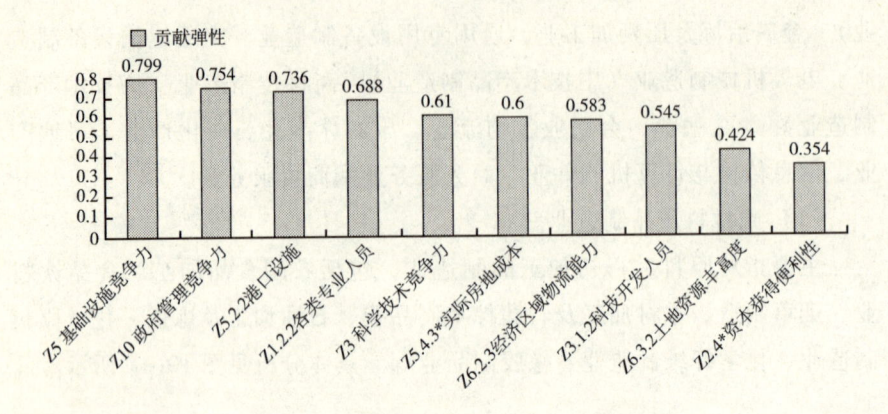

图10-2 低技术产品制造业影响因素

贡献弹性：Z5基础设施竞争力 0.799；Z10政府管理竞争力 0.754；Z5.2.2港口设施 0.736；Z1.2.2各类专业人员 0.688；Z3科学技术竞争力 0.61；Z5.4.3*实际房地成本 0.6；Z6.2.3经济区域物流能力 0.583；Z3.1.2科技开发人员 0.545；Z6.3.2土地资源丰富度 0.424；Z2.4*资本获得便利性 0.354

基础设施、政府管理、科技专业人员以及获得土地和资本的便利程度是影响加工制造业的主要因素。可见，劳动力水平和基础设施（对外和对内）对加工制造业的影响是决定性的。

（3）金属冶炼和压延加工业。

该行业最重要的影响因素是资本竞争力、基础设施竞争力和科技竞争力，由于该行业属于国民经济分类中装备制造业的一个重要行业，行业的进入门槛较高，因此涉足该行业的企业在我国多为国有企业，政府管理竞争力影响因素也较大。具体影响见图10-3。

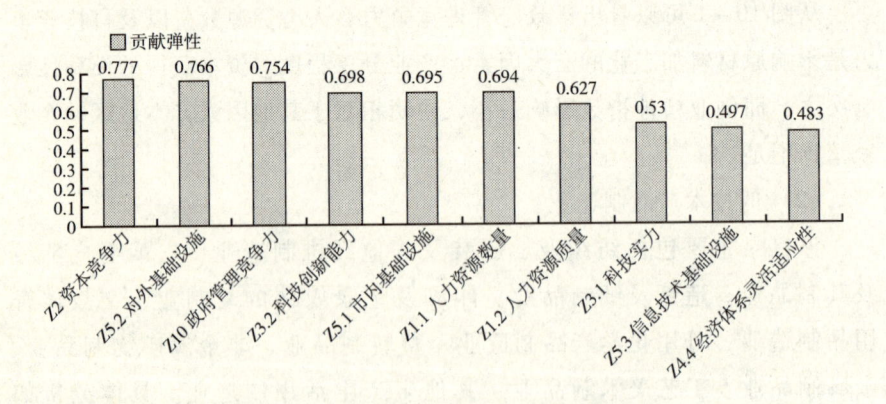

图10-3 金属冶炼及压延加工业影响因素

贡献弹性：Z2资本竞争力 0.777；Z5.2对外基础设施 0.766；Z10政府管理竞争力 0.754；Z3.2科技创新能力 0.698；Z5.1市内基础设施 0.695；Z1.1人力资源数量 0.694；Z1.2人力资源质量 0.627；Z3.1科技实力 0.53；Z5.3信息技术基础设施 0.497；Z4.4经济体系灵活适应性 0.483

图10-3中的各个因素贡献弹性的大小基本上反映了上面的分析，说明了该行业与政府的作为呈现直接的相关关系。

第十章 青岛城市产业发展分析

（4）通用专用设备制造业。

该行业的投入较大，投资乘数较高，对人才竞争力和基础设施竞争力的要求较高，发展该行业有利于本地吸引人才，加快城市化、工业化的发展。影响该产业发展的前十大因素如图10-4所示。

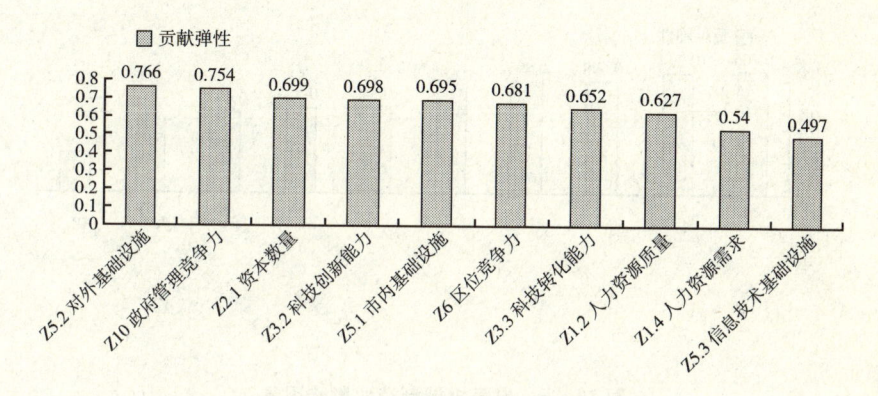

图10-4 通用专用设备制造业影响因素

因素	贡献弹性
Z5.2 对外基础设施	0.766
Z10 政府管理竞争力	0.754
Z2.1 资本数量	0.699
Z3.2 科技创新能力	0.698
Z5.1 市内基础设施	0.695
Z6 区位竞争力	0.681
Z3.3 科技转化能力	0.652
Z1.2 人力资源质量	0.627
Z1.4 人力资源需求	0.54
Z5.3 信息技术基础设施	0.497

该行业的十大影响因素的贡献弹性差别不是很大，说明该行业对相关的要求较高。其中基础设施与政府管理的影响最为显著，资本、劳动、技术等的影响也不容小视。

（5）交通运输设备制造业。

本行业受地方政府的管理能力的影响较大，外企占城市总企业的比重影响因素也很大，说明该行业的外资企业的竞争力较强。除此之外，资本和基础设施竞争力对交通运输设备制造业影响也较大。具体见图10-5。

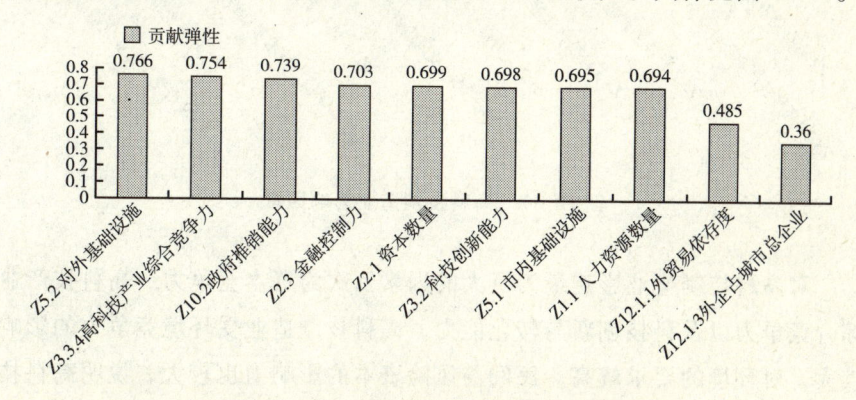

图10-5 交通运输设备制造业影响因素

因素	贡献弹性
Z5.2 对外基础设施	0.766
Z3.3.4 高科技产业综合竞争力	0.754
Z10.2 政府推销能力	0.739
Z2.3 金融控制力	0.703
Z2.1 资本数量	0.699
Z3.2 科技创新能力	0.698
Z5.1 市内基础设施	0.695
Z1.1 人力资源数量	0.694
Z12.1.1 外贸易依存度	0.485
Z12.1.3 外企占城市总企业	0.36

（6）电气机械制造业。

该行业属于装备制造业中的一个分类，基础设施、政府管理、人才和科技竞争力是影响该行业的最重要因素，外企的作用也不应忽视。影响因素的具体情况如图10-6所示。

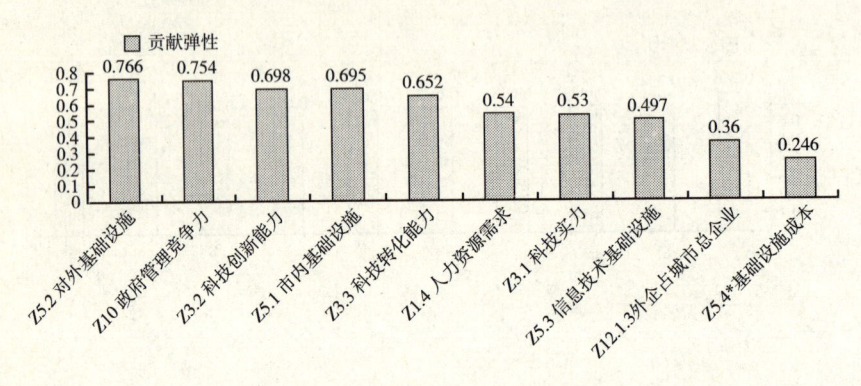

图10-6 电气机械制造业影响因素

指标	贡献弹性
Z5.2 对外基础设施	0.766
Z10 政府管理竞争力	0.754
Z3.2 科技创新能力	0.698
Z5.1 市内基础设施	0.695
Z3.3 科技转化能力	0.652
Z1.4 人力资源需求	0.54
Z3.1 科技实力	0.53
Z5.3 信息技术基础设施	0.497
Z12.1.3 外企占城市总企业	0.36
Z5.4*基础设施成本	0.246

（7）高科技制造业。

该行业主要包括：医药制造业、电子通信及设备制造业、仪器仪表及文化办公用机械制造业等。具体分析见图10-7。

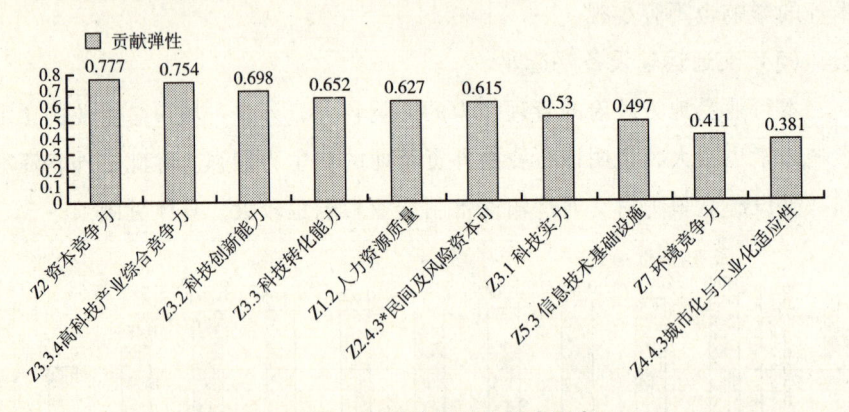

图10-7 高科技制造业影响因素

指标	贡献弹性
Z2 资本竞争力	0.777
Z3.3.4 高科技产业综合竞争力	0.754
Z3.2 科技创新能力	0.698
Z3.3 科技转化能力	0.652
Z1.2 人力资源质量	0.627
Z2.4.3*民间及风险资本可	0.615
Z3.1 科技实力	0.53
Z5.3 信息技术基础设施	0.497
Z7 环境竞争力	0.411
Z4.4.3 城市化与工业化适应性	0.381

对高科技制造业影响最为巨大的因素依次为资本竞争力、高科技产业综合竞争力以及科技创新与转化能力，高科技制造业受环境竞争力的影响较大，对环境的要求较高。民间与风险资本的影响力也较大，说明高科技产业的发展离不开风险资本的培育；科技实力指数的影响小于科技创新能

力指数，主要原因是科技实力反映一个城市科技资源的存量，是静态的；科技竞争优势反映一个城市的创新能力，是动态的。因此，培育地区科技创新能力远远比培育地区科技实力重要。

(8) 金融业。

对金融业影响最大的因素依次为政府管理竞争力、内资金融金融机构数量与质量、对外交流程度、信息化程度等（见图 10-8）。政府管理竞争力的影响因素最大说明了本地区主要是靠政府的力量推动经济发展，旺盛的资金需求是影响金融业的重要因素，充足的资金供给才能满足旺盛的资金需求，资本数量指数体现了资金供给的能力。金融控制力指数表现为金融机构的数量和提供服务的程度，影响指数也较大。同时，经济国际化程度越高的地区其金融业发展也较好。

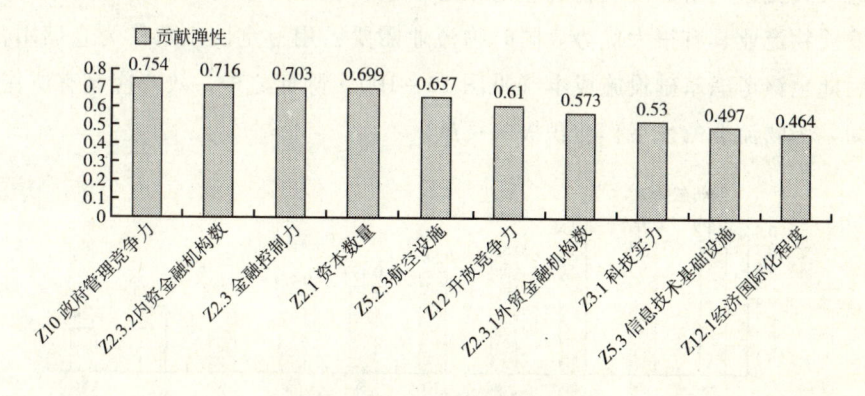

图 10-8　金融业影响因素

(9) 会展业。

对会展业影响最大的是经济区位优势指数、基础设施竞争力、资本竞争力指数、政府管理竞争力、科技竞争力以及开放竞争力等（见图 10-9）。其中经济区位优势的影响力最大，说明该地区适宜举办会展，可以大力发展会展经济；对外基本基础设施和政府管理优势表明，迅速便捷的基础设施将有利于缩短会展活动的时间和空间；资本竞争力与政府管理的高效结合将大大强化会展功能的发挥，科学技术竞争力不仅有利于为会展业提供高效的综合保障机制，同样能成为会展业活动的良好素材。

(10) 物流业。

自然区位便利度是物流业发展的前提条件，对外基本基础设施是物流

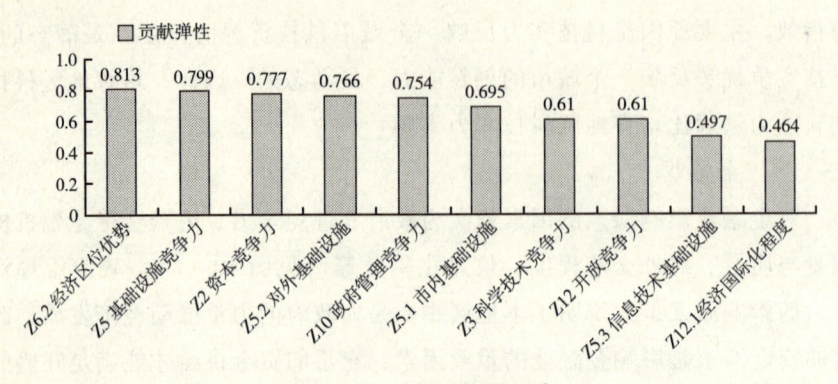

图 10-9 会展业影响因素

发展的必要保障。物流业对于交通运输能力具有特别的依赖性，便捷的交通及其交通网络是发展物流业的核心要素；已经形成物流业规模的地区，发展物流业具有很大优势。同时物流业需要占用一定的土地作为仓储用，因此也该考虑基础设施成本（见图10-10）。除此之外，政府应该有所作为，为物流业的发展作出积极的贡献。

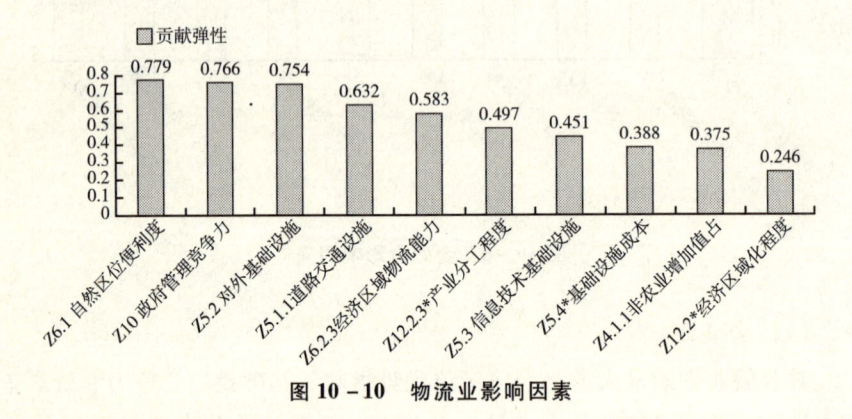

图 10-10 物流业影响因素

（11）旅游休闲业。

我们把旅游休闲业大体分为风景旅游、文化旅游和娱乐休闲服务（见图10-11）。风景旅游业是指城市依托本地的自然风景和人工风景对旅游者提供风景观光、住宿、饮食、娱乐和购物。文化旅游业是指为旅游者消费提供文化体验。

总体来看，基础设施、资本供给、开放程度、旅游资源丰裕度、政府管理等是决定旅游产业定位的主要因子。

第十章　青岛城市产业发展分析

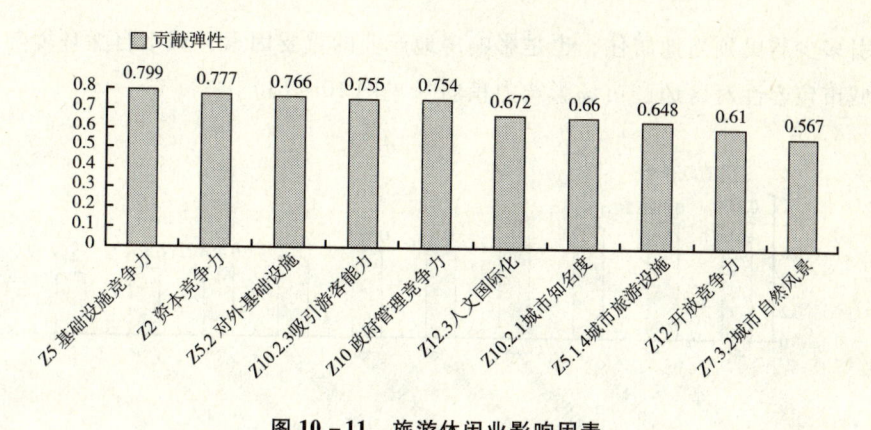

图 10-11　旅游休闲业影响因素

（12）文化产业。

在我们的研究中，文化产业涵盖了新闻出版业、广播电视业、电影业、娱乐业、艺术业、群众文化业、图书馆业、文物业、博物馆业、广告业、咨询业等等。从图 10-12 中可以看出对城市文化产业定位影响最大的因素依次为基础设施竞争力、资本竞争力、政府管理竞争力、区位竞争力、人力资源质量、科学技术竞争力等。

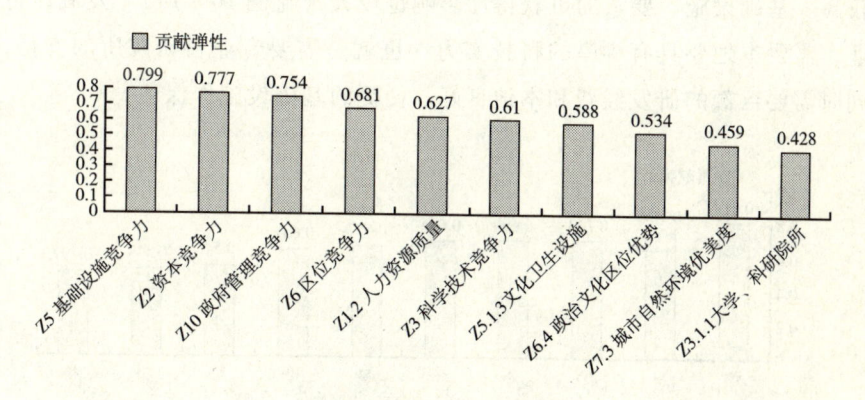

图 10-12　文化产业影响因素

（13）房地产业。

经济区位优势对房地产市场影响最大，良好的区位优势可以获得要素的大量聚集，对于房地产市场来说也不例外。同时，居民对城市的基础设施要求也比较高，反映了居民对生活方便性的考虑。房地产成本也是主要的影响因素。经济国际化程度的高低和对外基础设施的完备性将决定能吸引多少居民到当地居住，也是影响房地产业的重要因素；城市自然环境与城市包容性对房地产市场影响力稍弱（见图10－13）。

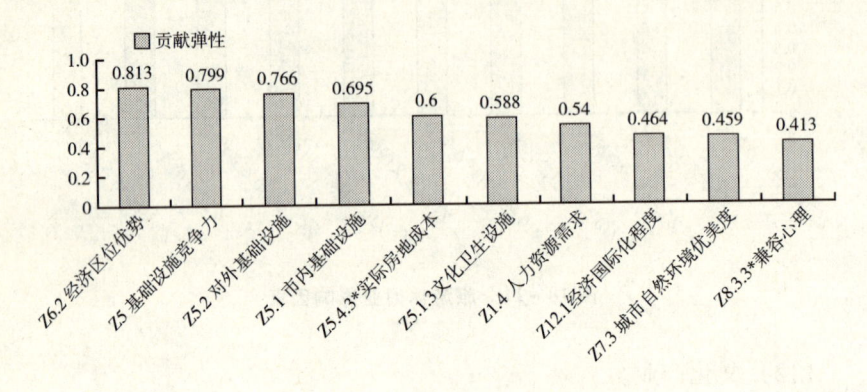

图10－13 房地产业影响因素

（14）信息传输与计算机软件业。

该行业属于生产性服务业，范围经济比较明显，所以区位优势要求比较高。同时由于本行业的特殊性，对人才、科技和资本的竞争力要求也比较高。基础设施、要素的可获得性影响也较大（见图10－14）。发展该行业，需要本地要具有雄厚的科技实力，也就是需要专业科研院所的支持，同时需要巨额的研发经费和本地良好、便捷的基础设施作保证。

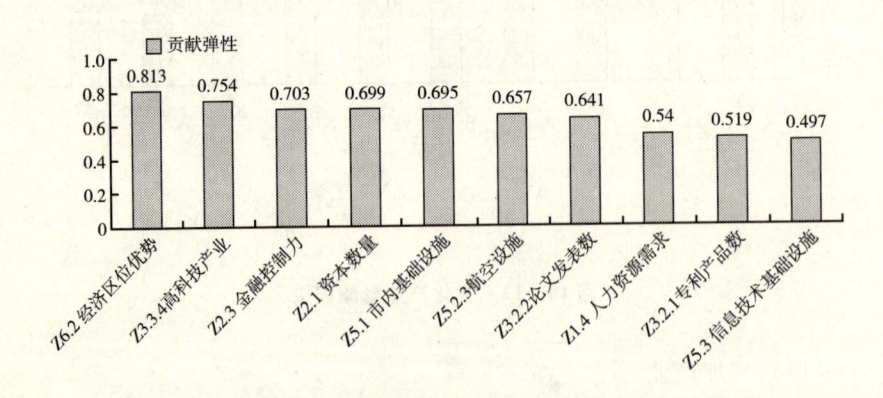

图10－14 信息传输与计算机软件业影响因素

（15）商务服务业。

该行业也属于生产性服务业，主要包含信息咨询服务业和决策管理

第十章 青岛城市产业发展分析

控制服务业（企业总部服务业）。该行业发展所需要的起点比较高，从国际经验来看，主要集中分布在大都市区。从计量结果来看，基础设施竞争力、资本竞争力、对外基本基础设施、政府管理竞争力和科技竞争力的影响较大（见图10-15）。此外，发展该行业需要本地具有一定的市场规模。

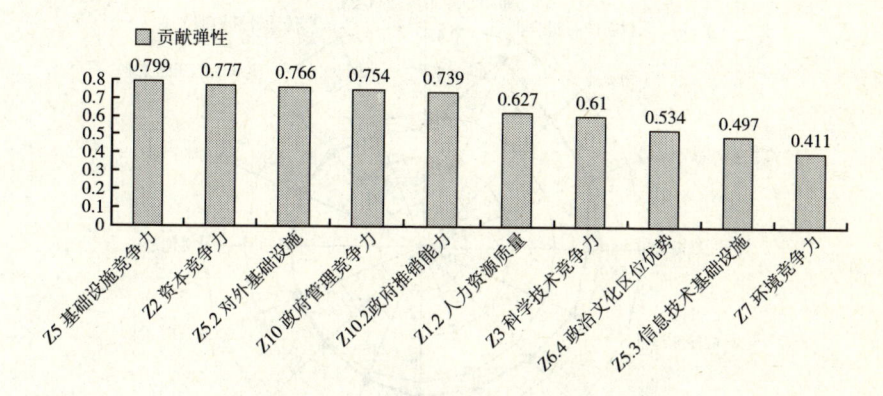

图 10-15　商务服务业影响因素

（16）商贸服务业。

该行业属于分配性服务业，主要包含批发和零售业。发展该行业，不仅仅是为了本地居民服务，更重要的是为了外来游客的消费需求。因此，除了影响本行业发展的硬性指标外，旅游业发展情况也是主要的影响因素；经济国际化程度和对外基本基础设施指数也体现了该产业主要面向外来游客的特点（见图10-16）。

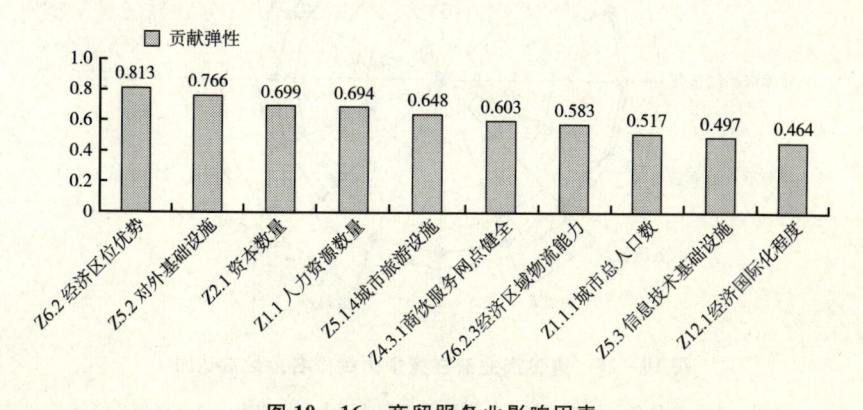

图 10-16　商贸服务业影响因素

二 青岛产业及功能潜在竞争力分析

利用以上模型,通过计量分析,得出青岛与55个城市相比较,在16个产业方面的竞争力指数及其排名,如图10-17、10-18所示。

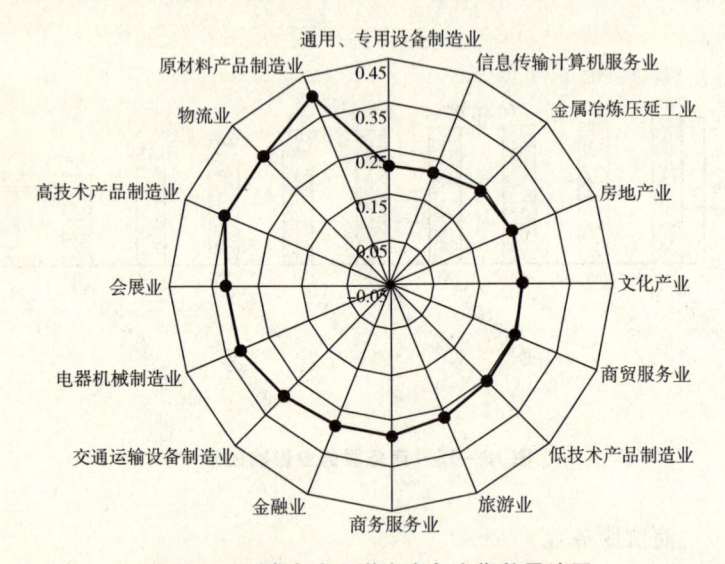

图10-17 青岛产业潜在竞争力指数雷达图

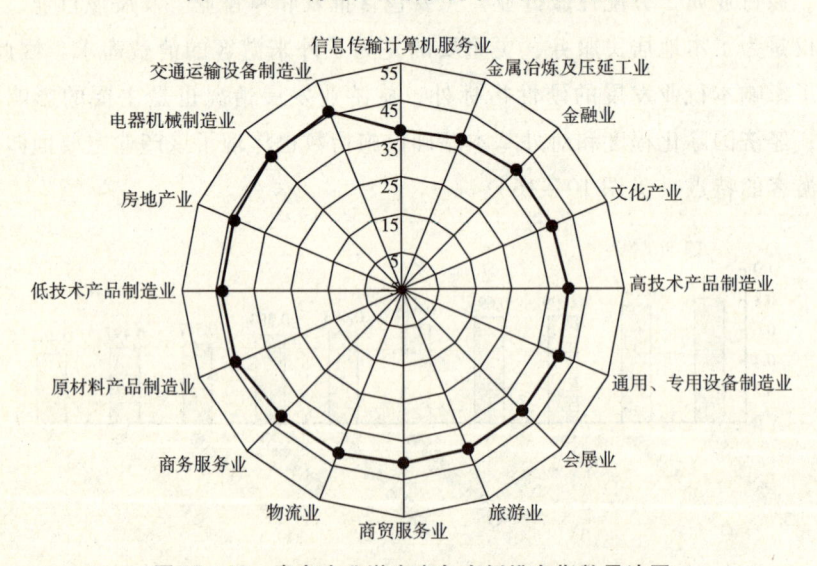

图10-18 青岛产业潜在竞争力倒排名指数雷达图

说明:为了使排名和优势的数值一致,并在雷达图上显示出来,雷达图使用倒排名。

第十章 青岛城市产业发展分析

从产业竞争力指标表现及排名来看，青岛 16 大产业在 55 个城市的比较中表现都非常不错，都在前 20 名之列。青岛相对其他 54 个城市有较大优势的产业如下：交通运输设备制造业、电器机械制造业、房地产业、低技术产品制造业、原材料产品制造业、商务服务业、物流业，青岛的这些行业都在 55 个城市的前 15 名之列。在自身的产业体系比较中，青岛比较占优势的是原材料产品制造业、物流业、高技术产品制造业、会展业、电器机械制造业、交通运输设备制造业。而根据数据得出的青岛产业及功能竞争力指数相差并不是很大，而且这些产业在全国都有较强的竞争力。因此，未来青岛主导产业的确立及发展需要与其资源获得和产业规划相联系。

三 青岛市产业发展的战略选择："三大体系，十二大产业"

城市产业的发展决定着城市功能的体现和地位的提升，更决定着城市竞争力的高低。在过去的几年里，青岛市充分利用自身优势，抢抓机遇，大力推动产业发展，经济运行机制和经济增长方式发生了很大变化，产业竞争力有了显著提高，为青岛未来的产业发展与经济转型奠定了良好的基础。同时，我们也应该清醒地认识到，青岛市产业发展水平和质量还存在许多不足，还面临着来自各方面的压力和挑战。抓机遇、破难题，产业是关键。未来，青岛市要继续抓住战略机遇，发挥自身区域优势，提升城市竞争力，推动国民经济和社会又好又快发展，必须具备前瞻性、战略性的眼光，高起点、高标准地促进产业发展，形成结构合理、配置科学、具有国际竞争力的产业体系。

在全球化和信息化背景下，通过产业定位定量研究，充分借鉴国际经验，结合青岛市产业基础、资源禀赋和比较优势，以现有产业格局为基础，青岛市应突出地区优势和特色，坚持对经济结构进行战略性调整，坚持发展产业集群。打造工业引擎，做强现代服务业，实现高端产业与低端产业兼顾、现代产业与传统产业共赢；建立面向都市需求和全球分工的现代制造业体系、高新技术产业体系以及现代化的服务体系，发展特色鲜明、优势突出、具有国际竞争力的 12 大产业。

1. 三大产业体系

青岛市拥有雄厚的产业基础和产业发展条件。应在保持和增强第二产业优势的基础上，发展高新技术产业和现代服务业，形成具有国际竞争力的"三大产业体系"。

（1）先进制造业体系。

走新型工业化道路，以家用电器、食品加工等拥有优良的工业发展传统和雄厚的工业产业为重点，以大企业、大项目和知名品牌为主导，以OBM（独有品牌、独有技术的产品制造阶段）为目标，加快形成"一城多园"的产业集聚平台，推进产业集约发展，形成具有国际竞争力的现代制造业体系，确立东北亚中高端制造业中心的地位。

（2）高新技术产业体系。

将高新技术产业作为有效促进青岛新兴产业扩张和传统产业技术创新，主导区域未来经济发展的战略性产业。以新材料产业、新兴海洋科技产业、新能源产业等高新技术产业为重点，以国家软件出口创新基地、国家信息服务基地、国家生物产业基地服务平台、青岛海洋科学与技术国家实验室等科研中心为依托，建成与"世界知名特色城市"、"全国重点中心城市"相匹配，具有国际竞争力的高技术产业研发基地和制造基地。

（3）现代服务业体系。

把现代服务业作为新的经济增长点和产业结构调整的战略重点。大力发展会展、金融、商务服务和科技服务等生产性服务业，旅游休闲、文化娱乐、私人服务业等消费性服务业，物流、商贸等分配性服务业，科教、健康及福利社会性服务业。建立既促进当地经济发展又带动经济升级的现代服务业新体系，构筑体现青岛市特色、与国际接轨、大品牌、强辐射的现代服务产业体系。

2. 十二大产业

青岛市应遵循全球产业发展规律、立足自身现实和条件，迎接全球产业转移的机会，实施产业跨越式发展战略，在着力培育三大产业体系的基础上，重点发展装备制造业、新材料产业、海洋高新技术产业、软件产业、清洁能源产业、金融业、物流业、电子信息产业、会展业、旅游休闲业、文化创意产业、中介服务业等12大类产业，构造具有国际竞争力的12大产业。

第十章 青岛城市产业发展分析

（1）装备制造业。

充分利用自身在地理位置、自然资源以及投资环境上的比较优势，以大型装备制造业产业基地为载体，重点发展汽车及零部件和造船及零部件两大产业，巩固提升高速列车、铁路机械、纺织机械、基础机械、电子装备等五大领域优势产品，形成电气、电工、精密机械、环保设备、智能设备五大产业集群，建成具有国际竞争力的装备制造基地。

（2）电子信息产业。

充分发挥海尔、海信、澳柯玛等位居全国电子百强的大企业的龙头作用和国家级电子信息产业园区的带动作用，以高档智能化家电产品、高速宽带网络及通信产品、高性能计算机及外围设备、高质量信息服务业为重点，发展计算机及外设、信息产品生产设备、卫星通信设备、宽带网接入设备、信息材料产业等。重点发展光学纤维面板系列产品、信息安全防泄露技术及设备、新型电子元件生产关键设备、硅微机械加速度传感器等自主知识产权产品，形成信息采集、信息生产、信息检测、信息转换、信息存储、信息传递、信息处理、信息分配、信息应用的完整信息产业链条，建成具有国际竞争力的电子信息基地。

（3）海洋高技术产业。

充分利用青岛海岸线长、海洋生物资源和科教资源丰富的资源优势，进行海洋高技术研发及生产。以海水高科技种苗繁育为基础、海洋新药及功能食品开发为龙头，以海洋工程制造业和海洋精细化工产品开发为主体，以海洋药物及功能食品、海洋天然产物和活性物质提取、海洋精细化工和海洋防腐、海洋水产品苗种培育及养殖、海洋工程设备及仪器仪表等五大产业集群为重点，构筑国内领先的海洋工程制造业基地，创建国际领先的海洋环保及海洋化工基地，形成具有国际竞争力的海洋高技术产业基地。

（4）软件产业。

把软件产业作为推动青岛经济结构调整和产品结构更新换代的重要基础和支撑产业。发挥软件园区的集聚效应和骨干软件企业的带动作用，重点利用青岛市电子信息产品制造业的规模优势，大力发展嵌入式软件和IC 设计业，建成国内重要的嵌入式软件产业化基地；围绕青岛优势产业集群的建设，发展重点行业应用软件及服务业；承接日、韩和欧美地区软件外包服务产业转移,发展软件服务外包业。建成以大型软件企业为基础、相关配套产业和设施高度聚集、具有国际竞争力的软件制造业基地。

(5) 清洁能源产业。

以太阳能、风能等应用范围广,使用方便、清洁环保、储存安全、经济实惠的清洁能源作为青岛能源产业的新兴增长点。重点在海洋能利用领域,充分利用海洋资源优势,发展和推广海水源热泵;在太阳能利用领域,依托在青岛的大企业和国内大院大所科技力量,进行太阳能热水器、太阳能空调以及太阳能光伏电池等产品的技术研发与产业化;在风能利用领域,发展风力发电项目;在生物质能利用领域,发展沼气、秸秆气化、植物发电、植物制油等,建成国家重要的新能源产业基地。

(6) 新材料产业。

把新材料产业作为青岛重点发展的高新技术产业之一,成为振兴青岛地方经济发展重点支持的支柱产业。保持海尔、颐中格栅、金谷镁业、喜盈门、海之源、美高等企业集团优势和工程塑料、改性工程塑料、特种钢板、纳米材料等新材料产品优势,依托胶州湾北部高新区、清华大学"新型陶瓷与精细工艺"国家重点实验室、国家火炬计划青岛市新材料产业基地等,重点发展陶瓷材料、海洋生物材料、电子信息材料、纳米材料、环境友好型高性能橡塑材料、海洋生物材料、新型复合材料、高性能结构材料、清洁能源材料、新型建筑及化工新材料等。建成具有国际竞争力的新材料产业基地。

(7) 金融产业。

把金融业作为青岛高端服务业的代表产业。重点支持现有驻青岛金融机构加快发展,形成一批具有实力的金融机构;有针对性、有重点地加强对欧美、日韩等国家和地区各类金融机构开展金融招商活动,形成外资金融机构群;支持大型企业集团设立金融公司、财务公司、保险公司,设立私募股权投资基金,发展产业投资基金;形成一批具有竞争力的上市公司,建成区域性的金融总部基地和金融中心。

(8) 物流产业。

充分利用青岛交通基础设施便利优势,紧密围绕支柱产业和传统优势产业,强化为大型产业基地、工业园区和大型制造企业配套的物流服务能力,发展以第三方物流为主体的社会化、专业化物流,重点依托青岛主要园区的建设，形成为制造业服务的专业化物流产业，建成机械制造、装备制造业等专业化物流基地；形成一批规模大、功能强、服务水平高、与产业配套紧密的物流服务外包企业，建成区域物流基地和国际物流分拨中心。

（9）会展产业。

充分利用奥帆赛的申办和成功举办的机遇，利用现有完善的硬件设施和强大的会展队伍，在继续办好中国国际消费电子博览会（SINOCES）和国际性消费电子展两个知名品牌会展基础上，重点形成一批专业服务水平较高、管理理念较新、拥有品牌和自主知识产权、具有核心竞争力且经营规模与业绩在行业中排名前列的专业会展企业。重点吸引高端会议展览，成为国际组织会议、跨国公司总部会议、全球性高峰论坛的举办最佳选择城市；重点吸引具有国际影响力的国际机构进驻青岛，成为一些国际组织的常驻地。建成功能突出、水平一流、服务上乘的国际性会展基地。

（10）旅游休闲产业。

充分利用青岛优美的自然环境和特殊的人文积淀，重点发展诸如高尔夫、私人游艇、私人帆船等高端消费性旅游业和高端娱乐业；重点吸引更多的跨国公司总部和分部落户青岛市，发展国际化高端商务旅游；重点发展体现海洋特色、城市文化的体验性旅游休闲产业。结合旅游业发展，培育和发展包括演出、娱乐、音像、电影、书刊、文物和美术市场在内的文化产业；发展满足高端需求的特色旅游产品和运动场馆、宾馆酒店等旅游休闲基础设施，建成东北亚休闲中心和国际性的旅游休闲基地。

（11）文化创意产业。

充分利用青岛人文和科研资源优势，重点发展具有青岛特色的互联网服务、网游动漫、网络出版、数字媒体等数字内容产业，加快发展数字设计、文化创意产业。发展商业性信息资源的开发和增值服务，加快发展数字影视、远程医疗和网络教育等互联网信息服务，形成一批规模化、国际化的数字内容和创意产品；发展高技术的基础设施，逐步形成相互接驳的产业链条，构筑顺畅交换传播的数字网络和一个高度市场化的交易平台，建成具有国际竞争力的文化创意基地。

（12）中介服务产业。

把中介服务业作为市场资源配置和协调平衡市场主体利益的重要枢纽

产业。重点发展工程咨询、高新科技、房产、决策咨询、投资论证、资产评估、会计审计、经纪代理、企业诊断、市场调查、公证鉴证、法律服务等商务服务产业。适应对外开放新形势，发展国际投资、国际贸易、市场调查、出国培训等涉外中介服务业。引进青岛市急需的技术转移、融资辅助、涉外法律咨询、知识产权代理等中介服务机构，吸引一批国外知名中介机构在青岛设立分支机构或办事处，建成具有国际竞争力的中介服务产业基地。

第十一章
青岛"环湾保护、拥湾发展"
——拥湾战略的实施措施

一 拥湾战略的意义

拥湾战略对于调整优化青岛空间布局,构筑"一主三辅多组团"城市框架,进一步增强城市综合竞争实力,促进富强文明和谐的现代化国际城市建设具有非常重要的意义,是进一步提升青岛国际竞争力的重大战略举措。

1. 加快推进"环湾保护、拥湾发展"战略,是贯彻落实科学发展观的具体体现

深入贯彻落实科学发展观,必须坚持以人为本,促进全面协调可持续发展。加快推进拥湾发展战略,改善胶州湾生态环境;优化提升老城区功能品质,建设发展新城区,带动老城区企业搬迁改造,加快旧城改造步伐;完善公共服务配套设施,对于提高居民生活质量,缩小南北差距,促进城市协调均衡发展具有重要意义,是青岛实现科学发展的必由之路和必然选择。

2. "环湾保护、拥湾发展"战略是拓展发展空间、提高城市承载力的现实需要

城市空间布局调整是推动城市发展的重大举措,科学、集约、紧凑发展是青岛发展的必然要求。改革开放以来,青岛通过实施城市东扩、区划调整、经济重心西移等一系列战略举措,拓展和优化了城市空间布局,为城市的持续发展注入了强大动力和活力。当前,青岛正处于发展的关键时期，工业经济按照"大项目—产业集群—产业基地"的发展战略，着力打造具有国际先进水平的制造业基地，已初步形成重化工业、装备制造业、高新技术产业为主导的现代化大工业体系。现有城市空间已日益制约城市潜能的发挥，实施城市内涵式发展成为当务之急。加快推进拥湾发展战略，充分利用环胶州湾地区丰富的滨海、土地资源，拓展城市新的发展空间，对于进一步提高青岛的城市承载力，积极承接国际产业转移，有效应对城市人口规模扩张都具有重要的现实意义。

3. "环湾保护、拥湾发展"战略是青岛市加快产业结构调整，改变增长模式的必然路径

城市空间新格局的形成，同样也是青岛产业重新布局的过程。"环湾保护、拥湾发展"战略为青岛未来城市经济、社会发展、承接主城区产业、功能转移提供了新的空间。无论是从青岛自身发展需要，还是从区域性城市发展战略看，青岛产业无疑都需要一个更高起点的产业层次，更具科学性的发展模式，拥湾战略则为这一切提供了契机（环海战略为此提供了广阔的发展空间）。发展现代服务业、先进制造业、高新技术产业是青岛的产业选择，产业结构的调整可以和企业的改组、改革、改造结合，企业在转移过程中，可以通过改造新设备、更新工艺、加强创新，从而提升产业核心竞争力，找出新的发展空间。同时，拥湾发展的前提是环湾保护，这对于青岛改变"大量生产、大量消费、大量废弃"的传统增长方式，建立一个以循环生产为主体的经济模式提供了基础条件和战略空间。

4. 加快推进"环湾保护、拥湾发展"战略，是加快建设区域性中心城市的战略选择

拥湾战略立足于青岛和山东本身，对于发挥青岛的龙头带动作用意义重大。加快推进拥湾发展战略，以胶州湾为依托，以主城区和黄岛区、崂山区、胶州湾北岸三个辅城为支撑，把环胶州湾地区打造成城市核心圈层，辐射带动即墨、胶州、胶南等内圈层和莱西、平度等外圈层，构筑"一主三辅多组团"的大城市框架，将有利于增强青岛作为区域性中心城市的能级和辐射带动能力，更好地发挥在全省"一体两翼"和海洋经济战略格局中的龙头带动作用，在山东半岛、沿黄流域乃至黄海西岸与东北亚等更广阔区域带动建立起资源共享、产业互动、错位增长、一体化发展的合作共赢新格局,促进青岛在新起点上实现更好更快发展。

5. "环湾保护、拥湾发展"战略,突出了对胶州湾实施生态保护的重大历史和现实意义

"环湾保护、拥湾发展"战略首次全面系统地阐述了环湾区域生态资源保护的策略和意义,明确提出环湾保护是拥湾发展的前提和保障,确立了"在保护的前提下发展,在发展的过程中保护"的原则。加强前海一线及后海截污力度,保护近岸海域环境;加强水源地生态保护和重点河流环境治理,严格控制陆源污染;在截污的前提下,逐步清理相关河道入海口滩涂的污泥,彻底改善河道和入海口滩涂的生态环境;加强区域内的山头、河道、海滨绿化,规划建设区域性生态景观,将是青岛今后发展过程中的重要环保举措。拥湾战略为青岛生态城市的建设,以及恢复和完善胶州湾地区的物质与能量循环奠定了厚实的基础。

6. "环湾保护、拥湾发展"战略的确立,为打造国际知名的生态新城、融入国家可持续发展战略创造了条件

加快推进"环湾保护、拥湾发展"战略,提出生态产业新城的规划目标,是探索以生态文明为核心的经济发展模式的理性选择,是实现经济增长与资源节约、环境保护有机结合的有效途径。拥湾战略要求在城市发展和规划上改变杜绝盲目扩大规模的外延式发展模式,走优化城市结构、完善城市功能、集中统一管理的道路,提高城市的可持续发展能力。"环湾保护"与"拥湾发展"并重,科学与可持续发展的理念和思路是拥湾战略的核心。

"环湾保护、拥湾发展"战略的确立,为新时期城市建设、经济发展提供了新的空间载体。拥湾战略打开了青岛的全新战略空间,对于进一步提高青岛的城市承载力、科学拓展城市发展空间、提升基础设施集约化程度、彻底改善区域生态环境质量,实现青岛经济社会发展、城市空间合理布局都具有重要的战略意义。大力推进拥湾发展战略,将胶州湾变身为青岛的一个"内湖",将环胶州湾地区建设成为一个新老城区风格协调、产业分布合理的现代化经济岸线、生活岸线、生态岸线,是青岛新时期社会经济和谐发展的要求,是青岛提升国际竞争力的必然选择。

总之,"环湾保护、拥湾发展"战略是提高青岛国际竞争力的重大举措。滨海城市的魅力和吸引力始终是青岛城市核心竞争力的重要组成部分。在新的历史条件下，加快推进拥湾发展战略，围绕胶州湾建设城市组团，使青岛独特的滨海城市风格和人文特色沿胶州湾延续和放大，形成环湾型城市景观，建设更美好的生活宜居、休闲观光城市，将进一步提高城市的国际知名度和美誉度。拥湾发展的空间布局，将进一步为青岛的产业升级提供强大动力，增强集聚产业高端要素的能力。拥湾发展战略是青岛提升硬件环境建设的巨大契机，青岛的金融服务业和科技创新能力将得到快速发展。以拥湾战略实施为契机，青岛必将进一步提升市场制度建设、社会管理等方面的公共服务水平，软件环境竞争力大幅提升，青岛将会成为环大黄海区域的人才、技术、资本汇聚平台和中心。拥湾战略的实施将大力提升青岛的国际竞争力，促进青岛又好又快地发展。

二 拥湾战略的实施措施

实施"环湾保护、拥湾发展"战略，总体思路是按照科学发展观的要求，从实际出发，遵循城市发展规律，搞好科学规划，严格工作流程，稳步扎实推进。按照"一主三辅多组团"的大城市框架，以青岛的发展愿景为目标，统筹开发与保护两大议题，高起点、高标准地规划青岛城市发展布局，推动青岛的产业经济、社会民生、生态环境、文化建设全面和谐发展。

拥湾战略是青岛经济社会全面发展的总体战略，要保障战略的顺利实施，必须明确拥湾发展战略的核心内容、发展原则和保障机制的逻辑框架。在战略实施内容方面，要确立产业升级、科技进步和自主创新、基础设施建设、生态环境建设、社会文化事业建设五项核心内容；坚持开发与保护并重、和谐发展、可持续发展、内外结合、重点带动五个原则；建立统筹规划、体制创新、政策引导、统一思想、组织协调五大保障机制。只有在战略实施过程中坚持"三五"逻辑框架，才能有序推动青岛拥湾战略达成发展愿景，实现青岛社会经济发展，提升国际竞争力（见图11-1）。

1. 拥湾战略实施的五项核心内容

（1）产业升级。产业结构的调整和环节的提升最终决定着城市功能和地位的提升，决定城市价值链位置和竞争力的高低，推动产业升级是各城市发展的永恒主题。拥湾战略的核心内容就是实现青岛市的产业结构优

第十一章　青岛"环湾保护、拥湾发展"

拥湾战略实施五项核心内容

1 开发与保护并重原则
2 和谐发展原则
3 可持续发展原则
4 内外结合原则
5 重点带动原则

拥湾战略实施五大保障机制

图11-1　拥湾战略实施"三五"逻辑框架

化和产业升级，稳步提升青岛的国际竞争力。如本文所述，青岛未来要重点打造三大产业体系和十二大产业，围绕"一主三辅、三圈层、多组团"的规划思路，科学合理地布局产业规划和定位，实现有效的产业积聚，提升青岛产业竞争优势，壮大青岛产业基础。

（2）科技进步和自主创新。青岛市未来要大力发展高新技术、现代服务业、现代制造业三大产业体系，科技进步和自主创新对产业体系的发展至关重要，通过加快高新区建设、继续培养高新技术园区和产业、加快信息化和工业化融合等措施，增强集聚高端要素的能力，推动青岛的产业结构优化和进一步发展，为青岛在新一轮的城市竞争中抢抓先机赢得主动。

（3）基础设施建设。"一主三辅"环胶州湾核心圈层的城市框架建设离不开完善的基础设施，而城市框架的构建则是拥湾战略的核心。青岛市要统筹发展规划，加强城市道路、公共服务设施、水陆空航运枢纽建设，为青岛市"环湾保护、拥湾发展"奠定坚实的基础设施基础，使青岛城市布局进一步完善。

（4）生态环境建设。拥湾战略将胶州湾作为青岛的"内湖"，力争将青岛打造成为具有现代化生活岸线、经济岸线、生态岸线的国际城市，生态文明发展之路是必然选择。岸线保护、污染治理、污水处理、湿地保护和开发、生态再生将是青岛在生态环境建设中的重点工作。"环湾保护"

是拥湾战略的先导。

(5) 社会文化事业建设。滨海文化名城一直是青岛的名片，奥帆赛的成功举办为青岛的文化事业建设添上了浓重的一笔。社会文化事业的建设也将对青岛提升国际竞争力产生巨大的作用，青岛需要进一步打造"帆船之都"、"音乐之都"、"影视之都"等城市文化品牌，扩大城市文化品牌的影响力，建设文化产业基地，促进文化产业群的发展，从而带动公共文化事业的发展。

2. 拥湾战略实施的五个原则

(1) 开发与保护并重原则。"环湾保护"是"拥湾发展"的首要条件，环保优先，通过实施保护、治理、再生等措施，在老城区改造中根除污染，在新城区建设中杜绝污染，做到有序开发和合理保护相结合，保持社会经济发展的同时始终把生态环境建设放在重要位置。只有坚持开发和保护并重的原则，才能保证青岛拥湾战略达到目标，实现青岛现代化生活岸线、经济岸线、生态岸线的建设目标。

(2) 和谐发展原则。青岛的发展离不开经济支撑，更离不开社会的全面和谐发展。生态城市、文明城市、宜居城市的建设同样是青岛在拥湾发展过程中必须坚持的目标，和谐发展也是青岛"拥湾环海"战略的发展愿景目标和原则。经济、生态、公共服务、文化事业的全面协调发展，才是青岛城市发展追求的终极目标。

(3) 可持续发展原则。拥湾战略的实施要综合考虑青岛交通体系、城市空间布局、生态保护和旅游发展，在发展的同时提高青岛的城市承载能力和可持续发展能力。以胶州湾生态保护为核心，积极提升中心城区的辐射带动能力，促进胶州湾区域各城市组团间的联系与协作，科学引导城市空间拓展，推动区域基础设施网络化与城市空间一体化发展，将环胶州湾区域规划建设成以轴向发展、圈层放射、生态相间为空间结构的国际化、生态型、花园式的环湾城市组群。以依托主城、内涵式发展的全新视角审视城市空间未来发展，这也是城市科学、集约、紧凑发展的必然要求。

(4) 内外结合原则。"拥湾战略"是以全面、和谐、可持续的眼光通盘考虑城市空间的发展规划，全面规划青岛未来的发展模式，在青岛的发展过程中离不开借力先进城市、引进高级人才、借鉴成功经验。拥湾战略的实施离不开环海战略的眼光，借力先进城市、加强互补合作实现更好的环海跨越、提升青岛的国际竞争力是青岛战略实施的重要措施。正确处理拥湾和环海的关系，把握内外结合的原则有力推动拥湾战略的有效实施。

（5）重点带动原则。在环湾各组团有序推进的基础上，要抓好重点组团的起步建设。在具备一定基础条件的部分组团可以作为近期的开发重点，率先起步。发挥好这几个组团的示范引导和带动支撑作用，形成多点突破、以点带面、全面推进的"环湾保护、拥湾发展"大格局。"拥湾发展"战略将在重点研究环湾区域各组群的功能定位、空间形态、交通组织、基础设施、城市主流风格、生态环境等规划要素的基础上，按照"一线多点"的科学路径有机推进。"一线"就是团岛到老港区岸线，规划以港航经济为主导产业，同时发展旅游、商贸、休闲产业，新建一批、改造一批，塑造优美的湾口天际线。"多点"即四方海泊河至城阳白沙河环湾区域。

3. 拥湾战略实施的五大保障机制

（1）统筹规划。加强调研，做好规划编制工作。认真调研，准确把握实际情况，广泛征求社会各界对概念性规划编制的意见，汇集广大民众的智慧，创新规划理念，尊重规划程序。规划编制要体现国际特征、青岛特点，围绕打造生活岸线、经济岸线和生态岸线，进一步彰显滨海城市的特色。以科学发展观为指导，坚持"拥湾发展"与"环湾保护"并举，要做到环保优先，切实保护好生态绿地。要充分借鉴国内外建设滨海城市的经验与教训，充分考虑城市发展的系统性、综合性和延续性，围绕具有高新产业支撑、高端人才支撑、生态支撑、旅游支撑的充满生机活力的国际化、生态化、花园式现代化城区的总体目标进行规划工作。同时，要尽快完成土地利用、道路交通、水环境整治等专项规划编制，切实搞好核心区块的城市设计。

（2）体制创新。充分动员社会力量，要坚持"政府主导、企业主体、社会参与"的开发模式，充分调动起政府、企业、社会的积极性。"拥湾战略"是关系到青岛未来发展的重大战略部署，涉及青岛的社会发展、经济和产业发展、生态环境、人文居住等方方面面，要充分调动各参与主体的积极性，在政府的主导下，稳定而有序地推进，建立完善"分区组织实施、分块负责开发"的项目开发建设机制。同时借鉴上海、天津、唐山、香港、东京、旧金山等国内外环湾型城市的经验，使各项措施更科学、更合理，坚决避免走弯路。

（3）政策引导。按照"统一协调、政府引导、市场运作"的思路，建立支撑开发建设的投融资机制。整合国家、省、市各级政策资源，向外资政策、土地政策、税收政策、人才政策等方面实施有效倾斜，进一步调动各方力量的积极性，为重点区域建设和"拥湾战略"实施创造便利条件。

（4）统一思想。"环湾保护、拥湾发展"战略必须充分调动各个层级、各个方面的积极性，齐心协力抓好推进，统一思想认识至关重要。增强舆论导向是统一认识的重要途径。通过制定具体的实施办法和保障措施，引导全市上下大力宣传、广造舆论，使全市上下深入理解"拥湾战略"的重大意义，明确战略作用，形成"环湾保护、拥湾发展"战略实施的强大合力。

（5）组织协调。"拥湾战略"涉及范围广、参与方面多、改革层次深，对上要争取与国家、省级政策的对接协调，对下要调动各方面的积极性，形成合力。由有关市区的主要领导同志牵头，明确专门机构，加强国家、省、市以及区市之间的工作衔接，及时研究解决工作中遇到的重大问题，形成上下联动、密切配合的工作格局。组织协调工作是"拥湾战略"实施的必要保障。

"拥湾战略"是青岛中长期全面城市发展战略，是青岛城市发展的需要，也是青岛提升国际竞争力的需要。战略实施过程中，必须明确"三五"实施逻辑框架，推动青岛大步迈向一个崭新的发展平台。

第十二章
青岛市的"环海竞合、依海崛起"
——环海战略实施措施

"环海战略"是课题组根据对青岛国际竞争力和国际化程度全面分析后,在吸纳借鉴世界先进城市发展规律和经验的基础上,为提升青岛国际竞争力而量身定做的。"环海战略"将和"拥湾战略"一起,互为支撑,促进青岛实现跨越式发展,确立在黄海区域的龙头地位。

"环海战略"坚持以"环海竞合、依海崛起"为战略指导原则,近环大黄海,远环五大洋。该战略首次提出以青岛为圆心,以首尔、上海、北京三大城市为支点,以温哥华、日内瓦、西雅图三大城市为标杆,依托环大黄海,面向全世界,进行多层次的分工与合作发展思路,提出将青岛建成黄海区域的中心和龙头,国际一流的制造、会展和休闲城市的发展目标。可以说,"环海战略"是一个伟大的创意,是青岛提升国际城市竞争力的重要思想和行动指南。

一 "环海战略":六个核心意义

"环海战略"的提出和实施意义深远,该战略旗帜鲜明地提出青岛自己的国际化战略,对青岛未来城市综合竞争力的提升和国际地位的提高,有着极其深远的战略意义。

1. "环海战略"是青岛独树一帜的国际化战略

——"环海战略"是具有青岛特色的国际化战略,是青岛鲜明的国际竞争和区域竞合策略，青岛提出"环海战略"，有利于提升国际知名度和在国家开放战略中的重要性。

青岛是进行国际化战略较早的城市，自承办奥帆赛以后，国际化和竞争力水平显著提升，进入了初步国际化阶段。不过，青岛相对天津等城市来说，没有鲜明提出自己的国际化策略。以天津为例，天津是环渤海战略的倡导者和推动者。在国家"十一五"规划中，天津作为环渤海经济圈发展的重要引擎。天津在倡导和推动环渤海战略中，综合实力和国际知名度显著提升。

青岛虽然属于环渤海经济圈畴畴内，但距离较远，没有天津、大连等天然地理优势，收益不大。"环海战略"作为青岛独树一帜的国际竞合战略的提出，近环大黄海，远环五大洋，将改变青岛在环渤海经济圈的尴尬局面，青岛凭借崭新的定位将处在中国沿海重要城市和国际知名城市行列。需要特别指出的是，青岛提出环大黄海作为其国际化核心区域，倡导环大黄海战略本身就是一种国际化营销的方式，必将提高青岛的国际影响力。

——"环海战略"是青岛实现跨越式国际化的迫切需要，将极大提升青岛国际化水平，推动城市向基本和全面国际化阶段发展。

青岛的国际城市竞争力战略必须融入全国、全球的经济大环境去定位、去谋划。对于青岛来说，采取常规发展措施见效是比较缓慢的。青岛需要牢固确立和北京、首尔和上海之间的关系，全面和这三大城市合作，在相关领域重点和世界大都市合作，只有这样才能实现跨越式的发展和进步。

2. "环海战略"搭建了青岛的国际空间层次格局

——"环海战略"是指青岛近环大黄海，远环五大洋，从黄海区域到大黄海区域，再到全球范围，开阔了青岛国际发展新视野，多层次地构建青岛国际空间格局。

青岛要成为黄海区域的龙头。黄海区域不仅包含山东半岛，而且也包含韩国和朝鲜半岛西海岸地区。青岛要成为黄海区域核心国际战略的提出，使得青岛不仅要成为山东半岛的龙头，更要在竞争力超过韩国和朝鲜

———— 第十二章 青岛市的"环海竞合、依海崛起" ————

半岛西海岸地区,最终引领黄海两岸的经济发展。

青岛要成为环大黄海区域的重要中心城市。大黄海区域包括黄海、渤海和东海一部,也就是以青岛为圆心的一小时飞行圈,也包含了韩国、朝鲜大部分。环海战略指出,青岛要依托大黄海发展,和北京、上海及首尔展开全面紧密合作,从环大黄海区域的几何中心成为重要中心城市,成为环五大洋的国际一流城市。从全球来看,环海战略提出青岛要从自身比较优势和世界产业发展规律出发,在重点专业领域,学习国际大都市经验,加强和国际大都市合作;在相对优势领域,占领全球市场,少数高端产品进入欧美主流社会,多数中高端产品进军发展中国家和地区城市。最终将青岛构建成为环五大洋的国际知名滨海城市。

3. "环海战略"落实了青岛国际化的战略思路

——"环海战略"明确了青岛国际化的思路和方式,基于经济学交易成本和空间成本原理以及城市功能等级,划分出不同的国际区域,并提出青岛要"依托大黄海,带动低近,辐射低远,联动中近,接触高远"的增强国际竞争力的发展思路。

(1) 对于战略纵深海域——大黄海,这是青岛国际化战略的根基,青岛要依托大黄海实现发展。大黄海包含两个概念——"黄海"和"大黄海"。青岛在黄海的地缘优势,正如天津在渤海的地缘优势。依据黄海周边城市等级高低的不同,青岛要采取不同的措施,也就是"带动低近"的措施;对于大黄海区域而言,也就是"一小时飞行经济圈",依据周边城市等级高低的不同,青岛要采取"联动中近"的措施。

(2) 对于等级低和距离近的城市和区域,青岛要带动。也就是青岛要力争带动山东半岛和朝鲜半岛西海岸区域,成为核心城市。

(3) 对于等级低和距离远的城市和区域,青岛要辐射。也就是青岛要占领和开拓全球低端市场,如非洲等,将产品输出到这些区域。

(4) 对于等级中端的和距离近的城市和区域,青岛要全方位合作。也就是青岛要紧密联动北京、上海和首尔三大支点城市,树立"攀富亲戚"的发展思路。

(5) 对于等级高端的和距离远的城市和区域,青岛要接触和专业分工合作。具体来说,青岛要以三大国际特色都市为标杆,学习西雅图的制造、温哥华的休闲、日内瓦的会展,同时要紧密和东京、纽约、旧金山等国际大都市展开重点专业行业的合作。

4. "环海战略"是"拥湾战略"的重要支撑

——"拥湾战略"和"环海战略"共同促进青岛国际竞争力的提升,"拥湾"是内因,"环海"是外因,二者相互作用,为青岛发展提供动力。"环海战略"的实施和规划,有助于为"拥湾战略"争取更大的国际发展空间,是"拥湾战略"强有力的支撑。

"环海战略"能为"拥湾战略"拓展国外市场。"环海战略"的实施,无论是依托大黄海,或是辐射低端市场,还是部分优势产业进入欧美主流市场,都为"拥湾战略"主导产业的发展提供了广阔的市场,为企业的发展提供了发展思路和机遇。

"环海战略"有助于青岛引外来资源为己所用。"环海战略"实施的本质就是,面向全球寻找资源。青岛和三大支点城市的全面合作,就是为了吸收三大城市的人、财、物,遵循"攀富亲戚"和"较容易攀得上"的原则,借力崛起。对于世界大都市的优质资源,青岛要重点专业合吸收,寻找自己最想要的技术和管理技能,最终实现跨越式发展。

"环海战略"能为"拥湾战略"承接高端产业。"环海战略"的实施,是面向全球寻找发展机遇,为青岛积极承担当前发达国家和区域的产业转移,大力发展现代服务业和高科技制造业,提供相关的政策等支持。

"环海战略"能为"拥湾战略"转移低端产业。"环海战略"的实施,为在拥湾建设中所需要转移走的企业和产业提供了思路。青岛要果断对缺乏优势和发展前途的企业,采取"关一批,倒一批,走一批,强一批"的方针,促进低端产业在黄海区域的扩散。

5. "环海战略"指出青岛要跳出山东看山东,做黄海区域的龙头

——"环海战略"是青岛引领半岛城市群发展的需要,是青岛在和韩国及朝鲜半岛西海岸竞争中占据优势的需要。

第十二章 青岛市的"环海竞合、依海崛起"

"环海战略"有助于青岛确立在半岛城市群的领军地位。山东省出台了《山东半岛城市群区域发展规划》，明确指出"半岛城市群要突出'开放、融合、发达'三大区域特色着力形成带动全省、服务黄河流域的龙头区域和继长江、珠江两个三角洲之后全国开放程度最高、发展活力最强、最具核心竞争能力的经济增长极"。面对半岛城市群迫切需要向国际化城市群迈进的愿望，青岛作为半岛城市群龙头城市，辐射力不足。青岛和北京、上海相比，缺乏绝对性的中心辐射力。因此，"环海战略"指出青岛要借外力为己所用，和北京、上海、首尔攀"亲戚"，遵循相应发展思路，建立较为稳固的人才、资金合作机制，提升青岛的国际影响力。

"环海战略"要求青岛有大的视野，在与韩国西海岸竞争中占据优势。青岛要有大气魄，力争在黄海区域超越仁川，成为黄海区域的最具竞争力的城市，争取广阔的空间和发展。

6. "环海战略"是中国国际化战略的重要内容

中国日益成长为世界的大国。中国沿海城市的发展好坏，关系到中国在太平洋地区国际影响力和地位。在东北亚区域，中国也面临着和日本、韩国和俄罗斯的竞争。日本沿海城市发展迅速，韩国也在大力争夺东北亚地区的有影响力的位置。就环大黄海而言，青岛的崛起有利于青岛和天津、大连一起，和韩国竞争，在环西太平洋和日本、俄罗斯竞争。因此，青岛的"环海战略"符合中国国际化战略的需要，青岛要在开放中学会重点合作，成为中国国际化进程中重要一环。

二 环海战略的发展原则

本部分的发展原则，主要是围绕如何实现"环海战略"来构造的，指导"环海战略"更快更好地实现，带动青岛国际竞争力的提升。

1. 突出个性，特色分工

构造青岛核心优势，参与全球分工协作。青岛发展要立足优势、发挥优势，把自身的优势发挥到最大，也就是将核心竞争力灵活使用。不但要把产业做精做透，而且要突出产业链的优势环节，在创造核心价值上下工夫，做同类城市最优秀的，这样才是竞争力最强的城市。同时，青岛要想实现成为世界重要城市的目标，必须参与全球分工，在和国际先进城市的分工合作中，做好承接工作，推动现代服务业的发展。

2. 主动出击，全面接轨

主动出击，营销自我。青岛虽然有着大好的机遇，但是需要自身积极争取努力，积极树立城市品牌，力争将潜在优势转化为现实优势，不等不靠，紧紧抓住环大黄海地区三大支点城市几何中心的战略要地。为中国改革开放进一步贡献思想的火花，为中国城市化道路探索出新的模式。

制度对接，设施互通。青岛要大胆创新制度及机制，再造改革开放新标杆。积极进行制度方面的改革，在政府管理制度、市场制度等方面进行改善，学习世界先进城市的经验。同时，积极改善交通措施和管理系统，实现青岛和三大支点城市的捷运体系，降低和世界其他城市的空间成本。

3. 双管齐下，多元合作

政府和民间是城市间交往的主体。青岛在和国际城市交往的同时，除了政府先期引导，创造宽松的交往环境和氛围外，积极引导民间的力量参与交往，才是发展城市间关系的关键。民间的主体主要包括民众和企业。青岛在实现"环海战略"的时候，需要双管齐下，政府和民间互动。同时，多元合作也是非常重要的。青岛既要引导外来企业和民众，同时也要积极推动企业和民众走出去，实现经济、文化的互动，分享市场规模和要素资源。

4. 重点突破，步步为营

大胆试验、重点突破。要大胆进行创新，找准思路，争取各种有利发展要素。积极推进"环海战略"的构想，在推进的过程中实现青岛的发展；积极向国家申请海洋区域综合试验区等。不断解放思想，重点突破带动全局发展。

扎实地做，稳固发展。青岛在产业发展和空间布局上，要遵循经济规律和法则，稳固发展。在产业方面，青岛要大力发展现代服务业、中高端制造业，退出低端产业，向高端产业环节迈进，集中力量发展高附加值的产业和环节。在空间布局方面，青岛市要按照科学发展观要求，立足青岛自然环境特征、现有空间结构、产业布局和社会经济综合发展潜力，依据各城县的特点，因地制宜、整体布局、有进有退。

5. 博采众长，互利共赢

青岛要善于学习、借鉴世界先进城市的优秀之处，积极将长处结合自身的实际情况，应用到提升城市竞争力的战略和措施上。同时也要学会从城市外部寻找资源，组成城市联盟，各自发挥长处，实现共享共生。

此外，要按照"政府主导、市场运作、优势互补、分工合作、利益共享"的原则，构建城际协调机制，实现半岛城市群内"设施共建、产业共兴、资源共享、生态共保、人才共用、城市共荣"的目标。

三 环海战略的可行性分析

在环海战略的意义基础上，本报告对环海战略的可行性分析，进行了深入的探讨。根据"环海战略"的定义，主要有10个关键点，分别是"依托大黄海"、"面向全世界"、"带动低近"、"辐射低远"、"联动中近"、"接触高远"、"以温哥华、日内瓦、西雅图三大城市为标杆"、"以北京、上海、首尔三大城市为支点"、"成为黄海区域的龙头"、"成为国际一流的制造、会展和休闲城市"。

这10个关键点又可以分为几大层次：第一个层次包含"依托大黄海"关键点；第二个层次包括"联动中近"和"以北京、上海、首尔三大城市为支点"两个关键点；第三个层次包括"接触高远"、"以温哥华、日内瓦、西雅图三大城市为标杆"两个关键点；第四个层次包含"带动低近"和"成为黄海区域的龙头"两个关键点；第五个层次包含"辐射低远"关键点。本部分将分层次对环海战略的可行性进行分析和论述。此外，第二层次是环海战略的关键，是环海战略成功与否的一环，因而将花较大篇幅予以论证。

1. 第一个层次的可行性分析，也就是对"依托大黄海"的分析

"依托大黄海"是"环海战略"的重点开展区域，也是"环海战略"的核心国际区域。对于青岛来说，青岛要以自身为圆心，牢固树立在大黄海区域的优势地位，成为大黄海区域不可或缺的一极，为成为太平洋地区的国际特色城市奠定重要基础。其必要性和可行性如下。

（1）青岛国际化核心区域是环大黄海。对于改革开放后的青岛来说，青岛的国际化步伐开始于1994年，加速于青岛奥帆赛举办期间，正如前文分析的那样，青岛已处在国际化初级阶段，国际化粗具雏形。青岛的国际化核心区域就是环大黄海，这也是青岛未来在国际上立足的根基所在。而对于一个区域发展来说，对外开放的国际化路线，之所以重要就是因为该区域可以利用外部资源发展自我。青岛实施国际化战略的目标也是为了能够迅速提高自身国际竞争力。

（2）基于经济学交易成本和空间成本原理，城市国际功能辐射力一般来说要根据区域距离远近逐渐展开，因此将环大黄海作为青岛环海战略的核心区域和重点区域来分析，是合理的，也是可行的，便于青岛更好地实施国际化战略。

青岛通过在环大黄海区域的悉心经营，使得国际化路线有明确的目标，避免流于形式。此外，在国际化核心区域的整合，也利于"环海保护，拥湾发展"战略的实施，为"拥湾战略"争取到更好的资源来发展。

（3）从科学的严谨性和未来的预测性来讲，青岛的国际化的道路是一个长期的过程。青岛目前处于国际化初级阶段，青岛可行的步骤是在环大黄海中，确立自身的地位，争取迈入环大黄海区域的第二层阵营，成为连接第一阵营的圆心。至于更长期的环太平洋西岸和环太平洋国际化区域，青岛需要更深入的和长期的研究。

因此，无论是从理论上来讲，还是从实际操作上来看，环大黄海区域作为青岛未来发展的国际空间区域，青岛必须下大力气经营，在该区域要拥有一定辐射力和影响力。为了经营好这一核心区域，青岛市必须要有战略突破点，也就是战略支撑点。在青岛的国际化核心区域——环大黄海中，北京、上海和首尔城市综合竞争力是最强的，通过和这三个城市的合作，可以盘活整个环大黄海区域，使得青岛在该区域中成为不可或缺的一极。课题组将在环海战略的大前提下，对环大黄海，也就是对青岛国际化核心区域重点进行论证。

2. 第二个层次的可行性分析，也就是对"联动中近"和"以北京、上海、首尔三大城市为支点"两个关键点的分析

"联动中近"和"以上海、北京和首尔为支点城市"本质上是一样的，含义是指在大黄海区域，也就是一小时经济飞行圈内，青岛要和比自己高等级的城市全面合作，借势崛起。在下面论证过程中，二者含义是一样的。

（1）"联动中近"和"以北京、上海、首尔三大城市为支点"的必要性正如前面所述的那样，北京、首尔、上海是环海战略的重要支点，也是环大黄海的战略突破点。环海战略成败与否，取决于青岛能否和三大城市开展紧密的合作。

①"环海战略"支撑点充分结合青岛发展战略，是基于大青岛理念

第十二章 青岛市的"环海竞合、依海崛起"

提出的。战略支撑点将青岛—北京、青岛—首尔、青岛—上海三条线,以青岛为圆心,就形成了环形的空间格局,也就是环大黄海的空间态势。在这一格局下,青岛的中心枢纽位置更平衡、更凸显,成为连接东北亚地区三大城市的关键点,面对巨大的海外市场,背靠广阔中国腹地,战略地位极其显著。在三大城市支撑点的带动下,一方面,青岛将充分利用国外产业转移新一轮的机遇,充分展开和首尔的无缝隙对接,充分利用韩国的产业互补优势发展自己;另一方面,青岛将通过发挥北京和上海的中间承转作用,不断强化自身的承转地位,借助半岛腹地实现持续发展。这样,青岛将充分利用国内、国外两种资源、两个市场,真正形成国民经济的良性循环体系,在更广领域和更高层次上参与国际经济合作与竞争,成为不容忽视的战略要地。

②青岛后奥运时代的必然选择。

正如在第三部分分析的那样,青岛承办奥帆赛给青岛国际化程度带来了巨大的提升,青岛的国际化战略在举办奥帆赛中得到了完美的实施,世界的目光聚焦到了青岛,更多的人知道了青岛、了解了青岛、爱上了青岛。据统计,青岛因为举办奥帆赛国际化知名度大大提高,在文化、环境、基础设施等方面有了长足的进步,城市国际竞争力显著提高。

青岛申办奥帆赛的成功,除了本身的努力外,和北京的紧密合作也是青岛在奥帆赛获益良多的重要原因。奥帆赛的口号就是"相约北京、扬帆青岛"。在青岛申请奥帆赛、举办奥帆赛的过程中和北京建立了密切的联系,世界关注度也由"北京奥运"投向"青岛奥帆"。在举办奥帆赛过程中,青岛已经在和北京合作中获得了实实在在的好处,为青岛初步建立国际化城市框架奠定了坚实的基础。

③青岛产业升级的需要。

对于青岛来讲,产业升级是一个迫切的事情。我们已经进行了产业选择的计量分析,不可否认的是有两点:第一,北京、上海和首尔在经济发展阶段中处在青岛的前列。2007 年,北京人均 GDP 约 7370 美元,GDP 达到 9000 亿元;上海人均 GDP 约 8500 美元,GDP 达到 12000 亿元;2006 年首尔人均 GDP 约 2.1 万美元,GDP 达到 2180 亿美元;青岛人均 GDP 约 6000 美元,GDP 达到 3786 亿元。可以看到,北京、上海、首尔经济总量远超青岛,就人均 GDP 而言,北京比青岛约多 1370 美元,上海比青岛约多 2500 美元,首尔比青岛约多 1.5 万美元。可以看出,北京、上海、首尔所处的工业化阶段要比青岛高出一个或多个阶层。根据工业化阶段和产业结构变化的关系,三大城市的产业结构要比青岛高。第二,在第一点基础上,青岛存在承接三大城市产业转移的可能性。同时,青岛人均 GDP 已达 6000 美元,具备在某些产业争取高端地位的可能性,发展高端产业也需要和三大城市紧密合作。综上所述,青岛既具备产业承接的可能性,也具备了发展部分高端产业的可能性,青岛产业结构的升级,需要三大城市的助力。

(2)"联动中近"和"以北京、上海、首尔三大城市为支点"的可行性。

①青岛和三大城市合作的地利。

正如前文所说的那样,青岛地理位置优越,是三大城市的几何中心,是三大区域的中心区域。因此,青岛具备了构建"一小时飞行圈"的独特地理优势。表 12-1、表 12-2、表 12-3 形象地证明,青岛到这三个城市的飞行时间基本上都为一小时。并且,在整理资料时还发现,青岛飞往北京和上海,占青岛飞往全国的飞机次数的半数以上;青岛飞向仁川的飞机次数也占飞往全国的半数以上。

表 12-1 7~16 日青岛飞往北京的航班

航班号	目的地	飞机机型	预计起飞	实际起飞	预计到达
MU5195	北京	A320	7:35:00	7:33:00	8:50:00
MU5197	北京	A320	7:40:00	7:51:00	8:50:00
SC4651	北京	B738	7:40:00	7:41:00	8:55:00
CA1572	北京	B733	9:55:00	10:05:00	10:50:00
MU744	北京	B737	11:35:00	12:25:00	12:40:00
CA1560	北京	B733	11:40:00	11:45:00	12:45:00
SC4653	北京	B738	11:45:00	11:55:00	13:10:00
CA1570	北京	B738	15:40:00	15:45:00	16:40:00
MU5193	北京	A320	16:10:00	16:19:00	17:20:00
SC4657	北京	B738	18:45:00	18:54:00	20:00:00
SC4659	北京	B733	20:40:00		21:55:00
MU5199	北京	A320	20:45:00	21:17:00	21:50:00
CA1576	北京	B733	20:50:00	21:39:00	22:00:00
CA1526	北京	A319	22:30:00	22:47:00	23:35:00

资料来源:从 http://www.qdairport.com/hangban/dome_out.aspx 整理得出。

第十二章 青岛市的"环海竞合、依海崛起"

表12-2 7~16日青岛飞往上海的航班

航班号	目的地	飞机机型	预计起飞	实际起飞	预计到达
SC4663	上海虹桥	B738	7:35:00	7:37:00	9:00:00
MU5550	上海虹桥	A320	8:00:00	8:15:00	9:10:00
9C8822	上海浦东	A320	9:35:00	9:43:00	10:40:00
HO1106	上海虹桥	A319	9:40:00	9:38:00	10:50:00
MU5534	上海虹桥	A330	9:45:00	9:50:00	10:55:00
FM9232	上海浦东	B738	10:15:00	10:19:00	11:25:00
HO1196	上海浦东	A319	10:40:00	11:12:00	11:50:00
SC4661	上海虹桥	B738	12:00:00	12:00:00	13:15:00
MU5538	上海虹桥	A320	12:35:00	12:50:00	13:40:00
MU2441	上海浦东	A320	12:40:00	12:55:00	13:45:00
MU5536	上海虹桥	B733	15:45:00	16:15:00	16:50:00
SC4665	上海虹桥	B733	15:50:00	16:32:00	17:00:00
CA1535	上海虹桥	B733	16:05:00	16:43:00	17:15:00
SC4667	上海虹桥	B737	17:55:00	18:03:00	19:10:00
SC4783	上海浦东	CRJ200	18:55:00	19:01:00	20:05:00
MU5544	上海虹桥	A320	19:10:00	19:11:00	20:20:00
FM9198	上海虹桥	B738	21:30:00	22:13:00	22:30:00
MU5540	上海虹桥	A320	21:40:00	22:57:00	22:50:00
9C8848	上海浦东	A320	21:55:00	23:59:00	23:05:00
SC4669	上海虹桥	B737	21:55:00	22:51:00	23:10:00
9C8828	上海虹桥	A320	21:55:00	22:40:00	23:00:00
FM9196	上海虹桥	B738	23:10:00	23:29:00	0:20:00

资料来源：从http://www.qdairport.com/hangban/dome_out.aspx整理得出。

表12-3 7~16日青岛飞往首尔的航班

航班号	目的地	飞机机型	预计起飞时间	预计到达时间
KE846	仁川	B738	10:10:00	11:40:00
MU2033	仁川	A320	10:10:00	11:20:00
CA127	仁川	B738	10:30:00	11:40:00
SC4081	仁川	B737	13:25:00	14:30:00
MU559	仁川	A320	14:40:00	15:50:00
KE842	仁川	A330	14:50:00	16:25:00
OZ318	仁川	B763	16:10:00	17:40:00
5X195	仁川	B762	18:20:00	19:30:00
CA133	仁川	B733	19:00:00	20:10:00
MU2043	仁川	A320	19:05:00	20:05:00

资料来源：从http://www.qdairport.com/hangban/dome_out.aspx整理得出。

②青岛和三大城市合作的天时。

"环海战略"构想的实现有着良好的机遇优势，东北亚地区已成为世界重要的经济区域，是亚洲经济活跃的地区，彼此之间的合作更加亲密和信任。这些为实现"环海战略"的构想提供了难得的国际区域背景。为青岛和首尔的合作奠定了良好的空间背景。

- 东北亚合作带来和首尔合作的机遇。

在经济全球化一体化趋势下，东北亚巨大的经济总量、快速的经济增长和全面的转型崛起，将促使世界经济的空间体系进一步改变，区域合作越来越成为国家参与全球竞争的重要战略，东北亚地区有着合作的需要。

东北亚地区共有6个国家，分别涵盖了不同发展层次的国家。日本和韩国经济比较发达，处于前列；中国和俄罗斯次之，处于中间行列；蒙古和朝鲜处于最后。根据比较优势理论，3个国家具备了发展多层次经济发展的基础。中国和亚洲国家主要是经济上互补、贸易上互惠的依存关系，人口和经济大国的中国强劲增长，带动了周边亚洲国家的发展。

目前，中国是韩国的第三大贸易伙伴，韩国是中国的第五大贸易伙伴；中国是日本的第二大贸易伙伴，日本是中国的第一大贸易伙伴。东北亚各国间的合作，正日益向深层次发展，各方面的合作不断加深。除朝鲜外，其余5国都建立了不同层次的市场经济制度，这也为彼此间的合作，奠定了制度基础。

此外，地区由于历史传统因素，政治经济的多样性和异质性决定了政治合作的复杂性。但从整体趋势来看，政治合作逐步加强，东北亚各国开展了一系列努力，并多次召开国际政治会议进行研究和探讨。

2001年，在蒙古举办了东北亚地区合作国际研讨会；2005年，中、俄、朝、韩、蒙共同签署"大图们江行动计划"，将开发协议延长至2015年，区域进行扩大；2006年，在吉林召开了第十一届东北亚地方政府首脑会议。此外，各国也纷纷提出自己的东北亚概念，如日本的"环日本海经济圈"，韩国的"环黄海经济圈"，俄罗斯的"大符拉迪沃斯托克经济区"和中国的东北亚合作理论。这些都为合作进行了政治上的准备和合作可能性的探讨，将有力推动青岛在环大黄海领域地位的确立。

- 奥帆赛带来和北京加强合作的机遇。

奥帆赛在青岛的举行,对青岛是难得的历史机遇。青岛奥帆委是北京奥组委的分支机构,接受北京奥组委和青岛市政府的双重领导,同时接受国家体育总局水上运动管理中心的指导。自1999年4月30日,青岛市政府向国家体育总局上报了"关于承办2008年奥运会海上项目的请示"报告后,青岛和北京就建立了密不可分的关系。1999年6月11日,青岛市政府臧爱民副市长赴北京代表青岛市政府向北京市政府副秘书长王伟递交了《关于支持北京申办2008年奥运暨青岛承办2008年奥运会海上项目的函》。

从此之后,青岛和北京联系度急剧上升。2003年,青岛开始与北京同步举办奥林匹克文化节。世界的目光因为北京奥运,将注意力也投向了美丽的青岛。

2006年2月10日~26日,青岛和北京联合参加了都灵市政府在都灵卡维利瑞主办的"都灵奥运和友好城市展览活动",成功举办了"新北京,新奥运"展览。这些都说明,两个城市的互动因为奥运会而紧张进行,青岛和北京进入了"蜜月期"。这为"环海战略"支撑点提供了良好的时机。

- 政府间的信任带来和上海合作的机遇。

上海市和青岛市都属于沿海城市,上海市作为长三角地区的龙头,地位至关重要。在全球化的背景下,在中国改革开放日益深入的情况下,在城市之间竞合关系日益突出的形势下,城市之间的合作是至关重要的,对于双方城市的发展都有着极其重要的意义。青岛和上海属于我国沿海的重要城市,是我国沿海两大城市群的龙头城市。彼此之间有着共同的地缘优势,青岛和上海的合作也从未停止。比如2001年,上海申沃客车有限公司与青岛公交集团有限责任公司合资生产城市客车合作意向书签约仪式在北京钓鱼台国宾馆举行;2005年,青岛市中心血站与上海方面合作,用3年时间建成稀有血型库。

但是,在城市之间开展合作时牵涉到双方城市的相关利益。因此,城市间彼此间信任起到决定性的作用。政府间的信任,则是城市间信任关系的主导力量。上海市市委书记俞正声曾做过青岛市市委书记,是青岛市国际化道路的引路者。在这种背景下,青岛和上海全方位的合作,有着良好的政府信任基础,这是青岛和上海加强合作的有利机遇,有利于实现

"环海战略"构想。

③青岛和三大城市可以经济互补。

青岛和北京、上海和首尔的经济存在互补性，也就是功能是存在错位分工的。我们在分析必要性的时候，已经指出青岛和三大城市所处的工业化阶段是不一样的。因此，四者在功能定位上存在着分工合作的可能性。下面我们根据北京（2004~2020年）、上海的总体规划（1999~2020年）、首尔的官方网站，青岛总体规划（2006~2020年），并在青岛规划的基础上，增添了国际会展中心这一功能定位。

北京城市国际功能定位：中国的首都，是全国的政治中心、文化中心。国家高新技术创新、研发与生产及服务基地，国际著名旅游地、国际旅游门户重要的洲际航空门户和国际航空枢纽。

上海城市国际功能地位：中国重要的经济中心和航运中心，国家历史文化名城，国际经济、金融、贸易中心之一，东北亚国际航运中心。

首尔城市国际功能定位：韩国政治、经济、文化的中心。东北亚金融中心，亚洲的经济和研究中心，国际经济战略中心，世界设计服装中心，国际经济观光中心。

青岛城市国际功能定位：中国东部沿海重要的中心城市，东部沿海的区域经济中心、现代化服务中心、文化中心，国家历史文化名城，国家重要的区域性航空港，国家海洋科研及海洋产业开发中心，国家重要的现代化制造业及高新技术产业基地，国际滨海旅游度假城市，东北亚国际航运中心，国际会展中心。

从上面的四个城市的功能定位上看，青岛和四个城市处于竞争与合作关系。但正是这种竞合关系，提供了青岛和三大城市经济互补、功能错位的基础。

竞争关系：四个城市都有国际旅游职能的定位。除了北京，三个城市都定位于东北亚航运中心。

合作关系：青岛在金融、研发上都能得到三个城市的支持，在高科技、制造业上也能得到三大城市的支持。

综合分析：第一，三大城市虽然都有国际旅游，但是青岛本身有自己的特色，是差异化的旅游风格，因此青岛完全可以走出自身特色。同时，可以和北京、上海一起，打造中国三城市旅行组合，或者东北亚四

———— 第十二章 青岛市的"环海竞合、依海崛起"————

城市的旅游线路。第二，青岛、上海和首尔虽然都定位在东北亚航运中心，会遇到竞争的问题，但是就目前发展来看，青岛离上海、首尔还有相当的差距，青岛还处于赶超阶段。另外，青岛有自己的辐射范围，在河南和陕西还是有相当优势的，和上海、首尔有竞争，但各有自身发展的侧重点。第三，至于在其他功能上，青岛要想实现国家高科技和制造业基地这一定位，依靠三城市的力量是一个重要选择。青岛要想成为东部沿海区域性经济中心、服务中心，必须发展金融等现代服务业，这些恰恰是青岛要向上海、首尔和北京借重的地方。第四，北京、首尔和上海是东亚地区重要的航空港，青岛要想成为国家区域航空中心，作为三个城市乃至大黄海地区的航空中心，和三个城市进行紧密的航空合作，是必要的。

④青岛和三大城市存在合作产业势差。

● 青岛和三大城市在产业综合实力方面存在差距。

青岛无论是在产业结构水平上，还是在产业竞争力上，都要弱于三大城市。从第一部分的竞争力分析上来看，青岛在产业结构上是比三大城市弱的，无论是在制造业竞争力还是服务业竞争力，金融业竞争力还是高科技产业竞争力，青岛都有着不小的距离（见图12-1、图12-2）。

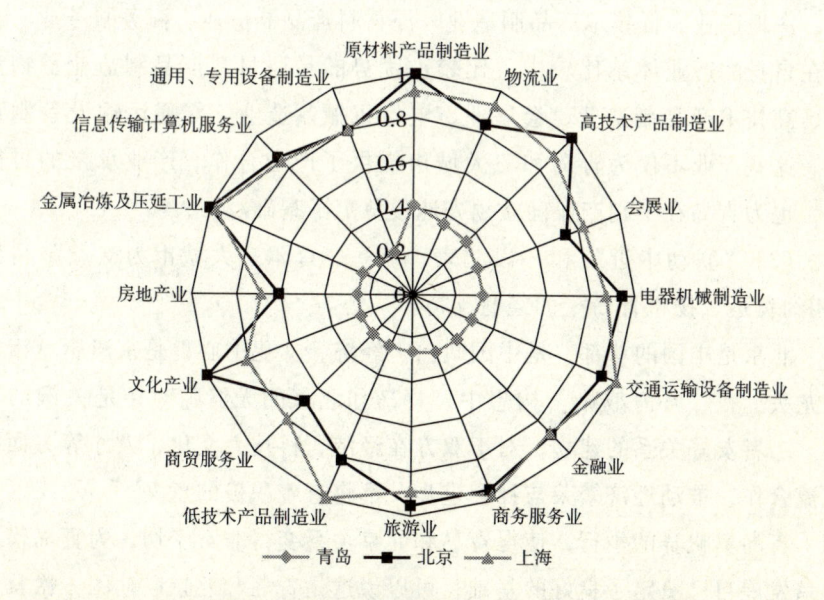

图12-1 青岛在全国55个城市中产业潜在竞争力指数雷达图

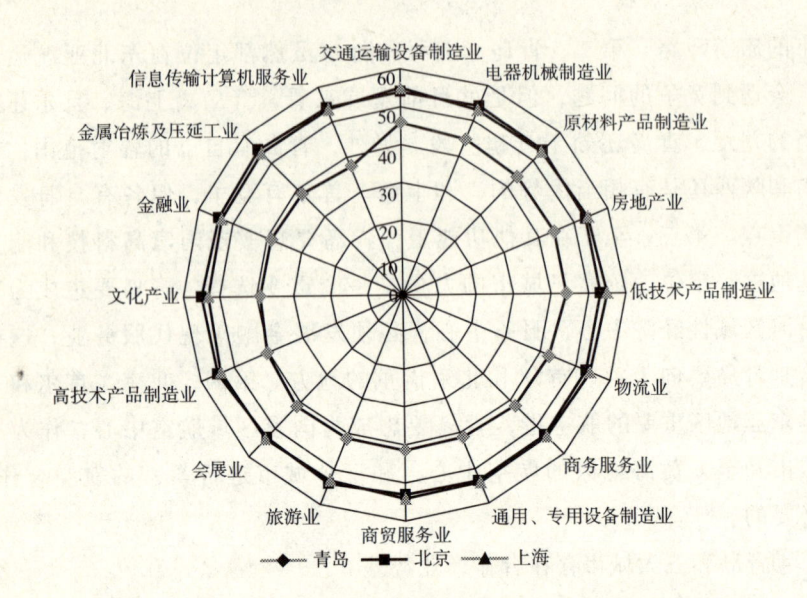

图 12-2 青岛在全国 55 个城市中产业潜在竞争力倒排名指数雷达图

- 青岛自身产业实力奠定和三大城市合作的基础。

在前文产业分析章节中,我们已经知道从产业竞争力指标表现及排名来看,青岛有较大优势的产业如下:交通运输设备制造业、电器机械制造业、房地产业、低技术产品制造业、原材料产品制造业、商务服务业。青岛在自身的产业体系比较中,比较占优势的是原材料产品制造业、物流业、高技术产品制造业、会展业、电器机械制造业、交通运输设备制造业。这些产业不仅为青岛和三大城市提供了产业合作、产业承接的可能性,也为青岛在个别产业确立领先地位奠定了基础。

(3)"联动中近"和"以北京、上海、首尔三大城市为支点"得到"相约奥运、扬帆青岛"的经验支持。

北京是中国的首都,是中国政治、经济、文化中心,是京津唐城市群的龙头。在"环海战略"构想中,青岛和北京的无缝隙对接是关键的一环。二者友好关系的建立,对于双方在经济、科技、文化、人才等方面的交流合作,推动经济繁荣与社会进步,都将有着积极的意义。

青岛奥帆赛的举行,使得青岛和北京关系变得非常密切,为青岛借力北京发展自己奠定了良好的基础,可以说这是青岛和北京联动的一次具有历史意义的尝试。奥帆赛的举行,证明了借力北京、联合强市发展的策略是正确的,并且为青岛和首尔、上海的对接上积累了宝贵经验,提供了极有价值的参考。

①增强了组织机构的协调磨合。

青岛作为奥帆赛的承办地及北京奥组委的分支机构,接受北京奥组委和青岛市政府的双重领导。自1999年,青岛市政府臧爱民副市长赴北京代表青岛市政府向北京市政府副秘书长王伟递交了《关于支持北京申办2008年奥运会暨青岛承办2008年奥运会海上项目的函》后,青岛和北京的城市关系进入"蜜月期",在赛事转播、安全保障方面进行紧密合作,为青岛和北京实施无缝隙对接进行了机制上的尝试。

②城际大型活动互动得到锻炼。

青岛作为奥帆赛的承办地,和北京多次举行同步奥运大型活动。比如从2003年起,青岛开始与北京同步举办奥林匹克文化节;在2004年,青岛与北京同步启动了"奥运倒计时钟";在2006年,青岛和北京联合参加"都灵奥运和友好城市展览活动",并合作举办了"新北京,新奥运"展览。这些活动,为今后青岛和北京开展会展合作摸索了思路,积累了经验。

③城际信任得到加强。

青岛作为奥帆赛的承办地,和北京市建立了较为稳固的信息交流、人员交流的机制,彼此间人员交往不断,增强了人员间的信任度和熟悉度。正如前文所说的那样,城市间的信任是城际关系发展的保障,青岛和北京的信任程度的加强,为以后借助北京丰富的政治、经济资源铺平了道路。

④有利于对接扩展。

青岛在组织上的磨合,在措施上经验的积累,为青岛和首尔、上海进行无缝隙对接打下良好基础。同时,也使得这两大城市看到了青岛的努力和开放的心态,有利于取得上海和首尔的信任,降低和上海、首尔的对接难度。

3. 第三个层次可行性分析,也就是"接触高远","以温哥华、日内瓦、西雅图三大城市为标杆"的分析

"接触高远"本意是指和距离较远但是等级较高的城市或区域进行重点的合作。这些城市一般是世界大都市或国际知名特色城市,比如说东京、纽约或伦敦等世界级大城市,或者如西雅图、日内瓦和温哥华这些具有浓郁特色的城市。青岛通过和这些国际先进城市进行有重点的合作，能够吸取这些城市的优秀因素，在某些领域实现发展。

从第一部分的对标分析来看，日内瓦的日常管理、应急管理、发展战略排名第一，在缴税时间和地方自主化度方面也表现突出。日内瓦政府出色的发展战略使其以会展业而闻名于世，同时也是世界各国际机构云集、国际组织最多的城市，是青岛发展会展产业的学习对象和合作伙伴。温哥华的环境质量排名第7位，是青岛发展休闲产业的学习对象和合作伙伴。西雅图的高科技产业和科研水平是值得青岛在打造"创新湾区"借鉴的，是青岛发展中高端制造业的合作伙伴和学习对象。

同时，从前文对标分析来看，旧金山和东京这两个国际大都市无论是从人均GDP、劳动生产率，还是各个分项竞争力方面都远远地超过青岛，是全球的顶级城市，是全球城市竞争力最强的前十大城市，是青岛全面学习的对象和有选择分工合作的城市。此外，在前文对标分析中虽然没有提出，但是德国也是青岛要重点合作的区域。青岛和德国具有历史渊源，这是青岛和德国各城市交往的重要条件。青岛要寻找机遇，选好重点合作领域，接触这些世界级大城市，借势发展。

4. 第四个层次可行性分析，也就是包含"带动低近"和"成为黄海区域的龙头"分析

"带动低近"和"成为黄海区域的龙头"具有相关性。从表12－4可以看出，有标记的是黄海区域的主要城市。包括韩国的大田、仁川和光州，以及山东半岛的城市。在这里，青岛仅落后于大田和仁川。但是，青岛的人均GDP增长率高于这两个城市，因此青岛有望成为黄海区域的龙头。

目前，青岛在黄海区域除了仁川和大田外，综合竞争力排名在其他城市之上。因此，青岛有带动黄海区域山东半岛的优势，有在和韩国西海岸城市竞争中获得竞争优势的潜力。

5. 第五个层次可行性分析，也就是"辐射低远"的分析

正如前文所说的那样，"低远"指的是发展中国家或比青岛等级差的城市和区域，青岛要主动出击，占领这些市场。不仅要将产品销售到这些地方，也要向这些区域投资，扩大自身的市场规模。中国和非洲等发展中国家关系的发展，为青岛占领海外低端市场提供了很好的环境。

第十二章 青岛市的"环海竞合、依海崛起"

表 12-4 环大黄海区域城市对标

城市名	国家名	GDP	人均 GDP	地均 GDP	人均 GDP 增长率	人均 GDP 增长率排名	就业	劳动生产率	专利	知名度	对外联系	综合得分	综合排名
首尔	韩国	0.302	0.271	0.453	0.196	359	0.946	0.222	0.620	0.065	0.478	0.425	12
上海	中国	0.189	0.106	0.026	0.516	74	0.927	0.091	0.326	0.132	0.561	0.361	41
北京	中国	0.141	0.098	0.010	0.509	79	0.983	0.070	0.319	0.131	0.592	0.343	66
大田	韩国	0.030	0.191	0.051	0.246	270	0.950	0.168	0.318	0.004	0.019	0.255	203
仁川	韩国	0.062	0.217	0.056	0.277	232	0.949	0.185	0.151	0.006	0.000	0.246	221
光州	韩国	0.029	0.190	0.053	0.258	251	0.952	0.168	0.006	0.001	0.023	0.214	295
天津	中国	0.071	0.077	0.009	0.609	38	0.930	0.068	0.024	0.025	0.075	0.245	223
大连	中国	0.033	0.094	0.013	0.632	26	0.913	0.077	0.017	0.011	0.058	0.242	231
青岛	中国	0.030	0.089	0.020	0.530	70	0.924	0.078	0.013	0.014	0.046	0.232	253
沈阳	中国	0.038	0.065	0.010	0.611	35	0.875	0.069	0.014	0.008	0.054	0.230	258
烟台	中国	0.016	0.081	0.005	0.779	4	0.927	0.053	0.005	0.005	0.012	0.221	275
淄博	中国	0.024	0.076	0.007	0.682	19	0.953	0.060	0.002	0.003	0.019	0.220	278
威海	中国	0.007	0.101	0.009	0.709	12	0.985	0.066	0.001	0.003	0.004	0.219	281
济南	中国	0.029	0.070	0.008	0.611	37	0.940	0.052	0.009	0.009	0.023	0.218	285
日照	中国	0.009	0.041	0.001	0.702	15	0.929	0.024	0.000	0.001	0.004	0.195	359

资料来源:《全球城市竞争力报告 2007~2008》。

四 环海战略的具体措施

为实现上述战略构想，结合青岛实际情况，从企业、产业、经济、文化、环境、公共管理以及社会发展等不同的角度，设计出青岛实现"环海战略"的具体措施，包括以下几方面。

1. 城市功能：特色鲜明、互补发展

功能特色鲜明，为全球提供差异服务。青岛要将休闲产业、会展产业打造成功能突出的支柱产业，将会议会展建成全世界的主要中心，将休闲产业建设和一流城市相媲美；将制造业建设成中高端制造业基地。为北京、上海和首尔提供休闲和会展服务，同时承接北京、上海和首尔的转移产业，努力建设成中高端制造业中心。青岛要强调休闲和会展为三大城市合作，为这三大城市服务，服务三大城市高端消费市场；利用这三大城市，分享获得高端人才，建立高科技、休闲和会展服务中心。

青岛应在产业环节和产业科技含量上下工夫，加强和国际城市合作。通过引进国际城市的先进技术和优秀人才，力争形成中高端产业在研发上有自主权，低端产业品牌、销售上有主动权的良好格局，从而成为制造和创新的国际城市。

大力发展总部经济，吸引国际性组织。青岛要争取国际性组织落户青岛，学习日内瓦和蒙特利尔的经验。要加强和北京、上海和首尔的合作，加强和温哥华、日内瓦等城市合作，力争吸引国际组织在青岛建立分支机构。

进行强强合作，打造青岛为会议不断的城市。青岛要加强和北京、上海和首尔的合作，可以主动作为北京、上海等国际会议的分会场，学习先进会展经验，进而提供高质量的会展服务。青岛应大力发展总部经济，积累发展会展经济的经验，进一步向日内瓦和蒙特利尔学习，力争成为亚洲会议不断的城市。

青岛要以温哥华为发展休闲业的标杆。注重提高服务品位和层次，发展高端旅游业，以及娱乐业和文化业等，吸引三大城市乃至国际的富人来青岛，力争成为国际一流的休闲中心。

2. 产业结构：体系再造，环节升级

（1）经营理念、前瞻思维，持续推进产业发展。

产业发展是一个长期的过程，政府积极有效地引导产业的发展和提升，对经济和产业的发展有着关键的作用。政府需要根据产业发展趋势、全球发展背景和青岛当地的情况，善加引导。迪拜就是一个非常好的案例，在迪拜的发展过程中，迪拜政府的有效引导和领先理念，使得迪拜迅速发展成为国际知名城市。

（2）扬二进三、体系再造，构建先进产业格局。

青岛工业基础良好，2007年，荣获"中国制造业十大最具竞争力城市"称号。在新的工业化道路上，保持和增强第二产业的优势，积极发展服务业，改善产业体系格局，建立先进产业格局。

①大力发展中高端制造业。把增强自主创新能力作为制造业发展的战略基点，努力突破科技瓶颈制约，加快科研产业化进程，形成强大的规模效益与带动效应。

②积极发展现代服务业。积极引导使用新的科学技术，为现代服务业发展提供技术支持。通过集聚经济，改善现代服务业的生态环境，拓展服务辐射空间，向外延伸价值链。积极主动接受国际服务业的转移，错位发展，促进现代服务业跨越式发展。

（3）发挥自身优势，加强与国际城市合作。

青岛拥有沿海优势，立足环大黄海区域。进一步完善沿海主枢纽港的功能，积极实施海港、空港、火车站、高速公路零对接，形成合力，实现各种交通零对接，降低企业成本，提高竞争力。

3. 企业本体：助大放大、内外并举

青岛要着力解决大企业不强，中小企业发展缓慢的问题，"内外并举"，发挥现有企业发展优势，帮助大企业不断发展，"引扶结合"，促进中小企业成长，形成不同规模、不同所有制企业共同繁荣的局面，全面提升城市的企业竞争力。

（1）引扶结合，培育企业"小巨人"。

中小企业是工业青岛的重要组成部分，是加快经济发展速度，提高就业水平与促进社会和谐的重要力量。青岛需要积极发展中小企业，培育一批青岛企业"小巨人"。

①"以大带小",集群发展。

充分利用青岛大企业多而强的优势,发挥大企业的辐射带动作用,引导中小企业融入国内外大企业、大集团的产业链,参与大企业大集团的协作配套,着力打造"汽车零部件、机械及配套、制糖、医药"四个中小企业集群,努力培育一批机制灵活、技术先进、管理有序、效益明显的中小企业群体。

②健全中小企业服务体系。

着力构建"三个中心",健全中小企业服务体系,扶持青岛中小企业发展。一是联系和引导青岛各类中介服务机构,搭建一个为中小企业提供综合性社会化服务的中小企业中介服务中心;二是结合青岛产业发展需要,建立符合产业发展方向、行业特点突出的中小企业创业中心;三是完善青岛信用担保体系,积极引进股份制银行落户,发展规范化的贷款担保公司,建立中小企业金融支持中心。

(2)内外并举,打造企业"航空母舰"。

大企业大集团是青岛过去、现在乃至未来发展的重要支撑,需要始终关注、持续支持、内抓创新、外寻伙伴、内外并举,打造一支青岛企业"航空母舰"。

①内抓创新,培育大企业大集团。

促进资源和技术向海尔、海信等优势企业聚集,着力促进企业增强自主创新能力和国际竞争力,鼓励企业树立全球采购、全球生产、全球营销、全球服务的国际化经营管理理念,提升企业的设计能力、制造能力、品质管理能力和市场运营能力,形成一批拥有自主知识产权和知名品牌、主业突出、核心竞争力和辐射能力强的大企业大集团。并使青岛的大企业大集团能够走出国门、面向世界,参与全球产业分工和国际竞争。

②外寻伙伴,引进国内外知名企业。

鼓励和支持青岛企业面向全球寻求商业机遇和合作伙伴,充分结合青岛资源条件和企业特点,围绕产业关联度大、带动能力强的龙头企业、整机设备和终端产品,推进产业链整体招商,吸引国内外知名企业、品牌企业扎根青岛。同时,积极推动青岛企业与国内外知名企业建立战略合作关系,开展多种形式的、高层次的技术与资本合作,促进企业不断发展壮大。

4. 人力资源：以人为本，共享人才

（1）树立"人才是城市发展第一动力"的理念。

人才是促进经济发展的基础，和国际城市的竞争最终体现在人才的竞争上。青岛要想实现赶超的目标，必须确定人才本位化方针，实施"人人皆才"战略。政府要引导全市上下形成"四尊重"，即"尊重劳动、尊重知识、尊重人才、尊重创造"的浓厚氛围，形成社会齐抓共管，大力开发人才的整体态势。

（2）筑巢引凤，吸引海内外人才。

①青岛要在全世界形成"青岛是工作和生活的好地方"的印象，形成"环境吸引人、产业凝聚人、人才集聚又促进产业和环境发展"的良好互动局面。②青岛要注重风险投资行业（物流、信息、高级研发人才、管理）的培养和引进。③青岛要加强全球人才引进的机构建设。④完善外来人才移居通道，大力发展移民经济。⑤提高人才待遇，提升青岛全球化吸引人才的能力。

（3）要建立适合青岛发展目标的教育体系，实施"全民终身教育"战略。

青岛需要抓好育人工作，扩大人才资源，充分调动一切可用因素克服青岛发展的"人才瓶颈"，提升青岛的人才竞争力。实施"三重点一体系"人才战略计划，进一步提高青岛自我培养人才能力，培养具有国际竞争力和美誉度的"青岛牌人才"。

5. 政府管理：服务政府、扁平管理

在软件环境方面，要以"服务政府、扁平管理"为指导思想，推进一体化进程，申请新的综合试验区，利用好现有开发区，建设服务型政府，构建法治城市。

（1）积极申请海洋区域综合试验区。

青岛要积极申请海洋区域综合试验区，继续为国家探索海洋管理的新模式，青岛作为国内的沿海城市，其面临的问题和获得的经验对海洋管理有着积极的借鉴作用。此外，青岛通过试验区的申请，有利于进一步加强自身战略地位，提升国际竞争力。

（2）继续推行平衡计分卡，优化政府管理模式。

平衡计分卡管理吸收了企业管理的思想。青岛要大胆创新管理办法，推动青岛政府管理人性化、高效化、制度化、奖惩化、竞争化，调动政府人员的积极性，增强政府活力，为城市的发展提供高效的政府服务。

6. 生活环境方面：生态宜居，活力智能

环境是经济社会综合发展水平的具体表现，是区域品质和品位的象征，同时也是区域提供公共服务的重要载体和形式。青岛应进一步打造城市宜居环境，力争在区域环境建设方面取得更大的突破。以下我们从6个方面提出建议。

（1）智能青岛。即提升青岛市的基础设施环境。配合青岛总体基础设施建设，青岛市应加大信息化基础设施的建设和维护，为青岛的发展奠定公共设施基础。

（2）魅力青岛。充分发掘海洋文化、人文和自然资源，优化旅游观光环境，成为展示青岛市形象与魅力的窗口，同时打造青岛区独特的城区观光品牌。

（3）生态青岛。即改善自然环境。节约资源，保护自然环境，发展循环经济，将自然环境建设与奥运主题相结合。结合"生态奥运"，建设"生态青岛"，进一步加大投入，增加绿地面积，改善空气质量，美化自然环境，促进区域环境向清洁、绿化、净化、优美的生态系统演变。

（4）活力青岛。即优化投资环境。提供优质高效的投资一站式服务，优化吸引投资的政策环境和服务。

（5）宜居青岛。即保障生活环境。宜居城市是青岛市未来发展的主要目标，也是衡量区域现代化的重要指标。

（6）平安青岛。借举办奥运的机会，加强青岛治安管理，为把青岛建设成亚洲最安全的城市而努力。

第十三章
青岛市"拥湾环海战略"实施

城市战略实施（Strategy Implementation），就是将战略规划转变为行动，以实现城市的战略意图和目标。实施战略既是科学，更是一门艺术。当前，相互竞争的城市都有着相似的战略或城市战略可以被轻易模仿，要想在竞争中取得领先地位，实现双赢或多赢，一条有效的途径就是将好的战略完全实施下来。

战略实施就是将战略转化为行动。战略实施是一个自上而下的动态管理过程。所谓"自上而下"，主要是指战略目标在城市领导高层达成一致后，再向中下层传达，并在各项工作中得以分解、落实。所谓"动态"，主要是指战略实施的过程中，常常需要在"分析—决策—执行—反馈—再分析—再决策—再执行"的不断循环中达成战略目标。城市竞争力提升战略在尚未实施之前只是纸面上的或人们头脑中的东西，而战略的实施是战略管理过程的行动阶段，从这个意义上说，它比战略的制定更加重要。

"拥湾环海战略"的实施是一个宏大的，涉及经济、文化和社会等各个层面的，有政府、企业、居民等众多主体参与的系统性工程。在青岛"拥湾环海"的战略实施中，高效的政府管理至关重要，是"拥湾环海战略"实施的制度保障。

因此，根据战略实施的特点和特征，结合青岛政府自身管理情况和优势，我们提出思路性的战略实施建议，也就是通过"平衡计分卡"作为政府组织实施"拥湾战略"的战略管理工具，进一步提升青岛政府管理水平，从而引导青岛企业、居民，创新推动青岛经济和社会的有益变化，打造一个创新、具有高超战略管理水平的政府，使青岛市委和市政府成为青岛"拥湾环海战略"实施的坚实制度保障。

一 "拥湾环海战略"实施的管理工具：平衡计分卡

青岛是实施平衡计分卡最早、推行最广、成绩最为突出的城市之一，在探索城市党政机关管理的绩效管理上，表现出了超前观念、开放意识、执著精神和专业态度。因此，将"平衡计分卡"作为青岛政府实施"拥湾环海战略"的重要战略工具。

1. 平衡计分卡是非常有效的战略管理工具

平衡计分卡（BSC）起源于企业管理实践。为了克服传统的财务会计模式只能衡量过去发生的事情（落后的结果因素），但无法评估组织前瞻性投资（领先的驱动因素）的弊端，美国学者卡普兰和诺顿开发了平衡计分卡这一战略管理工具。

平衡计分卡始终把战略和愿景目标放在管理过程中的核心地位。平衡计分卡反映的是一种关于组织发展战略的全面的、科学的发展观，它从组织的使命、愿景、核心价值观、战略出发，运用财务、顾客、内部业务流程、学习与成长四个维度来衡量组织的绩效，并通过一套具有因果关系的指标体系将组织的战略化为日常行动，从而帮助组织解决短期利益的实现和可持续发展相统一的问题。

平衡计分卡反映了财务、非财务衡量方法之间的平衡，长期目标与短期目标之间的平衡，外部和内部的平衡，结果和过程的平衡，管理业绩和经营业绩的平衡等多个方面，所以能反映组织综合经营状况，使业绩评价趋于平衡和完善，利于组织长期发展。它克服了财务评估方法的短期行为，使整个组织行动一致，服务于战略目标。能有效地将组织的战略转化为组织各层的绩效指标和行动，有助于各级员工对组织目标和战略的沟通和理解，利于组织和员工的学习成长和核心能力的培养，并实现组织长远发展。通过实施平衡计分卡管理，提高组织整体管理水平。

平衡计分卡的应用从简单的绩效管理工具，扩展到战略管理层面，应用范围也从企业部门扩展到政府等各种非营利性组织。在非营利性组织的应用中，平衡计分卡也显示出了巨大的威力，根据组织的特点，形成了完整的体系框架。如图 13-1 所示。

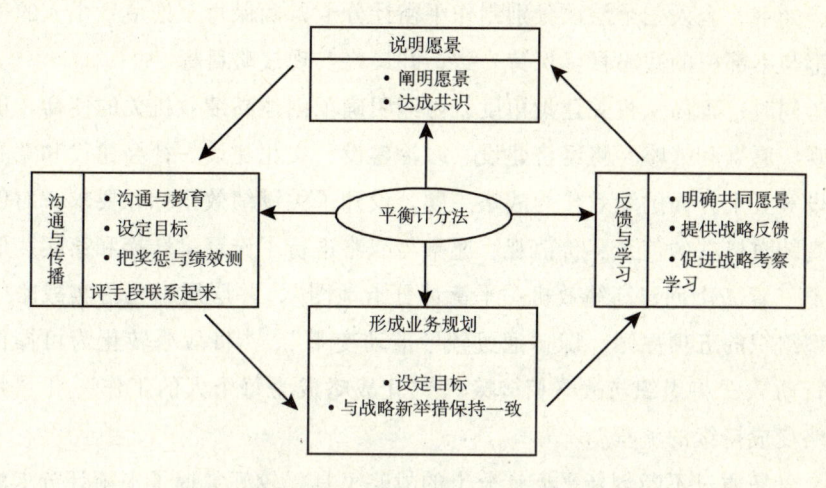

```
                    ┌──────────┐
                    │  说明愿景 │
                    │ •阐明愿景 │
                    │ •达成共识 │
                    └──────────┘
                         ↕
  ┌────┬─────────────┐       ┌────┬──────────────┐
  │沟通│•沟通与教育  │       │反馈│•明确共同愿景 │
  │与  │•设定目标    │← 平衡 →│与  │•提供战略反馈 │
  │传播│•把奖惩与绩效│  计分法│学习│•促进战略考察 │
  │    │ 测评手段联系│       │    │ 学习         │
  │    │ 起来        │       │    │              │
  └────┴─────────────┘       └────┴──────────────┘
                         ↕
                    ┌──────────────┐
                    │ 形成业务规划 │
                    │ •设定目标    │
                    │ •与战略新举措│
                    │  保持一致    │
                    └──────────────┘
```

图 13-1　平衡计分卡（BSC）方法

2. 青岛是最早将平衡计分卡引入政府管理的城市之一

在 2002 年建设"四型机关"活动中，青岛开始学习和研究平衡计分卡。通过学习、考察和试点，青岛市确认了在充分借鉴平衡计分卡绩效管理理念的基础上融入中国文化背景及工作实际，可以有效贯彻落实科学发展观，更好地为基层、企业和群众服务，把执政为民的理念真正落到实处。2005 年初，青岛在确定"创建高绩效机关，做人民满意公务员"机关建设目标时，就提出要以平衡计分卡为管理技术支撑引入机关绩效管理中来。2006 年初，青岛研究制定了《关于深入开展"创建高绩效机关，做人民满意公务员"工作的意见》，明确要求在机关引入和实施平衡计分卡管理。从 2006 年 6 月开始，青岛市直机关工委开始实施动态平衡计分卡管理，开发了在线平衡计分卡管理系统，着手对战略执行情况实现动态管理。

3. 青岛量体裁衣，引进、消化和创新，发展出适合自己的平衡计分卡

青岛构建出适合自己市情的平衡计分卡，为用平衡计分卡管理思路指导"拥湾环海战略"奠定了良好基础。

近些年来，在青岛市直机关工委的推动下，全市上下已开始全面接受平衡计分卡，有关部门已按照平衡计分卡的基本原理和战略地图要求，根据政府工作的性质、目标导向等特性,将原来的维度进行调整创新,确定为"服务对象、工作业绩、业务流程、学习创新"。按照新的维度,部门、处室、个人三个层次分别制作平衡计分卡,确保每个处室、个人的工作都与本部门的战略目标保持一致,并最终实现战略目标。

同时,青岛从机关建设角度,已经明确了创建高绩效机关的使命、价值观、愿景和战略,将经济建设、政治建设、文化建设、社会建设和党的建设等五个方面的绩效作为战略主题,设计了关键绩效指标和要求,对创建高绩效机关的使命、价值观、愿景与战略进行了诠释、转换和落实,形成了"青岛市创建高绩效机关平衡计分卡地图",并层层细化落实战略中心型组织的五项原则,即"通过领导推动变革"、"将战略转化为可操作的行动"、"将组织与战略相链接"、"让战略成为每个人的工作"和"将战略变成持续的流程"。

青岛通过不断创新平衡计分卡的战略工具,较好掌握了平衡计分卡的原理,全市上下比较熟悉这项战略管理方法。因此,政府用平衡计分卡的战略实施工具,推动"拥湾环海战略"的落实,是可行的。并且在为中国城市进行战略实施的实践探索上,作出了青岛的贡献。

平衡计分卡是一个成熟、完整的战略管理工具。青岛"拥湾环海战略"的实施要引入平衡计分卡,作为最重要的战略实施工具,促进青岛全面均衡可持续发展。

二 "拥湾环海战略"的实施办法

1. 制定"拥湾环海战略"的平衡计分卡战略图

把"拥湾环海战略"根据平衡计分卡的思想转化为"战略地图",转化为一系列的目标和衡量指标,对"拥湾环海战略"进行全面的审视,在各个层面进行广泛的交流,使这个转化过程变成一个交互式的过程,客观上起到了战略发动阶段的宣传作用。

根据平衡计分卡的设计思路,"拥湾环海战略"的战略地图主要包括以下内容。

战略目标:建设富强文明和谐的现代化国际城市。

战略主题:黄海区域的航运龙头、物流龙头、现代服务业区域龙头和海洋科研龙头，国际制造名城、会展名城和休闲名城。

四个维度：服务对象维度主要是提高企业、基层和群众的满意度；工作业绩维度主要体现在人均 GDP、财政收入、城市居民人均可支配收入、农民人均纯收入等经济社会指标；业务流程维度是"拥湾环海战略"实施的政府内部运营措施和手段，也是城市竞争力指标体系的重要内容；学习成长维度的目标聚焦于城市竞争力指标体系中的人力资源类指标。"拥湾环海战略"可以初步形成图 13-2 所示的平衡计分卡战略图。

	建设富强文明和谐的现代化国际城市
战略主题	一个区域龙头，三个名城（黄海区域龙头，国际制造名城、会展名城和休闲名城）
服务对象	提高企业、基层和群众的满意度
工作业绩	人均GDP、财政收入、城市居民人均可支配收入等
业务流程	政府内部运营措施和手段
学习创新	聚焦于城市竞争力指标体系中的人力资源类指标

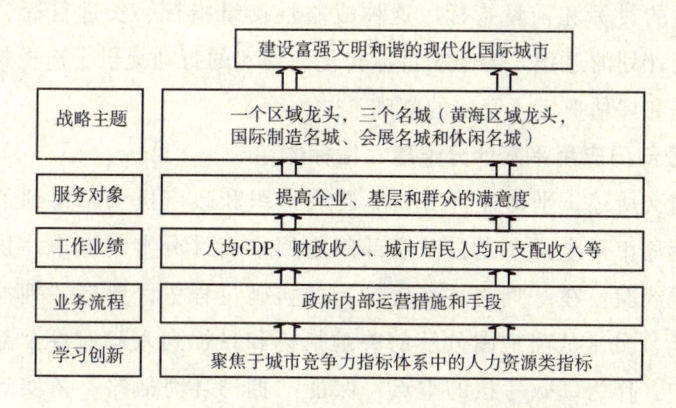

图 13-2 "拥湾环海战略"平衡计分卡战略图

青岛市需要在拥湾环海战略实施过程中，进一步按照战略地图框架将"拥湾环海战略"细化，组织广泛讨论，制定明确和具备工作指导意义的平衡计分卡战略地图，最终用平衡计分卡来解释"拥湾环海战略"。

2. 根据平衡计分卡战略地图分解"拥湾环海战略"目标

平衡计分卡是一个战略实施机制，它把组织的战略和一整套的衡量指标相联系，弥补了制定战略和实施战略间的差距。传统的组织管理体制在实施战略时有很多弊端：或是虽有战略却无法操作，或是长期的战略和短期的年度预算相脱节，或是战略未同各部门及个人的目标相联系。这样，使战略处于一种空中楼阁的状态。

充分分解平衡计分卡的目标和衡量指标，将"拥湾环海战略"的目标和衡量指标充分细化。通过平衡计分卡战略地图的指标分解，可以将"拥湾环海战略"的指标分解到青岛相关部门和责任主体，明确各个部门和责任主体在"拥湾环海战略"实施过程中的主要作用，也就明确了该部门的"拥湾环海战略"关键绩效指标。在指标的制定过程中要注意三点：(1) 注意指标分解的时间性，要为战略性的衡量指标制定 3~5 年的目标。(2) 制订能够实现这一目标的战略性计划。指标分解完成后，会有各个层面的多个指标，青岛应该衡量指标间的关系，统筹安排，制订合理的战略实施计划，使指标体系与战略实施紧密相连。(3) 注重可操作性和可实施性。青岛要为战略计划确定短期计划和指标。首先把"拥湾环海战略"发展三部曲第一步目标中的第一年目标转化为平衡计分卡中四个方面的目标和衡量指标。这种战略性衡量指标、长远目标、战略计划、短期计划的过程，为组织目标转化为切实的行动提供了途径，这也为战略控制和评估奠定了坚实的基础。

3. 分部门应用平衡计分卡建立指标体系

如前文所述，平衡计分卡在非营利组织和政府机关中得到了广泛的应用。青岛市是全国率先在政府部门应用平衡计分卡的城市，积累了丰富的实践经验。在"拥湾环海战略"的实施过程中，要把"拥湾环海战略"平衡计分卡战略地图分解的关键指标和目标列入政府各个部门的考核体系中，作为绩效考核的重点，保证"拥湾环海战略"落实到各个部门和责任主体。这样，就打通了"拥湾环海战略"实施和部门工作之间的联系，部门工作有了明确的目标，为"拥湾环海战略"的实施起到良好的支撑作用。

4. 战略实施过程全面导入平衡计分卡方法

平衡计分卡是一个成熟的战略实施工具，在战略实施中有着自己成熟的实施步骤。一般来说，平衡计分卡战略实施步骤包括愿景共识、沟通与传播、业务规划、反馈与学习四个阶段。愿景共识阶段是组织上下阐释愿景和目标，达成共识，形成愿景张力的过程；沟通与传播是充分宣传战略，形成绩效控制体系的过程；业务规划过程是设定战略举措目标的过程；反馈与学习是战略实施的控制和评估、反馈与改进的过程。可以看出，平衡计分卡的战略实施过程跟一般意义的战略实施阶段是相互吻合的。

青岛在实施"拥湾环海战略"的时候要全面导入平衡计分卡方法。

在战略发动阶段，利用平衡计分卡宣传战略。战略发动阶段的重点是统一思想，达成共识。通过宣传平衡计分卡可以使相关责任人加深对战略的了解，提高其实现战略目标的自觉性。同时通过定期、不间断地将平衡计分卡中的评估结果告诉责任人，可以使其了解平衡计分卡给组织带来的变化。

在战略计划阶段，通过"拥湾环海战略"平衡计分卡战略地图和指标分解、部门平衡计分卡指标分解将"拥湾环海战略"充分细化，落实到部门和责任人。并通过分阶段目标的设定，确立明晰的部门、个人阶段性目标，形成"拥湾环海战略"的关键绩效指标支撑体系。

在战略运作阶段，平衡计分卡为绩效考核和目标控制体系提供了完美的工具。通过战略计划阶段目标的分解，"拥湾环海战略"的目标已经落实到了部门和责任人，在战略运作阶段要加强动态和实施的检查，建立"拥湾环海战略"实施的信息收集系统，全面而充分地反映战略实施进度。平衡计分卡为"拥湾环海战略"运作阶段提供了完美的辅助工具。

在战略控制与评估阶段，利用平衡计分卡的指标衡量体系形成科学严密的控制系统，更加有利于监控绩效和评估偏差、控制及纠正偏差。平衡计分卡指标体系便于战略管理者了解战略执行情况，对战略进行检验和调整。同时，平衡计分卡中的衡量指标之间存在着因果联系，可以根据因果关系层层分析引起这项指标变动的其他指标是否合格，能够有效地全面监控"拥湾环海战略"的实施情况。

三 "拥湾环海战略"实施的步骤

一个完整的战略实施过程包含四个相互联系的阶段。青岛"拥湾环海战略"的实施过程总体上可以分为战略发动、战略计划、战略运作、战略的控制与评估四个步骤，只有充分地调动各层级、各主体的积极性才能有效地贯彻"拥湾环海战略"规划。将"拥湾环海战略"详细地分解成发展目标、年度计划、部局计划，进行统筹安排、全面安排才能保证战略真正落到实处。同样在战略运作阶段离不开高效的组织结构等保障机制，在战略实施过程中加强监控，不断地评估偏差、控制及纠正偏差，才能保证战略目标的实现。青岛市政府在实施"拥湾环海战略"的时候，建议以平衡计分卡的战略管理理念来推动战略的实施，保证战略"落地"。

1. 战略发动阶段：舆论宣传，广泛发动

在战略发动阶段，青岛要采用平衡计分卡的思路，调动起各个层级、各个层面实现新战略的积极性和主动性，将"拥湾环海战略"的理想变为青岛市民、企业、政府管理者等各个行为主体的实际行动。

在战略发动阶段进行充分的战略宣贯。调动一切舆论宣传工具，多角度、高密度地宣传"拥湾环海战略"，对关键的战略实施人员进行培训，通过各种途径向他们灌输新的思想、新的观念，提出新的口号和新的概念，消除一些不利于战略实施的旧观念和旧思想，以使大多数人逐步接受"拥湾环海战略"，认识到"拥湾环海战略"的重要性和意义所在。

对于"拥湾环海"这一全新的青岛综合发展战略，在开始实施时相当多的人会产生各种疑虑，而"拥湾环海战略"开创了青岛全新的发展模式，是青岛发展战略的一个全新境界，如果广大利益相关者对该战略没有充分的认识和理解，它就不会得到大多数人的充分拥护和支持。因此，战略实施第一步是一个发动广大利益相关者的过程。要向各个方面、各个层级的相关人讲清楚青岛内外环境的变化给青岛发展带来的机遇和挑战，旧战略存在的各种弊病，"拥湾环海战略"的优点以及存在的风险等，使大多数人能够认清形势，认识到实施战略的必要性和迫切性，树立信心，打消疑虑，为实现"拥湾环海战略"的美好前途，实现青岛"一个区域龙头，三个国际名城"的功能定位而努力奋斗。在发动过程中，要分清重点，逐步突破，努力争取战略的关键执行人员的理解和支持。青岛也要充分考虑各组织和人员的认识调整问题，扫清战略实施的障碍，保证战略的顺利实施。

2. 战略计划阶段：战略目标细化

在战略发动阶段，青岛要采用平衡计分卡的计划和分步骤的方法，为"拥湾环海战略"提出分阶段、分地域、分价值链（行业、业务、管理）、分部门（局）的具体细化实施方案。

青岛首先要将"拥湾环海战略"发展目标"三部曲"进一步细化分解，每个战略实施阶段都有明确的分阶段目标，有每个阶段的政策措施、部门策略以及相应的方针等。同时，制定出分阶段目标的时间表，要对各分阶段目标进行统筹规划、全面安排，并注意各个阶段之间的衔

接，对于远期阶段的目标方针可以概括一些，但是对于近期阶段的目标方针则应该尽量详细一些。在"拥湾环海战略"发展目标的基础上，使战略实施的第一阶段更好地与旧战略衔接，以减少阻力和摩擦，分目标及计划应该更加具体化和可操作化。同时，将"拥湾环海战略"发展目标分解成年度目标、部门策略、方针与沟通等措施，使战略最大限度地具体化，变成青岛各个部门、各行为主体可以具体操作的业务。

3. 战略运作阶段：战略实施的组织保障

在"拥湾环海战略"运作阶段，青岛要采用平衡计分卡原理，组织好组织协调工作，协调上下各个层面的关系，形成合力，推进战略实施和"落地"。在这个阶段，青岛要做好以下工作，确保战略的有效实施。

（1）建立青岛市"拥湾环海战略"专职机构，协调与兄弟市区以及国际友好城市的关系。为确保组织领导到位，青岛市应成立拥湾发展工作领导小组，为下一步工作奠定坚实的组织基础。为确保工作对接到位，区相关街道和部门应分别与拥湾发展工作领导小组进行工作对接，为拥湾发展工作领导小组前期工作的顺利开展做好服务。依托大黄海区域，面向全球，促进青岛与全球城市和区域之间的经济合作与协调发展，将青岛培育为黄海区域的龙头城市。

（2）建立青岛市"拥湾环海战略"首长负责制。青岛市"拥湾环海战略"的实施必须建立首长负责制。青岛市委书记和市长必须亲自挂帅，负起首要的责任。同时，要确立青岛市"拥湾环海战略"的一贯制，不因为主要市领导的更迭而频繁波动。为了保证青岛市"拥湾环海战略"的一贯制，还必须形成有效的配套监督体系和绩效考核体系。

（3）配备相关的专业人才与政府部门人员以及专家顾问团。在完成"拥湾环海战略"专职机构的组织，以及明确战略首长责任制以后，要严格地按照工作需要配备相关的专业人才与政府部门人员，同时组成"拥湾环海战略"专家顾问团，以便更好地辅助"拥湾环海战略"的进行，并指导"拥湾环海战略"的具体工作。

（4）构建服务型政府。服务型政府是指在公民本位、社会本位理念指导下，在整个社会民主秩序的框架下，通过法定程序，按照公民意志组建起来，以为公民服务为宗旨，实现着服务职能，承担着服务责任的政府。

　　服务型政府的行为方式是有异于传统行政模式下的主仆关系颠倒的政府行为方式的，服务型政府的职能表现出人性化，即服务内容、方式均是围绕着怎样才能更好地服务于公民的需要而进行。在区域共同市场中，服务型政府的职能上，不去过多追求"管得多的政府就是好政府"，"管得越少的政府就是好政府"等思想，而应该是"最能服务于公民、达到社会利益和整体福利最大化的政府就是好政府"理念。

4. 战略的控制与评估阶段：战略监督、控制与调整

　　在战略的控制与评估阶段，青岛应该明确战略是在变化的环境中实践的，通过平衡计分卡这一手段，有助于加强对战略执行过程的控制与评价，才能适应环境的变化，完成"拥湾环海战略"任务。这一阶段青岛的主要任务是建立控制系统、监控绩效和评估偏差、控制及纠正偏差三个方面。

　　总之，平衡计分卡是一个全面的战略实施工具，用它描述的"拥湾环海战略"地图明确地指出了青岛"拥湾环海战略"的发展愿景、功能定位、目标体系、战略举措，并可以分解形成各部门、相关利益人的工作关键指标，是一个完备而科学的、自下而上全面把握战略实施情况的工具。青岛在"拥湾环海战略"的实施过程中，要全面引入平衡计分卡方法，推动战略实施，保证战略目标的实现。

　　最后要指出的是，青岛市委、市政府对平衡计分卡是比较熟悉的，实践经验比较丰富。因此，在这一章节，本文只是尝试给出思路性的建议，青岛市委、市政府对是否采用平衡计分卡作为"拥湾环海战略"实施的管理工具，是最有发言权的。

附 件
数据的处理方法和竞争力计算方法

数据的处理方法

针对以上数据采集渠道及其数据获得的困难性和复杂性，报告采取以下几种数据处理方法。

一 对可直接获取的数据：统计口径统一法

有一些客观指标，例如城市人口和面积等，全部样本城市都有相应的原始数据，但各国的统计口径不甚一致。此时，我们针对各国数据的口径与标准差异，首先研究了联合国统计分布（UNSD）、世界银行发展指数（World Bank, World Development Indicators）、经合组织数据库（OECD）等国际机构的数据统计项目与标准，然后确定每个国家的相关统计项目的转换关系，确立了统计上最合适、可比性最强、覆盖面最广的数据统计标准，以此进行数据处理，最终形成了覆盖500个国际城市的统一标准数据库。例如人口，有的城市只统计户籍人口，有的城市则统计常住人口，有的城市则将暂住人口也统计在内。在这种情况下，我们都设法统一调整为城市常住人口。再如城市面积，有的城市统计数据只统计陆地面积，有的城市则将水域面积也包括在内。遇到这种情况时，我们就根据相关的统计资料把包含水域面积的统计数据调整为只包含陆地面积的数据。其他很多客观数据也存在这种情况，例如成人识字率、大学以上人口数量占人口比重和犯罪率等指标，也都采取标准的口径对其进行调整。

二 对可间接推导和替代的指标数据

对可间接推导和替代的指标数据采取以下几种方法进行处理。

1. 变量直接推算法

当某些变量数据不能直接获得时，就采用其他相关的两个或多个的变量数据依据严格的逻辑关系进行推算而得。这包括三个方面：一是均值化的指标和总量指标的相互推算，例如城市 GDP、人均 GDP、地均 GDP 和劳动生产率之间可以借助城市面积、城市人口、就业人口为中介变量而相互推算。二是变量静态数据与动态数据的测算，例如通过城市 GDP 的时间序列数据推算城市 GDP 的增长率。三是指标绝对值和比重之间的相互推算，例如劳动人口、就业人口和失业率之间的相互换算，以及城市大学以上人口数量可以借助城市人口换算为城市大学以上人口比重，类似的处理还有外国出生市民比例、外国游客占市民比例等。这种变量直接推算法在我们的研究中广泛应用，由于它是严格依据变量间的逻辑关系而推算的，在已知变量准确的情况下，所推算变量无疑也是准确的。

2. 变量相关套算法

当某些数据不能直接获得时，就采用先查找相关变量，然后根据它们之间的近似数量关系进行套算的方法。例如，当我们不能比较准确地获得城市 GDP 信息，而能够得到比较准确的城市 GVA 数据时，我们就可以根据该国家或城市 GDP 和 GVA 之间近似的数量关系来套算该城市的 GDP，这种方法主要应用于英国城市 GDP 数据的处理，还有一些其他个别的欧洲城市的 GDP 数据处理也采用了这一方法。

3. 变量相关估计法

这种方法属于一种估计方法，因此在获得数据的准确性上次于上述两种方法获得的数据。这种方式是在参考有关变量数据的基础上，根据其他一些相关知识或经验对城市变量进行估计。这种方法的应用频率不高，但应用范围较广，即这种方法在几乎所有指标体系的数据处理时都有所运用，但只有较为个别的城市数据处理时才采取这种方法。例如，拉美和非洲的一些城市 GDP 数据获得困难时，我们只好参考城市所在国家的 GDP 数据，或者同一国家内甚至他国的其他城市 GDP 数据，然后根据有关信息，有时根据研究者经验，估计出这个城市的 GDP 数据。其他的例子也散见于各指标体系的个别城市数据中。

4. 变量相关替代法

变量相关替代法指在通过各种方法不能或者不能较为完整地得到城市的某变量数据时，采用更高级别的行政区域的相关数据作为替代。我们之所采用这种方法是基于这样一种事实，即城市是属于更高级别行政区域的一个组成部分，因此更高级别行政区域的相关变量数据或者和城市变量数据是一致的（如国家或地区的某些政策或制度也就是城市的），或者二者存在较大的相关性。这种方法在我们的研究中也被广泛运用。例如某些表现指标，硬件环境指标中的贷款获得、有效汇率和实际利率差、国家技术设施，软件环境中的地方自主化程度、经济自由化程度、市场监管和税费负担中的所有指标，生活环境中的恐怖主义导致的企业成本，这些指标数据全是国家层面的。除此之外，还有一些城市的其他指标数据采用了地区或省份的相应数据作为替代。

5. 变量对标估计法

依据国家数据及其具体城市相关方面在国家位置，以及类似城市的相应表现，进行估计。特别是一些研究和咨询机构公布的指标数据，绝大部分城市都有相应的原始数据，但极少数城市没有。例如美世咨询公司公布的城市生活成本，《世界知识竞争力报告》中的每千人中管理和高科技产业从业人员数，世界银行《世界发展指标》中的二氧化碳排放量、废水处理率和颗粒物等数据，以及从携程网上获取的城市购物、餐饮、住宿和文化娱乐等方面的数据，虽然覆盖了绝大部分城市，但是仍然有部分城市数据不能同时获得，在这种情况下，报告根据城市自身相关资料以及与其他城市的对比状况进行估计来获得需要的指标数据。

三 对不可直接获取的和不可间接推导及替代的指标数据

有一些指标，例如反映产业环节分布、城市功能状况的指标数据，城市管理方面的指标数据，以及企业竞争力方面的指标数据等，这些数据没有直接对应的客观数据，也不可以根据其他数据间接推导，对于这种情况，我们根据不同情况分别典型样本比较法、相关资料打分法等对其进行处理。

1. 替代打分法

替代打分法指的在指标直接和间接的准确数据缺失的情况下，使用容易获取而又能近似地反映该项竞争力状况的间接要素，并按一定标准对间接要素进行打分属值。替代打分法较好地解决了由于直接数据缺失而难以对某些复杂的状况进行衡量的问题，通过准确地选取替代变量，能够较真实地反映原有变量的情况。

（1）替代打分的适用范围。

替代打分法作为一项重要的研究方法，在本研究报告中，反映城市的产业结构的指标数据，主要采用替代打分属值法。由于历史与现实的原因，全球城市的发展水平各异，产业结构和产业布局错综复杂，从统计分析的角度来看，很难获得足够的数据支持对其进行全面的研究。经过分析，我们认为，城市的产业结构最终表现为不同行业的企业分布与集聚的情况。因此，本报告在进行城市产业结构指标体系设计时，采用替代打分的方法，即根据不同行业的跨国公司在城市的分布情况，来设计指标近似地反映城市产业结构的状况。在全球城市竞争力指标体系中运用替代打分法的解释性指标有：表现指标体系中的跨国公司分布，产业结构体系中反映服务业竞争力状况的制造业跨国公司的总部数量，贸易和零售业跨国公司数量，管理咨询、会计和法律跨国公司数量，广告和媒体跨国公司数量等指标；反映金融业竞争力状况的金融业跨国公司的总部分布、金融业跨国公司的分部分布等指标；反映高科技产业竞争力状况的软件服务业跨国公司的总部数量和高科技跨国公司的总部数量等指标。

（2）替代打分的标准与原则。

替代打分法的另一个重要方面就是对替代对象按照一定的标准进行打分，在指标设计的具体运用中，结合跨国公司分布全球网络的架构体系及其分布特点，遵循以下打分标准：

①跨国公司世界总部聚集城市：5分

②跨国公司区域总部聚集城市：4分

③跨国公司国家总部聚集城市：3分

④跨国公司分公司聚集城市：2分

⑤跨国公司办事处（规模小、职能有限的分公司）聚集城市：1 分

上述 5 条是一个基准的打分标准，在具体操作过程中，由于公司所提供的信息不明确或跨国公司全球网络布局安排不同等原因，很难直接判断跨国公司分部的等级。基于这种情况，主要从两个方面来进行辅助判断，一方面通过网络搜索，根据搜索到的相关信息判定跨国公司分部的地位，另一方面根据跨国公司在城市分布的个数、规模等来进行判断。一般而言，在同一个国家内，拥有跨国公司分部越多或者分部规模越大的城市，其在跨国公司全球网络中的地位要高于其他城市，其跨国公司分部的职能也要高于其他城市的跨国公司分部。在综合这两方面情况的基础上，如果所获得的信息仍然无法作出判断，则一律赋值 2 分。在对所选择的同一行业跨国公司的分布情况进行逐一打分之后，再进行等权加总，即得出替代指标的得分。

（3）不同行业跨国公司的样本选择。

本研究从替代指标设计的目的出发，为了能更好地反映城市产业结构的基本情况，从而对其产业竞争力进行判断，根据全球城市产业发展的趋势及各产业竞争力的表现，选取了一般制造业、商务服务业、贸易、零售服务业、金融业和高科技行业等行业的有代表性的跨国公司来进行分析，为了使分析结果具有可比性，样本跨国公司主要按福布斯 2000 强各行业排名进行选取。具体如表 1 所示。

2. 典型样本比较法

典型样本比较法，是指按照统一的标准，在样本城市选择一个或几个最典型的具体样本，然后比较这些典型样本的一些指标，用这些典型样本的指标数据代表城市的数据，然后制定出标准，进行比较。

（1）典型样本比较法的适用范围。

关于企业本体指标就是选择典型行业的典型企业，对具有代表性的企业设立指标标准，按照统一的评判标准评分（5 分制），综合所有得分得出统一的分数。企业微观主体是城市的经济细胞，通过企业的发展水平、制度完善性、管理先进程度、企业运营、品牌以及绩效等可以考察城市中企业的整体水平。

（2）典型样本比较法的样本选取。

首先选择典型产业。城市典型（主导）产业判断是根据维基百科或百

表 1 各项指标中样本跨国公司行业分类

指 标	样本企业	备 注
Z2.1.2 制造业跨国公司的总部数量	福布斯 2000 强（2005）中的制造业企业	包括福布斯 2000 强（2005）行业分类中的耐用消费品、材料、食品、饮料和烟草、家庭及个人护理产品等行业
Z2.2.2 贸易、零售业跨国公司的总部数量	福布斯 2000 强（2005）中的贸易、零售业企业	包括福布斯 2000 强（2005）行业分类中的贸易、零售业、商业服务及用品类
Z2.2.3 管理咨询、会计和法律服务跨国公司数量	全球管理咨询、会计和法律行业按收入排名的前 25 位跨国公司	个别企业的全球分布数据难以获得，则采用排名 25~30 位的企业替代
Z2.2.4 广告、媒体跨国公司数量	全球广告、媒体业按收入排名的前 25 位跨国公司	个别企业的全球分布数据难以获得，则采用排名 25~30 位的企业替代
Z2.3.2 金融业跨国公司总部分布	福布斯 2000 强（2005）排名前 75 名的金融类跨国公司	包括福布斯 2000 强（2005）行业分类中的金融、保险和银行业，个别企业的全球分布数据难以获得，则采用排名 75~85 位的企业替代
Z2.3.3 金融业跨国公司分部分布	福布斯 2000 强（2005）排名前 75 名的金融类跨国公司	包括福布斯 2000 强（2005）行业分类中的金融、保险和银行业，个别企业的全球分布数据难以获得，则采用排名 75~85 位的企业替代
Z2.4.1 软件服务业跨国公司的总部数量	福布斯 2000 强（2005）中的软件服务业跨国公司	包括福布斯 2000 强（2005）行业分类中的软件服务业
Z2.4.2 高科技跨国公司的总部数量	福布斯 2000 强（2005）高科技跨国公司	高科技包括福布斯 2000 强（2005）分类中的制药与生物技术、硬件设备与技术、半导体类等
跨国公司分布	Z2.2.3、Z2.2.4、Z2.3.2、Z2.3.3 所选择的各行业跨国公司	包括金融、管理咨询、会计、法律、广告和媒体行业

度百科搜索城市概况，了解城市综合概况特别是经济和主导产业概况，结合城市的就业结构和产值比较统计表和分析，得到较为准确的判断。综合分析城市产业判断依据有以下来源：百度百科、维基百科、谷歌引擎搜索、城市官方网站和城市或国家统计网站。

其次选择典型企业。在选择典型产业之后，选取典型产业的具有代表性的企业，每个城市的制造业和服务业各一个。具体两个标准：首先考虑上市公司。实践证明，上市公司比非上市公司制度更健全、管理更完善、财务更透明，综合来看企业上市也表明了企业具有一定的实力和代表性。其次，进入福布斯 2000 强的符合典型产业标准的企业为首选。

———— 附件　数据的处理方法和竞争力计算方法 ————

表2　青岛对标城市的典型企业

城　市	公司1(服务业)	公司2(制造业)
上　海	中国太平洋保险(集团)股份有限公司	中国船舶工业股份有限公司
大　连	大连圣亚旅游控股股份有限公司	大连大显控股股份有限公司
日内瓦	瑞士阿第克公司	雀巢
东　京	三菱日联金融集团	丰田汽车
东　莞	东莞宏远工业区股份有限公司	东莞玖龙纸业有限公司
北　京	华夏银行	燕京啤酒上市公司
旧金山	美洲银行	麦克凯森
宁　波	宁波银行	雅戈尔集团股份有限公司
成　都	博瑞传播	华神集团
西　安	长安信息产业	西安海星现代科技股份有限公司
西雅图	星巴克	微软
沈　阳	东软股份	金杯汽车有限公司
武　汉	武汉市汉商集团股份有限公司	武汉钢铁股份有限公司
首　尔	韩国国民银行	LG集团
温哥华	Premium Brands Income Fund	Norsat International
青　岛	华馨实业	青岛海尔

(3) 典型样本比较法的评价标准。

企业本体竞争力的具体指标二级指标有6个，三级指标有14个。二级指标是由三级指标加总而成，14个三级指标的评分标准如下。

①企业文化。

企业文化是企业在生产经营实践中逐步形成的，为全体员工所认同并遵守的、带有本组织特点的使命、愿景、宗旨、精神、价值观和经营理念，以及这些理念在生产经营实践、管理制度、员工行为方式与企业对外形象的体现的总和。我们采用对外的企业社会责任的考察和对内经营理念两个二级指标来衡量。

企业社会责任。考察公司的社会责任首先看公司网站是否设专门的板块或者有专设机构，如果有说明公司将社会责任制度化的，得5分；公司网站无专门板块，在年度报告有对社会责任事件做详细的记载的，得2~4分；仅有事件记录的得1~2分。

企业经营理念。首先我们汇总了所有目标企业的经营理念和企业综合业绩,发现世界著名企业的成功经验之一是良好的企业文化和经营理念。此外现代高科技企业往往具超前的经营理念和卓越的经营思维,企业发展速度也十分迅速。企业的经营理念与企业所在行业也有十分重要的关系,医药、新能源、电子信息等高科技企业通常具有先进的经营理念,因为新兴行业本身就要求企业必须与时俱进。由此,将企业知名度和行业特征作为打分依据:高科技名牌企业得5分,名牌非高科技企业判定4分,高科技非名牌企业得3分,非品牌非高科技企业得1~2分。

②企业制度。

公司治理、企业制度健全性与整个市场宏观环境相关性强。根据研究发现,经济市场化程度越高的地区微观主体的制度越完备。由于样本企业有上市公司和非上市公司两种,上市公司都是建立了现代企业制度的公司,通过公司年报,可以了解到公司的管理制度。为了增强可操作性,我们采用了最大股东比例和管理层持股比例两个二级指标作为评判标准。股权过分集中与过分分散都不利于企业发展,汇总样本公司最大股东持股信息,观察发现最大股东持股分为5个等级,如表3所示。

表3 最大股东持股比例评分标准

最大股东持股比例 x	分数	最大股东持股比例 x	分数
5% < x ≤ 15%	5	30% < x ≤ 50%	2
x ≤ 5%	4	x > 50%	1
15% < x ≤ 30%	3		

非上市公司则根据企业所在国的经济发展水平和市场开放程度,设立发达国家、新兴市场化国家和发展中国家三种情况,评分最高为3分,最低1分。

对公司股权激励计划的考察也是参考所在国或地区经济发展水平和市场开放程度,分发达国家、新兴市场化国家和落后国家三种情况。通过财务报告和公司网站提供信息,分析其激励机制的完备性和可操作性来综合打分。股权激励根据分值分布依次为1~5分。

③企业管理。

企业的管理是系统工程,我们主要从外部监督、财务管理和企业战略三个方面考察。

外部监督。公司设立独立董事有利于公司的专业化运作，提高企业持续发展能力。独立董事能以其专业知识及独立的判断，为公司发展提供有建设性的意见，协助管理层推进经营活动，从而有利于公司提高决策水平，改善公司声誉，提高公司价值。实践证明，独立董事与较高的公司价值相关，具有积极的独立董事的公司，比具有被动的非独立董事公司运行得更好。独立董事是否有效行使职权很难判断，因此我们结合公司的独立董事与非独立董事的比例和公司所在宏观市场的有效性来考察企业的外部监督机制。如果公司设立独立董事就打基础分2分，再根据公司所在国的发展水平判断，依次为发达国家加2~3分，新兴市场化国家加2分，发展中国家加1分。如果为非上市公司，此项的分数为1分。

财务管理。因为公司上市要求企业具有较为健全的财务制度，财务透明度高，利用证券市场对财务的要求程度可以反映企业财务管理状况。表4是具体的评分标准。如果城市里没有合适的上市公司，则使用非上市公司，但是本报告非上市公司使用得极少。非上市公司则根据企业所在国的经济发展水平和市场开放程度，设立发达国家、新兴市场化国家和发展中国家三种情况，评分最高为3分，最低1分。

表4 财务管理评分标准

公司上市地	分数
全球金融中心：纽约、伦敦、东京	5
国际金融中心：新加坡、中国香港、法兰克福、纳斯达克、美国证券	4
其他发达国家证券市场	4
新兴市场国家	3
发展中国家证券市场	2

发展战略。公司战略是公司的方向和灵魂，公司的战略成功与否要通过战略实施后公司未来发展判断。评判结合了公司的发展历程和历史战略表述，以及公司目前发展情况综合打分。如果公司有系统战略表述，

就得基础分1分。如果是发达国家公司有并购、多元化或者产品升级的战略，得4~5分不等；新兴市场化国家企业有并购、多元化或者产品升级的战略，可得到3~4分；发展中国家企业有并购、多元化和产品升级的战略，可得2~3分。如果有成功案例在原有的基础上加1分，总分最多不超过5分。

④企业运营。

企业运营的考察逻辑是依据产品研发、生产、市场开拓以及服务等环节来设计，主要通过企业研发投入比例、生产技术水平以及营销能力3个二级指标考察。

研发投入比例。此项指标是针对制造业设定的。产业状况不同，研发投入比例所要求的水平不同。新兴电子信息、生物制药、新能源等研发投入较多，传统制造行业由于技术比较成熟，研发投入相对较低。研发投入比例根据分值分布依次为1~5分。

生产技术水平。此项指标只是针对制造业设定的。我们通过每个公司的产业情况、产业环节、产品质量、获奖情况、专利等级项目等情况，将技术水平设定为世界顶级技术，行业领先技术，标准技术，低技术和无技术五种情况，技术比较是与同行业其他企业相比较。

⑤具体的企业生产制造技术水平评分标准，详见表5。

表5 企业生产制造技术水平评分标准

企业生产制造技术水平	评分	企业生产制造技术水平	评分
世界领先技术	5	低技术	2
行业领先技术	4	无技术	1
标准技术	3		

⑥市场广度。研究中发现，优秀的大企业都会开拓本国以外的市场，在国外设立分支机构不仅意味着产品已经打入外国市场，而且也表明企业在当地具有一定的影响力，具有长期或稳定的客户合作关系。以分支机构设定为依据，首先将全球分为北美、南美、非洲、亚太、欧洲5个区域，根据公司分支机构所在区域不同，我们将企业分为国际性企业、区域性企业和本国企业。具体打分标准设定如表6。

表 6　市场广度评分标准

市场广度范围	评分	市场广度范围	评分
分支机构覆盖 4~5 个区域	5	超出本国但没有覆盖本区域	2
分支机构覆盖超出本区域	4	只在本国设立分支机构	1
分支机构覆盖本区域	3		

⑦企业品牌。

企业品牌包括企业的知名度和产品品牌。此项指标最理想的调查方式是通过问卷调查的方式，我们将网络用户作为被调查对象来实现这一调查和评分。企业品牌即企业的知名度。公司被关注的状况与公司网站的访问量呈正相关的关系。数据获得是通过虚拟联系度网站（http://www.alexa.com）统计 3 个月内公司网站次数来获得此项数据。其优点是可操作性强，比较标准统一。企业品牌根据网站访问量分值分布依次为 1~5 分。

⑧企业业绩。

企业业绩可以从多个角度，通过利润增长率指标考察了企业的增长情况，股东回报率（ROE）体现了利润对股东的回报，是考察企业的很好的指标。研究方法是记录企业 2005 年和 2006 年的利润增长率和 ROE，利用指数化方法加以处理。企业业绩根据分值分布依次为 1~5 分。

3. 相关资料专家打分法

相关资料专家打分法是根据指标所涉及的方面，简明地考察关键点，确定明确的等级标准，然后收集并考察样本城市的数据资料反映出来的情况，据此由专家对其打分。这是一种定性与定量相结合的方法。根据评价对象的具体要求选定若干个评价项目，再根据评价项目订出具体的评价标准，反映城市在某方面达到某种程度，给予相应的分数，具体分数分别为 5 分、4 分、3 分、2 分、1 分（百分制或原始指标），相关专家根据拥有的相关资料反映的关键方面的情况，对照标准给予打分属值。

（1）相关资料专家打分的适用范围。

本报告运用专家打分法的指标包括：软件环境指标体系中的日常管理能力、应急管理能力、发展经验和发展战略等指标，全球联系指标体系中的自然区位（距河、湖、海的距离）、社会区位（距世界城市、洲际城市的距离)、铁路线数级别和公路线数级别等指标。

(2) 相关资料专家打分的标准。

日常管理能力。城市政府日常管理能力是衡量城市公共管理职能的重要指标之一，大力提高政府日常管理能力，实现真正可持续的、有效率的政府日常管理是提高城市公共管理水平的重要手段。城市政府的日常管理能力的总分为 5 分，将其分为三个方面：城市管理法规是否健全，是则得 1 分；城市管理组织是否健全，是则得 1 分；卫生、治安、生产、建设、交通、环保等灾害和事故发生情况，根据发生的频率和严重程度赋予相应分值，情况最好给 3 分，其次为 2 分，最低 1 分。结合城市政府网站及谷歌引擎搜索、百度百科、维基百科等网站提供的相关信息进行评分。

应急管理能力。政府应急管理并不是从危机发生的那一刻才开始，在此之前的日常行政行为和个人社会习惯是决定政府和居民面对危机时如何应对的最重要因素。危机的处理机制是否迅速有效，取决于城市政府在平时是否建立了一整套高效运行、随时能够发挥作用的应急日常管理机制。城市政府的应急管理能力的总分为 5 分，将其分为三个方面：城市管理法规是否健全，是则给 1 分；城市管理组织是否健全，是则给 1 分；按是否有重大灾害和事故发生的应急处理机制给分，情况最好给 3 分，其次为 2 分，再次为 1 分，若没有应急处理机制，则扣 1～2 分。结合城市政府网站及谷歌引擎搜索、百度百科、维基百科等网站提供的其他相关信息进行评分。

城市发展经验。城市发展经验的总分为 5 分，将其分为四个方面：近 10 年来，经济社会获得高速发展得 1 分；近 10 年来，城市转型升级获得成功，产业结构明显提升得 1 分；近 10 年来，城市自身评价有成功经验得 1 分；近 10 年来，有全球传播的成功经验和案例得 2 分。

城市发展战略。城市发展战略的总分为 5 分：城市有系统的发展战略表述得 1 分；城市发展路径合宜程度 (1 分)，从城市发展路径是否多样化、战略是否差异化等方面来衡量；有明确的城市定位得 1 分；有城市品牌与城市营销得 1 分；城市发展战略中强调人才、技术、知识、和谐、生态、多元、一体化等关键因素得 1 分。

自然区位：距河、湖、海的距离。城市自然区位总分为 5 分。城市地处海河交汇处得 5 分，若城市地理位置沿海得 4 分，若城市距海 200 公里以内或城市地处重要河湖上得3分，若城市距海500公里以内、地处或有重要河流流经得2分，若城市距海500公里以上则得1分。

社会区位：距世界城市、洲际城市的距离。根据谷歌地图、谷歌地球，以及参照对城市区位的相关描述进行打分。距离世界顶级城市1小时以内航程的城市或者城市自身是洲际顶级城市的得5分，距离世界顶级城市3小时以内航程的城市或者距洲际顶级城市1小时以内航程的城市得4分，距离世界顶级城市5小时以内航程的城市或者距洲际顶级城市3小时以下航程的城市得3分，距离世界顶级城市10小时以内航程的城市或者距洲际顶级城市5小时以内航程的城市得2分，距离世界顶级城市10小时以上航程的城市或者距洲际顶级城市5小时以上航程的城市得1分。其中世界顶级城市包括伦敦、纽约和东京，洲际顶级城市包括巴黎、芝加哥、洛杉矶、法兰克福、中国香港、新加坡和罗马。航程可通过查询各大航空公司航班和机票的网站信息获得。

铁路线数级别。根据城市电子地图、谷歌地图、谷歌地球，以及参照对城市交通状况的相关描述进行打分。当谷歌地图的比例尺为20mi/50km时，城市有6条及以上铁路线得5分，城市有4条或5条铁路线得4分，城市有3条铁路线得3分，城市有两条铁路线得2分，城市有1条铁路线得1分。

公路线数级别。根据城市电子地图、谷歌地图和谷歌地球提供的信息，以及参照对城市交通状况的相关描述，对城市公路级别进行打分。当谷歌地图的比例尺为20mi/50km时，城市有5条及以上高速公路得5分，城市有4条高速公路得4分，城市有3条高速公路得3分，城市有两条高速公路得2分，城市有1条高速公路得1分。

竞争力计算方法

全球城市竞争力评估体系是在倪鹏飞博士《中国城市竞争力报告》研究模型的基础上发展而来，本书中竞争力的分析框架与主体思想与《中国城市竞争力报告》中的思想一脉相承，在指标体系的设置上也多有借鉴。但是，由于研究对象、研究主题、面向受众的转变，也因为数据搜集过程中的多种主客观因素的限制，本书中的竞争力评估体系和测算方法与《中国城市竞争力报告》相比有一定更新和调整。出于学术谨慎，本书中指标体系的显示结果与主要结论与《中国城市竞争力报告》不具有直接可比性。下面介绍一下数据处理和合成当中的技术问题。

一　原始数据标准化方法

全球城市竞争力的指标体系庞大，使用的数据繁多，各项指标的量纲不同，需要首先进行标准化的综合集成，所有指标数据都必须进行无量纲化处理。客观指标分为单一客观指标和综合客观指标。对于单一性客观指标原始数据无量纲处理，本文主要采取标准化、指数化和阈值法三种方法。标准化计算公式为：

$$X_i = \frac{x_i - \bar{x}}{Q^2}$$

x_i 为原始数据，$\bar{x}$ 为平均值，Q^2 为方差，X_i 为标准化后数据。

指数法的计算公式为：

$$X_i = \frac{x_i}{X_{0i}}$$

x_i 为原始值，X_{0i} 为最大值，X_i 为指数。

阈值法：

$$X_i = \frac{x_i - x_{\min}}{x_{\max} - x_{\min}}$$

X_i 为转换后的值，$x_{\max}$ 为最大样本值，$x_{\min}$ 为最小样本值，x_i 原始值。综合客观指标原始数据的无量纲化处理是：先对构成中的各单个指标进行量化处理，然后再用等权法加权求得综合的指标值。

二　全球 500 个城市综合竞争力指数（GUCI）

在综合竞争力指标合成的过程中，采用了非线性加权综合法。所谓非线性加权综合法（或"乘法"合成法），是指应用非线性模型 $y = \prod_{j=1}^{m} x_j^{w_j}$ 来进行综合评价的。式中 w_j 为权重系数，$x_j \geq 1$。对于非线性模型来说，在计算城市综合竞争力的 9 项显示指标中，只要有一个指标值非常小，那么综合竞争力值将迅速接近于零。换言之,这种评价模型对取值较小的指标反应灵敏,对取值较大的指标反应迟钝。运用非线性加权综合法进行城市竞争力计量,能够更全面、科学地反映综合指标值。

我们在对9项显示性指标合成的时候,首先采用阈值法对指标数据进行了无量纲化处理,然后对其进行非线性加权综合求出合成值。需要指出的是,在进行无量纲化处理过程中,有些指标数值为0的都被赋予了最小的数值0.05,以保证合成指标时不会出现整体乘积为0的现象。具体采用的权重如表7所示。

表7 各项显示性指标权重一览表

指标名称	名义汇率/PPP汇率	GDP	人均GDP	地均GDP	GDP5年增长率	就业率	劳动生产率	专利申请数	跨国公司分布
权重	0.05	0.05	0.1	0.1	0.2	0.1	0.1	0.1	0.05

在确定了各项显示性指标在综合竞争力指数合成中的权重后,我们就可以用非线性加权综合发来计算每个城市的综合竞争力指数,以此指数的大小为依据对500个城市综合竞争力状况进行排名。

假设名义汇率/PPP汇率、GDP、人均GDP、地均GDP、GDP5年增长率、就业率、劳动生产率、专利申请数和跨国公司分布等指标分别用 x_1、x_2、x_3、x_4、x_5、x_6、x_7、x_8 和 x_9 来表示,则综合竞争力指数可以用公式 $y = \prod_{j=1}^{m} x_j^{w_j}$ 来合成,此时 w_1、w_2、w_3、w_4、w_5、w_6、w_7、w_8 和 w_9 分别为 0.05、0.05、0.1、0.1、0.2、0.1、0.1、0.1 和 0.05。

三 全球150个城市解释性分项竞争力指数

在对竞争力解释性分项指标进行各级合成的时候,我们采取的是简单线性平均法,这相当于对每项指标赋予相同的权重。竞争力解释性分项指标共有三级指标,其中第三级指标指数化后采用简单线性平均法合成为第二级指标,然后再将第二级指标用相同的办法合成为第一级指标。不过,由于有些第三级指标来自其他一些研究机构的报告,因此,本身可能已经是经过合成了。表8显示的是各级指标的合成层级关系,那些虽是第三层级但也是合成数据的指标也都一一标明。

表 8　解释性分项指标合成层级关系

指标名称	层级	是否合成数据
Z1 企业本体	一级	是
Z1.1 企业文化	二级	是
Z1.1.1 社会责任	三级	否
Z1.1.2 经营理念	三级	否
Z1.2 企业制度	二级	是
Z1.2.1 最大股东比例	三级	否
Z1.2.2 管理层持激励	三级	否
Z1.3 企业管理	二级	是
Z1.3.1 外部监督	三级	否
Z1.3.2 财务管理	三级	否
Z1.3.3 发展战略	三级	否
Z1.4 企业运营	二级	是
Z1.4.1 研发投入比例	三级	否
Z1.4.2 生产制造技术水平	三级	否
Z1.4.3 分支机构分布	三级	否
Z1.5 品牌	二级	是
Z1.5.1 企业知名度	三级	否
Z1.5.2 产品知名度	三级	否
Z1.6 企业绩效	二级	是
Z1.6.1 股东回报率	三级	否
Z1.6.2 利润增长率	三级	否
Z2 产业结构	一级	是
Z2.1 制造业	二级	是
Z2.1.1 服务业比例	三级	否
Z2.1.2 制造业跨国公司的总部数量	三级	否
Z2.2 服务业	二级	是
Z2.2.1 生产性服务业比例	三级	否
Z2.2.2 贸易、零售业跨国公司数量	三级	否
Z2.2.3 管理会计法律跨国公司数量	三级	否
Z2.2.4 广告媒体跨国公司数量	三级	否
Z2.3 金融业	二级	是
Z2.3.1 金融服务业比例	三级	否
Z2.3.2 金融业跨国公司的总部分布	三级	否
Z2.3.3 金融业跨国公司的分部分布	三级	否
Z2.4 高科技产业	二级	是
Z2.4.1 软件服务业跨国公司的总部	三级	否

续表 8

指标名称	层级	是否合成数据
Z2.4.2 高科技跨国公司的总部	三级	否
Z2.4.3 产业推动力量	三级	否
Z3 人力资源	一级	是
Z3.1 健康水平	二级	是
Z3.1.1 人口的平均预期寿命	三级	否
Z3.1.2 每千名新生婴儿死亡数	三级	否
Z3.2 文化素质	二级	是
Z3.2.1 成人识字率	三级	否
Z3.2.2 大学以上学历的人口数量占人口比重	三级	否
Z3.3 劳动力状况	二级	是
Z3.3.1 劳动力人数	三级	否
Z3.3.2 劳动力占人口比重	三级	否
Z3.4 人才状况	二级	是
Z3.4.1 每千人从事管理工作的人员数	三级	否
Z3.4.2 每千人从事高科技产业从业人员数	三级	否
Z3.5 教育水平	二级	是
Z3.5.1 大学数量	三级	否
Z3.5.2 著名大学分布	三级	否
Z3.6 人力成本	二级	是
Z3.6.1 雇员收入	三级	否
Z3.6.2 生活成本	三级	是
Z4 硬件环境	一级	是
Z4.1 基础要素	二级	是
Z4.1.1 人均土地面积	三级	否
Z4.1.2 人均淡水量	三级	否
Z4.1.3 供电质量	三级	否
Z4.1.4 水价格	三级	否
Z4.1.5 电价格	三级	否
Z4.1.6 办公室租金	三级	否
Z4.2 金融市场	二级	是
Z4.2.1 资本市场	三级	否
Z4.2.2 贷款获得	三级	是
Z4.2.3 有效汇率	三级	否
Z4.2.4 实际利率差	三级	否
Z4.3 科技创新	二级	是
Z4.3.1 国际认可的专利数量	三级	否

续表 8

指标名称	层级	是否合成数据
Z4.3.2 国际论文发表数量	三级	否
Z4.3.3 著名实验室和科研中心数	三级	否
Z4.3.4 国家技术设施	三级	否
Z4.4 市场规模	二级	是
Z4.4.1 城市人口	三级	否
Z4.4.2 城市人均收入	三级	否
Z4.4.3 区域人均 GDP	三级	否
Z4.4.4 区域人口	三级	否
Z5 软件环境	一级	是
Z5.1 市场制度	二级	是
Z5.1.1 地方自主化程度	三级	否
Z5.1.2 经济自由化程度	三级	是
Z5.1.3 产权保护程度	三级	是
Z5.2 市场监管	二级	是
Z5.2.1 开办企业	三级	否
Z5.2.2 申请执照	三级	否
Z5.2.3 注销企业	三级	否
Z5.3 社会管理	二级	是
Z5.3.1 日常管理	三级	否
Z5.3.2 应急管理	三级	否
Z5.4 公共服务	二级	是
Z5.4.1 办事效率	三级	否
Z5.4.2 市民满意度	三级	否
Z5.5 战略导向	二级	是
Z5.5.1 发展经验	三级	否
Z5.5.2 发展战略	三级	否
Z5.6 税赋负担	二级	是
Z5.6.1 缴税次数	三级	否
Z5.6.2 缴税时间	三级	否
Z5.6.3 缴税比例	三级	否
Z5.6.4 腐败成本	三级	否
Z5.6.5 加权平均关税率	三级	否
Z6 生活环境	一级	是
Z6.1 自然环境	二级	是
Z6.1.1 自然景观	三级	否
Z6.1.2 气候环境	三级	否

附件　数据的处理方法和竞争力计算方法

续表 8

指标名称	层级	是否合成数据
Z6.2 环境质量	二级	是
Z6.2.1 二氧化硫排放量	三级	否
Z6.2.2 废水处理率	三级	否
Z6.2.3 颗粒物	三级	否
Z6.3 购物环境	二级	是
Z6.3.1 购物	三级	否
Z6.3.2 物价指数	三级	否
Z6.4 餐饮饭店	二级	是
Z6.4.1 餐饮	三级	否
Z6.4.2 国际酒店集团	三级	否
Z6.4.3 酒店价格	三级	否
Z6.5 住房	二级	是
Z6.5.1 人均拥有住宅数	三级	否
Z6.5.2 房价收入比	三级	否
Z6.5.3 住宿	三级	否
Z6.6 文化休闲	二级	是
Z6.6.1 文化娱乐	三级	否
Z6.6.2 世界遗产	三级	否
Z6.7 社会治安	二级	是
Z6.7.1 犯罪率	三级	否
Z6.7.2 恐怖主义导致的企业成本	三级	是
Z7 全球联系	一级	是
Z7.1 区位条件	二级	是
Z7.1.1 区位便利度	三级	否
Z7.1.2 距世界城市的距离	三级	否
Z7.2 陆路	二级	是
Z7.2.1 铁路线数	三级	否
Z7.2.2 公路线数	三级	否
Z7.3 海运	二级	是
Z7.3.1 货物吞吐量	三级	否
Z7.3.2 泊位吃水深度	三级	否
Z7.4 航空	二级	是
Z7.4.1 年起降架次	三级	否
Z7.4.2 机场客运量	三级	否
Z7.4.3 机场货运量	三级	否
Z7.5 信息联系	二级	是
Z7.5.1. 企业网站反馈	三级	否

续表8

指标名称	层级	是否合成数据
Z7.5.2 政府网站反馈	三级	否
Z7.6 居民联系	二级	是
Z7.6.1 外国出生市民比例	三级	否
Z7.6.2 外国游客占市民比例	三级	否
Z7.7 企业联系	二级	是
Z7.7.1 跨国公司总部数	三级	否
Z7.7.2 跨国公司分部数	三级	否

四 回归分析方法

变量之间的关系，有的有确定的函数关系，有的没有确定的函数关系，变量 y 随着变量 x 而变化，但不能由 x 的取值精确求出 y 的值，变量 y 与 x 间的这种关系称为相关关系。回归分析就是研究变量间相关关系的一种数理统计方法。

在城市竞争力进行评估之后，为了探讨城市各项指标之间的相互关系，主要采用了一元线性回归分析的计量方法，根据回归系数的大小和拟合优度的大小来判定城市之间的相互关系和解释能力。

第一，一元线性回归方程 $y = a + bx$。

a 及 b 称为回归系数。

$$a = \frac{\sum_{i=1}^{n} y_i - b \sum_{i=1}^{n} x_i}{n} = \bar{y} - b\bar{x}$$

$$b = \frac{\sum_{i=1}^{n}(x_i - \bar{x})(y_i - \bar{y})}{\sum(x_i - \bar{x})^2} = \frac{\sum x_i y_i - \frac{1}{n}\sum x_i \sum y_i}{\sum x_i^2 - \frac{1}{n}(\sum x_i)^2}$$

由实验数据计算出 a 和 b，就得到确定的一元线性回归方程和确定的回归直线。

第二，相关系数。

相关系数 γ 是表示变量 y 与 x 间相关程度的一个系数。可用此判断回归方程是否有意义。

—— 附件　数据的处理方法和竞争力计算方法 ——

$$\gamma = \frac{\sum_{i=1}^{n}(x_i - \bar{x})(y_i - \bar{y})}{\sqrt{\sum_{i=1}^{n}(x_i - \bar{x})^2 \sum_{i=1}^{n}(y_i - \bar{y})^2}}$$

当 $\gamma > \gamma_{a,f}$，变量间相关性较好，回归方程有意义；否则变量间的线性关系较差，回归方程意义不大。

分析的指标主要分为两类，一是9项显示性指标，再加上城市人口指标，共10项指标相互之间进行了相互回归解释；二是一级、二级、三级的解释性分项竞争力指标，对城市综合竞争力及其人均GDP进行回归分析。

五　全球城市竞争力：动态聚类分析方法

动态聚类的思想是首先选择若干个样本点作为聚类中心，然后按照某种聚类准则使各样本点向各个中心聚集，从而得到初始分类。然后判断初始分类是否合理，如果不合理，则修改聚类中心，反复进行修改，直到分类合理为止。动态聚类有多种算法，其中比较著名的是K-均值算法和ISODATA算法。本文采用K-均值算法，下面对其进行简要介绍：

设有 N 个待分类样本 $X_1, X_2, \cdots, X_N$，聚类为 K 类，$N \geq K$。

第一步：任选 K 个初始聚类中心 $Z_1, Z_2, \cdots, Z_K$，例如选前 K 个样本（称为旧聚类中心）；

第二步：将每一个待分类样本按照最近邻准则分类到以旧聚类中心为标准样本的各类中去；

第三步：计算分类后各类的中心，称为新聚类中心：$Y_i = \frac{1}{N_i}\sum_{X \in \cap i} X, i = 1, 2, \cdots, K$，其中 N_i 为 W_i 类中的样本数；

第四步：检验 $Z_1, Z_2, \cdots, Z_K$ 是否分别等于 $Y_1, Y_2, \cdots, Y_K$，如果相等，则算法收敛，结束，否则用 Y_i 代替 Z_i，返回第二步。

本次报告利用以上原理，分别使用500个城市的9项竞争力的显示性指标数据和150个城市的7个一级分项竞争力数据，对样本城市进行了动态聚类分析。

图书在版编目（CIP）数据

青岛城市国际竞争力报告："拥湾环海"奋翼飞/倪鹏飞等著. —北京：社会科学文献出版社，2010.3
（中国城市竞争力课题组案例研究系列；4）
ISBN 978 - 7 - 5097 - 1330 - 3

Ⅰ.①青… Ⅱ.①倪… Ⅲ.①城市经济 - 经济发展 - 研究报告 - 青岛市 Ⅳ.①F299.275.23

中国版本图书馆 CIP 数据核字（2010）第 031066 号

·中国城市竞争力课题组案例研究系列 No.4·

青岛城市国际竞争力报告
——"拥湾环海"奋翼飞

| 顾　　问 / 夏　耕　裴长洪 |
| 著　　者 / 倪鹏飞　张　跃　侯永平　于宏伟 |

| 出 版 人 / 谢寿光 |
| 总 编 辑 / 邹东涛 |
| 出 版 者 / 社会科学文献出版社 |
| 地　　址 / 北京市西城区北三环中路甲 29 号院 3 号楼华龙大厦 |
| 邮政编码 / 100029 |
| 网　　址 / http://www.ssap.com.cn |
| 网站支持 / （010）59367077 |
| 责任部门 / 皮书出版中心（010）59367127 |
| 电子信箱 / pishubu@ ssap.cn |
| 项目经理 / 邓泳红 |
| 责任编辑 / 丁　凡 |
| 责任校对 / 盖立杰 |
| 责任印制 / 蔡　静　董　然　米　扬 |

| 总 经 销 / 社会科学文献出版社发行部 |
|　　　　　（010）59367080　59367097 |
| 经　　销 / 各地书店 |
| 读者服务 / 读者服务中心（010）59367028 |
| 排　　版 / 北京中文天地文化艺术有限公司 |
| 印　　刷 / 北京季蜂印刷有限公司 |

| 开　　本 / 787mm×1092mm　1/16 |
| 印　　张 / 16 |
| 字　　数 / 250 千字 |
| 版　　次 / 2010 年 3 月第 1 版 |
| 印　　次 / 2010 年 3 月第 1 次印刷 |

| 书　　号 / ISBN 978 - 7 - 5097 - 1330 - 3 |
| 定　　价 / 49.00 元 |

本书如有破损、缺页、装订错误，
请与本社读者服务中心联系更换

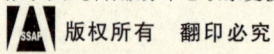

SSAP 版权所有　翻印必究